# Ye's Viewpoint on Customer Relationship Management

# 叶问之客户关系管理

# 评估指南

## Guide to Assessments

叶开 刘钢 王鸿◎著

成都时代出版社

**图书在版编目 (CIP) 数据**

客户关系管理之叶问 . 评估指南 / 叶开，刘钢，王鸿著 .
— 成都 ：成都时代出版社，2011.11
ISBN 978-7-5464-0411-0

Ⅰ . ①客… Ⅱ . ①叶…②刘… ③王… Ⅲ . ①企业管理：供销管理 - 研究 Ⅳ . ① F274

中国版本图书馆 CIP 数据核字 (2011) 第 085815 号

---

客户关系管理之叶问——评估指南
KEHU GUANXI GUANLI ZHI YEWEN—PINGGU ZHINAN
叶开 刘钢 王鸿 著

出 品 人 段后雷 罗 晓
责任编辑 陈德玉
责任校对 陈 诚 马千双
装帧设计 光焰文化
责任印制 莫晓涛

出版发行 成都时代出版社
电 话 (028) 86742352（编辑部）
(028) 86615250（发行部）
网 址 www.chengdusd.com
印 刷 北京人教方成彩色印刷有限公司
规 格 170×240mm
印 张 18
字 数 300 千
版 次 2011 年 11 月第 1 版
印 次 2011 年 11 月第 1 次印刷
书 号 ISBN 978-7-5464-0411-0
定 价 55.00 元

# 序
# Preface

在这十多年的 CRM 工作经历中，我们不断地被问起一个问题：为什么 CRM 的失败率很高？甚至很多企业老板直接对我说：听说国内的 CRM 项目都是失败的。在一段时间内，整个 CRM 行业都被失败论的阴影笼罩着，而我们又没有充足的理由和论据来加以澄清。归根结底，在于我们没有一个评估的标准来进行 CRM 项目的效果衡量：什么是成功？什么是失败？

与此同时，我们又在重复地回答企业第二个问题：我们应该选哪一家 CRM 系统？其实，选择 CRM 系统不是只看预算，或者挑选最贵的、最好的，而是挑选最适合企业的。那么，怎么样才算最适合的呢？这又是一个系统评估标准的问题。

好了，现在这两个问题都可以有效地得到解答，这就是我们向大家推荐的这本客户关系管理评估指南。它凝聚着高校教授、汉拓科技及合作伙伴的数位专注于 CRM 领域的专家顾问多年的研究实践，以及国内市场上数十家国内外 CRM 供应商的系统评测成果。

本书首先阐述了 CRM 的基本理念，其次简单概括了 CRM 涉及到的基本功能，然后对 CRM 最佳实践的一些热点进行了探讨，最后基于 CRM 能力成熟度评估体系（CMM）对 CRM 系统标杆群进行了详细的评测。当然，如果企业需要，汉拓科技还会根据企业的需要提供定制需求的企业评估咨询服务。

本书的宗旨，是为企业传递正确的理念，并提供一个中立、全面的指南手册，为市场提供一个可供参照的预标准，为供应商提供一个交流的平台。

在今天的商务环境中，越来越的公司需要优先考虑管理客户关系，在这些行业领先的CRM解决方案中，企业可以根据自身的需求来选择最适合的CRM解决方案。

国外研究机构预测，在这3−5年中，CRM市场能够获得足够的增长。在国内CRM市场上，我们看到了一个很好的市场反弹现象，伴随着SalesForce、微软开始高姿态地在CRM市场发力，Oracle Siebel的无缝融合，SAP并购BO，CRM厂商的合并和兼并将会不断进行。而这些企业并购动作，可以推动CRM市场出现更多新的CRM技术，包括社会化网络、智能手机应用、无线技术、Web服务以及流程导向的产品设计等。所有这些，都是推动CRM市场增长的重要因素。

本书的CRM系统标杆群是从大量的CRM软件产品中推选出来，所有的产品都得到了汉拓科技CRM实验室的严格测试。汉拓科技创建了CMM（CRM能力成熟度）评估模型，共计512个详细指标，针对每一项指标进行打分，计算出一个综合分。然后，可以根据综合分来分别对所有的CRM软件厂商进行打分、排名，同时基于详细指标对每一家CRM系统进行详细评测并形成评测报告。这种评估模型也获得授权，发布在这本客户关系管理评估指南中，以供企业参照。

在该书的编撰中，我们的专家顾问团队力求在评测和研究过程中秉持中立角度，更多地从研究和技术角度出发，而屏蔽商业角度。但因水平所限，可能存在不足，也欢迎更多的企业、读者或者系统商批评指正。

如果您对该评估指南的内容有任何疑义、建议或者更新等，请随时联系我们，我们期待着在您的参与下让该评估指南更加完善，为更多需要的企业和读者提供更好的服务！

叶开

2010.10

# 目　录

# 第一章

## *基本理念*

### 1.1 基本定义

给 CRM (Customer Relationship Management，客户关系管理）一个明确的定义并非易事，自从 20 世纪 90 年代 CRM 被 Gartner Group 发明以来，不同的人对于 CRM 有着不同的解释，虽然没有一个唯一的正确的定义。以下为综合国内外相关研究给出的参照定义：

CRM 是企业的一项业务战略，它按照客户细分情况有效地组织企业资源，培养以客户为中心的经营行为以及实施以客户为中心的业务流程，并以此为手段来提高企业的获利能力、收入以及客户满意度，并基于客户忠诚度持续经营客户。

CRM 的核心思想是通过满足客户需求、提高客户满意度来吸引和留住客户，从而建立和保持企业的竞争优势。CRM 系统是通过应用现代信息技术，使企业市场营销、销售管理、客户服务和支持等以客户为中心来重新设计业务流程，实现客户资源有效利用的管理软件系统。

该定义的实质是成功的 CRM 超越软件，核心是以客户为本，基于客户细分和客户需求延伸，强调个性化和客户需求导向，重新以客户的角度去审视整个世界。

这里强调的是，CRM 不是系统，或者说不仅仅是系统。很多企业片面地理解或者被部分厂商诱导，认为 CRM 就是 CRM 系统或呼叫中心系统，其实，企业应该认识到：客户关系管理是一套涉及到企业战略、企业文化、组织、流程及人的管理体系，同时通过 IT 系统和技术来落地。

在整个 CRM 管理体系中，其基础是客户细分，核心是“IDIC”策略。“IDIC”分别是识别 - 差异化 - 互动 - 个性化，即识别客户，区分客户的差异化，进行客户互动，最终实现客户的个性化需求。

CRM 是整个企业的事情，尤其是社会化网络，社会化客户关系管理更是基本概念。社会化客户关系管理（Social CRM）以社会化网络中的个体消费者为主导，通过社会化网络工具识别个体并实时了解消费者的需求，采集信息，与企业 CRM 中的客户映射成功。然后通过社会化网络的触点与个体进行互动，并基于 CRM 的数据结合社会化信息满足其个性化需求。同时在企业内部引入 2.0 技术进行内部协作，企业从开放的社会化网络吸引潜在客户进入 CRM 体系，又能够将内部的 CRM 体系中的存量客户有条件地转化到社会化网络中，由客户社群进行自服务和自传播，提高忠诚度和获得更多的推荐。

## 1.2 成功因素

CRM 的成功需要将与客户接触的每一个业务方面，包括人、流程和技术进行无缝隙整合并基于互联网进行改革。每个部分都代表一个重要的挑战，但是将这三部分进行整合的能力则是一个企业能否成功创建或部署 CRM 的主要因素。

### 1）组织和人

人是最困难的因素，尤其是考虑到用户对变革的敏感性时。自动整合客户流程的 CRM 系统通常暗示着将改变用户的日常工作方式，那些没有理解为什么变革的用户、没有参与到变革过程中的用户、没有得到足够的关于变革的信息的用户。或者没有针对变革做足够培训的用户，会成为这种变革的反对者。而这种负面的效应可能恰恰阻碍了 CRM 系统的成功。

### 2）流程

CRM 的流程部分很脆弱，因为不恰当的 CRM 业务流程自动化只会加快错误的流程。而大多数公司都有面向客户的流程（例如在购买、付款和使用公司的产品与服务的过程中直接与客户接触的流程），很多时候这些业务流程需要更新甚至是被替代。公司首先要调查现有的面向客户的业务流程的工作情况，从而实现有效的流程改革。然后公司要重新设计或用已经创建的和经内部审核同意的流程来代替不符合标准的、非优化的流程。

在一个 CRM 系统中根据优化后的流程创建内置的流程不会引起错误，只有当流程由内在动力驱动时新流程才会变得更加牢固。众多公司在实施 CRM 行动时经常犯的一个危险错误是：在纠正他们自己的面向客户流程的缺陷时，不是统一以内部的用户需求和外部的客户需求来分析一个流程怎样完成，而是宁可实施一个包含一个或多个由 CRM 供应商预先建立的业务流程的 CRM 软件包，然后将不适合的系统流程强加给系统用户。

可以使用结构化的方法来审查面向客户的业务流程，例如是否每个面向客户的业务流程都有明确的负责人、目标、衡量标准；是否每个流程都有确保需要的客户信息在多部门之间流动的适当的部门界面；是否每个流程都有处理步骤;是否每个流程都可以集成（例如无论谁、在哪里完成，流程都相同）。

### 3）技术

在技术供应和选择的数量不断扩大的情况下，技术部分是最势不可挡的。有两个与技术相关的问题：与 CRM 软件供应商打交道和站在 CRM 技术发展趋势的前沿。让我们以与 CRM 软件供应商打交道开始，现在的 CRM 技术可以满足大多数 CRM 用户的需求，更重要的是有诸多的有资格的、价格预算合适的 CRM 供应商可供选择。不过 CRM 供应商能够提供他们承诺的要提供的东西吗？这个问题的答案并不总是显而易见的。而对于 CRM 技术发展趋势的前沿，不同企业对于新技术的需求不同，对于大部分国内企业而言比较适合的是选择最稳定的而不是选最先进的技术。

### 4）整合人、流程和技术

认识到上面所说的人、流程和技术的问题后，人应当对成功的 CRM 行动负责。更重要的是当这些人员在 CRM 行动的生命周期中理解了这点，人、流程和技术的整合才会改变。

为确定业务需求，公司想要应用结构化的流程以确保用户的需要能正确地识别和得到优先权。确定业务需求的许多努力将与人打交道，也就是与潜在的用户一起工作，帮助他们分析现在的和潜在的业务需求，并帮助他们处理对于 CRM 行动可能影响这些需求的担忧。

技术最好在确定业务需求中不占主要地位。当一家公司准备好建立项目管理团队时，人的因素占主要地位（如决定谁为 CRM 实施活动的哪个部分负责）。流程（怎样更好地建立项目管理团队和子团队）也十分重要。技术最好在建立项目管理团队时不占主要地位，但当公司准备好要整合已有的系统和其他需要的系统时，技术将占据主导地位。选择合适的企业应用软件结构、合适的框架协议或中间软件的工具包等，将影响系统整合的效用和效率。人员可能会坚持他们的系统先整合和以怎样的顺序整合，但是总的来说，技术会推动这次行动的成功。

当实行 CRM 软件客户化时，人、技术和流程三个因素都很重要。技术对于开发、修改和删除系统界面以及在界面之间导航很重要；流程对于驱动工作流开发很重要；人在最后判断客户化工作是否满足他们的需要，以及工作流将怎样影响系统用户友好是十分重要的。

### 5）总结

总之，要获得 CRM 的成功，公司应当下工夫去理解其中分别影响人、技术、流程部分的问题。还要提前主动地管理这三部分的整合，以确保人、技术和流程在 CRM 行动的所有阶段正确地融合。

## 1.3 战略模式

有的公司经常在不清楚他们希望达到怎样的目的和怎么达到这种目的时候开始他们的 CRM 实施。不用说，这样的公司必然在报告中称 CRM 实施的结果比用户的预期低。还有一小部分公司，花时间来建立他们的 CRM 愿景并且用结构化的方法去创建和认识他们的 CRM 战略。这些公司趋向于在报告中表示 CRM 实施超过了用户的预期。

下面是形成 CRM 战略的十个步骤。一些公司已经开始甚至完成一个或多个步骤，而且可能不必实施所有的步骤。

### 第一步：准备一个高层CRM愿景

在这第一个步骤中，得到高层管理团队的支持是十分重要的，他们将最终驱动 CRM 的实施。要达到这种目的，就要花 30 ~ 60 分钟和每个面对客户的部门的业务领导、CEO 和其他的高层（CIO、CFO）进行访谈，以实现他们的 CRM 愿景。我们不妨来看一下如何帮助一个大型企业实现他们的 CRM 愿景。首先访谈了 CEO，而且他非常清楚 CRM 对他的公司意味着什么。他很急切地希望，不管客户怎样与公司联系，他们都会得到出色的服务并且 CRM 会提供实现这些的工具。当被迫讨论电子商务怎样适合他们的 CRM 愿景时，CEO 感到很不舒服。因为公司的大部分客户精通计算机并且有些客户群已经要求电子功能了，例如自助服务、电子营销和电子采购。接下来我们和面对客户的部门领导会面了，一共有 7 个，让我们吃惊的是，每个部门领导对什么是 CRM 和它对公司的首要目标是什么有不同的见解。一个领导说 CRM 实际上是销售自动化，另一个说 CRM 是一个削减费用的工具套件，另一个说 CRM 是会帮助识别产品的缺点并且推荐研究与发展内部的人员，另一个说 CRM 是将销售和客户服务一劳永逸的捆绑。他们中没有一个能和 CEO 所说接近的！以受访者提供的信息为基础建立 CRM 愿景后，我们促成了一次由 CEO、客户部门的业务领导和其他的高管包括 CIO 和 CFO 在内的 CRM 愿景会议。这个会议的目标是为所有的参与者描述我们在访谈中获得的一系列的 CRM 愿景，并得到共同的一致的 CRM 愿景。经过大量的讨论之后，目标终于实现了。下面是获得同意的 CRM 愿景：

“我们的目标是为客户和合作伙伴提供一个一致的、便捷的和无错的方式来增强用户的体验。为了达到这个目标，我们必须履行客户导向的流程并为面向客户的员工提供提高效率的和降低成本的 CRM 工具（如反馈途径、客户知识数据库和数据仓库等）。不管通过哪一种渠道，我们都能完全理解客户的价值并满足每个客户的需求，最终使客户满意、忠诚、服务差异化和长期有利可图。”

这个表述虽然比我们喜欢的要长一些，但是公司对为什么要实施 CRM 有了共同的观点，更重要的是当高层管理者决定公布并为所有员工描述 CRM 愿景时，企业中 CRM 愿景得到了加强。

## 第二步：确定热点业务问题

热点业务问题是影响当前公司日常运营的业务，这些问题可能涉及到产品或服务问题（如产品经常延迟交付）、竞争（服务很好但是竞争者的更好）、营销和客户服务失败（不能轻易地识别企业的高价值客户）或是缺乏信息共享的窘境（例如，客户要给企业打 7 次电话并且每次打给不同的部门，只是因为他们不分享共同的用户信息）。为了揭示这些热点业务问题，在 CRM 愿景研讨之后，继续对每个面对客户的部门业务领导以及 CEO 和其他访谈过的高管（如果可能的话，也可以合并第一个步骤和第二个步骤）进行 30～60 分钟的采访，汇总访谈所得到的信息，按业务领域（如销售、营销和客户服务）分组形成报告。下一步，继续为 CRM 实施建立用户支持，与基层客户部门的人员分享临时的热点问题报告，并获得他们的回馈：这些发现是否能够解决他们的热点问题呢？是否还有其他的问题要附加进来？在进行必要的调整后，将过程件的热点问题报告转化为最终版本。

成功的 CRM 归功于长期的目标尤其是 CRM 愿景的实现，热点问题影响潜在的 CRM 用户的日常工作，这也正是用户希望获得帮助的地方。事实上，在 CRM 实施的过程中尽快解决热点问题是十分迫切的，这样可以为 CRM 的实施建立自下而上的支持。为了更好地理解这点，我们来列一个表格，考虑到每个 CRM 实施一般会有 3 到 4 个阶段，每个阶段要用 3 到 6 个月，每个阶段可能由 4 ～ 5 个业务功能构成，这样一个可行的 CRM 战略可能如同下表：

| | 第一阶段实施 | 第二阶段实施 | 第三阶段实施 | 第四阶段实施 |
|---|---|---|---|---|
| 热点问题要点 | 80% | 60% | 40% | 20% |
| CRM 愿景要点 | 20% | 40% | 60% | 80% |

如上表所示，在实施行动的第一阶段，80% 的重点应该放在解决热点问题上，20% 的重点应该放在实现公司一致的 CRM 愿景上。在实施行动的第二阶段，即在第一阶段实施后 3 到 6 个月，60% 的重点放在解决热点问题上，40% 的重点应该放在 CRM 愿景上。在实施行动的第三阶段，40% 的重点放在热点问题上，60% 的重点放在 CRM 愿景上。在实施行动的第四阶段，20% 的重点放在热点问题上，80% 的重点放在 CRM 愿景。

### 第三步：识别CRM机会点

成功的 CRM，是将人、流程、技术正确地结合。而且，在 CRM 成功行动中，人至少占 50%，流程至少占 30%，而技术占不到 20%。之所以在 CRM 战略的形成中要将识别 CRM 技术机会作为单独的一个步骤，是因为 CRM 技术可能提供以前不明显的业务机会。例如，创新的 CRM 技术使得亚玛逊能够创建一种与传统的书店模式完全不同的新的商业模式。在第三步中，研究 CRM 的技术趋势并为面向客户的部门负责人（也可邀请 CEO 和其他合适的高层）准备一个讨论这些趋势的会议，目的就是要识别 CRM 技术机会并让面对客户的人员决定这些趋势对他们的业务究竟有多大的影响，研讨并记录会议的结果。

CRM 战略形成过程中的第一、二、三步，也就是创建 CRM 愿景、决定热点问题和识别 CRM 技术机会，需要小心协调，才能确保为 CRM 战略奠定良好基础。一个一致的CRM愿景是非常重要的，它需要与实际的热点问题相对平衡。更重要的是，除非掌握了CRM的技术趋势，否则这些新技术会潜在影响CRM愿景，或者不会被发现来作为解决热点业务问题的方式。花费一点时间在第三步完成后停下来，以确保前三步出色地完成并且这些步骤已经精心地整合在一起。

### 第四步：决定重要的人事问题

这一步是识别可能会影响企业的CRM行动的人事问题。这些问题可能会出现在第一、二步中掌握的访谈中，包括由以前失败的CRM努力引起的不良影响、缺乏对其他IT系统的培训、不能促进面向客户部门之间的信息共享的共同文化等。但是，一旦识别了这些问题，CRM战略就应该包括怎样克服每个人事问题的建议。它们可能包括，克服初始问题的全面的CRM沟通计划，解决多种培训（计算机能力培训、CRM应用软件培训、修补培训、远程培训）需求的全面的培训计划，或者鼓励人们在不同的面向客户部门之间共享信息的共享途径等。

### 第五步：制订中长期技术蓝图规划

检查公司现有的技术，确定解决公司的CRM愿景和热点业务问题将需要什么样的技术是必要的。有许多决定合适的中长期技术蓝图规划的方法，包括管理一个或多个能讨论出技术路径图的技术架构规划会议，然后调查潜在的可能对完成技术架构计划有关的技术工具（如EAI工具），最后整理出调查结果，包括建议。

### 第六步：识别业务改善点

对每个面向客户的业务领域，开发定义重要业务流程的策略图，可以加强流程中的重要步骤。依据权限、目标、度量、界面、过程、完整性和是否符合愿景、是否可以快速改善等来评估每个流程，然后引导交叉功能的部门流程达到一致的流程界面并共享流程部分，最后整理收获。

对每个面向客户的业务领域来说，都要勾勒出里程碑性的业务流程步骤和重要的界面，同时就流程间的业务驱动者、相似性、可改善性和差别达成共识。例如，销售流程是由销售机会驱动的还是由客户驱动的，客户服务是内在的事件驱动的还是内外双重驱动的，在这些步骤中也要评估重要标准（编码和客户以及工作人员的类型）。

这一步的目的不是要进行详细的业务调查，而是要理解流程间的相似点、差别和改善可能性，以使它们对于战略的影响可以得到评估（例如，有固有重大问题的高度复杂的流程比简单的流程要难以改善）。

## 第七步：确定CRM项目的速赢点

在众多的业务改善点中，分析客户的需求和 CRM 对客户可能的影响，确定适合该项目的速赢点，以便快速获得效果。许多时候，企业在开展 CRM 行动时总是将客户拒之于初始步骤之外，感觉就像公司知道客户需要什么，公司为客户设立怎样与公司交流的规则。这种远离客户的 CRM 行动是很危险的。如果客户看不到提供的 CRM 业务功能中的价值，那有什么用？如果用户不使用 CRM 功能，那 CRM 系统又有什么用？

我们曾为一家生物科技公司制定了 CRM 战略，这个公司相信电子商务有巨大的价值并将此作为 CRM 行动的最佳速赢点。公司之所以这样认为，是因为其顾客是非常熟练的计算机应用者，这类客户十分欢迎使用电子商务功能来进行电子化收集信息、购买和自助服务。相对于其他业务改善点而言，电子商务会更快地进行部署、获得成功，大家可以快速见到效果、建立信心。

为避免建立一种面向内部的 CRM 行动的危险，可以采用几个步骤：第一，调查业务 / 功能领域现存的机会点和改善点；第二，与面向客户的部门领导一起从 CRM 业务优先的角度确定可能的速赢点；第三，与客户一起了解他们真实的 CRM 需求，这个阶段客户服务中心、客户调查和客户服务回访等是收集客户需求的有效方式；第四，讨论确定最终的速赢点。

应当花时间去收集有价值的机会点和改善点，不要做“事后诸葛亮”。

### 第八步：提供CRM应用文档和建议

这一步准备和传递基于 CRM 愿景、确定的热点业务问题，以及客户信息和人、技术、流程问题的 CRM 计划文档。这些文档和建议是提交到面向客户部门的领导和 CEO 及其他合适的高层那里的。

### 第九步：推荐一个CRM应用管理方式

这个步骤为实施 CRM 战略提供建议。通常为项目管理办公室的推荐方法，包括组织、职位描述、政策和步骤等。

### 第十步：准备CRM应用业务情景

这种业务情景是大多数公司用来批准 CRM 投资的文件，主要有这些步骤：

◇执行概要（包括发生什么，对谁，怎样的代价。）

◇财务（包括特殊价值建议和 ROI 信息）

◇公司深远的影响

◇附录（详细的准备，建议价值的基础）

◇总结，形成 CRM 战略的十个步骤，把这十个步骤作为一个通向成功的 CRM 战略的清单。

# 第二章

## *基本功能*

### 2.1 客户

客户管理是整个 CRM 系统的基础。它的特点在于对获取所有客户的信息、特征、购买的产品和服务、所有交互活动以及客户的其他相关属性的考虑。它针对组织内部参与客户交互活动的所有工作人员，例如销售人员、客户服务代表和外勤服务工程师等，它使这些工作人员对潜在客户和已有客户建立更加广泛和深入的了解。它作为一个查阅和维护客户各方面情况的信息库，也是一个进行客户日常接触工作的首要的导航工具。

联系人管理是客户管理的关联模块。联系人一般是指对客户的联系人，有时候也特指客观存在的个人客户，他们向企业提供信息、支持客户要求、向企业购买产品或服务，或将产品再销售给最终用户。他们可以是公司的职员、独立的咨询员、零售商或最终消费者。

联系人管理功能使企业用户创建和管理联系人档案，每个联系人都可以与一个客户或其他联系人相联系，而且如果情况允许，联系人还可以与销售机会、服务要求、服务协议和其他活动在较为个人的层面上联系起来。用户可以跟踪与每个联系人相关的所有活动，也可以对联系人进行分类，从而更好地管理联系人，甚至在大客户销售时进行联系人角色关系图分析，更有效地提升销售。

客户一般包括一个或多个联系人,从实体关系上讲是一对多的关系。但是，实际应用中也存在客户与联系人的多对多关系，在合伙购买和交叉购买的时候，就存在客户与联系人的多对多，比如房地产行业的联名购买和交叉联名购买等。

一个客户的不同联系人角色是不同的，比如说，最终决策角色、影响决策角色、决策无关角色等。不同角色的联系人优先级和销售策略是不一样的，在销售机会中还涉及到联系人对本次交易的态度分类，这都是大客户销售中经常使用的。典型应用为 TAS（Target Account Selling）。

对于个人客户，客户和联系人逻辑上是一样的，在数据模型中是两个数值相同的实体数据。但从业务上讲，客户强调的是交易对象（即账户），联系人强调的是联系或者活动对象。

客户和联系人管理的统计分析，一般是对客户数据的分类整理和统计。其中一部分是根据业务属性来分，如客户经理、销售团队、客户状态、信用等级等；一部分是根据普通属性来分，如行业、区域等。

## 2.2 营销

根据调查，市场专业人员会将百分之八十的时间花费在开展市场活动和制定程序上，而花在制定策略、规划和分析上的时间只有百分之二十。随着互联网等新兴市场营销渠道的出现，并与电话推销和传统的直邮方式同步使用，市场营销活动的实施和效果跟踪已越来越复杂和耗费时间。成熟的 CRM 系统采用最前沿的技术，帮助企业赢得并维持住那些能带来利润的客户。作为一个全面的市场营销工具，它可以规划和实施以客户为焦点的市场活动，并分析其效果。

成熟 CRM 组件的设计目标是使市场营销专业人员能够对直接市场营销活动和战役的有效性加以计划、执行、监视和分析。一般而言，CRM 系统中还会集成工作流技术，以便使一些共同的任务和商业流程自动化。此外，CRM 系统 Marketing 模块还可向市场营销专业人员提供分析其市场营销行动有效性的能力，使市场营销部门有能力执行和管理通过多种渠道进行的多个市场营销活动，同时还能对活动的有效性进行实时跟踪。其他特性包括，帮助市场营销机构管理其市场营销的宣传品 / 礼品 ; 营销对象列表生成和管理 ; 授权和许可 ; 预算 ; 回应管理等。

在市场活动后进行分析这一跟踪活动的传统方式已不能满足要求。很多企业在活动终止数月后，对活动效果尚未进行全面的分析也是常有的事。但如今竞争激烈，要求公司必须能够跟踪活动的效果，并在活动完成后立即计算出投资回报率。市场执行人员选择自动方式开展活动，并实时分析活动所及的所有渠道的响应。采用便利的分析工具，市场人员能够实时调整活动，以增加活动满足投资回报率、销售线索数目或其他性能因素等期望值的概率。得益于实时活动分析，市场人员能够为成功的活动增加资源，或在效果不佳的活动完成前重新调整市场策略。

在营销管理方面，CRM 推崇的是一个真正实现闭环的市场营销自动解决方案。成熟的 CRM 系统中，Marketing 与 Sales 相集成，Marketing 能够收集对活动的响应，并跟踪销售线索和机会的状态，随后将其转到 Sales 模块。只要市场线索一产生，销售团队就能够对其进行跟踪。这些销售线索即可转变为机会，并最终产生可以带来利润的客户。只有通过 CRM 整体解决方案，才能从第一次发现客户对公司表现出兴趣（无论是在商展上，还是通过 Internet 或看到广告）就开始跟踪整个的实际销售过程。

市场营销管理模块是 CRM 系统的核心组成部分之一，用户组织中负责市场营销人员可以利用这一模块在不断变化着的竞争环境中系统地、科学地和更加有效地管理市场营销方案。它的特点在于通过对所有与市场营销相关的信息进行综合管理和同步运用，可以实现一下目标：

### 1）完整的市场营销

利用已有的营销信息和知识，控制市场营销方案循环，使市场营销的投资回报最大化。营销管理模块各功能组所包含的功能涵盖了对一个完整的市场营销方案周期进行管理的方方面面，例如，预算管理、宣传资料管理、媒体管理、促销方式管理、不同层次营销方案的管理等等，它们帮助用户建立起营销方案的完整循环。另外，通过合理运用这些功能，可使原本在营销方案循环中分散零乱的信息变成可提供决策依据的数据，例如，通过对预算的管理，用户能随时掌握资金的运用情况，合理地配置资金，提高资金的使用效率；通过管理衡量指标，用户可以在一定程度上量化营销方案的效果，从而为分析营销方案以及策划新的营销方案等提供事实依据等。

### 2）不同媒体中的市场营销

管理所有与市场营销方案相关的媒体，并通过这些媒体来执行市场营销方案、收集活动的结果。在营销管理模块中对市场营销活动的多种媒体信息进行维护，与其他系统集成的基础上，用户可以管理在各种媒体中开展的市场营销活动。这包括通过传统媒体进行的市场营销活动，例如广播电视、新兴的电子邮件市场营销活动、网上市场营销活动、短消息广告等等。用户设置营销方案的时间表及触发器功能，使营销活动在合适的条件下自动执行。

### 3）个性化的市场营销

与客户进行切实有效的沟通，从而提高产品或服务的渗透率以及客户忠诚度。营销管理模块可以对营销对象进行全面的管理和应用，一方面可以生成满足不同复杂条件的对象列表，从而可以针对这些对象设计灵活的促销方式或促销方式组合，使营销方案更具针对性；另一方面，通过电子邮件、网络等手段可以实现个性化的营销，根据客户的性格喜好、行为习惯等设计不同的市场营销内容，提高营销方案的效果。

### 4）自动化与协同化营销

市场营销管理模块与 CRM 的其他模块（如客户管理、活动管理、产品管理、渠道管理、工作流程管理等）集成，自动获取和使用这些模块中的信息，如利用楼盘管理中的产品资料作为市场营销宣传资料；为市场营销创建活动，并分派给相关市场销售人员，使其能在活动管理模块中管理自己的活动；使用工作流程自动进行预算和营销方案的审批流程，等等。

## 2.3 销售

销售管理是CRM系统的销售模块中最重要的部分，也是所谓SFA的核心。销售管理主要围绕销售机会、销售过程、销售预测、销售活动等方面，其中销售机会指一个潜在客户有购买意向并有可能为企业创造销售的一个机会，体现了客户的购买可能性、潜在价值、可能购买时间等的管理，有的系统称之为“商机”；销售过程简单说就是一个标准的流程模板，分阶段分步骤执行和控制，有的系统也称之为“销售流程”或者“销售方式”；销售预测实际上就是Funnel，也就是销售漏斗和销售管道，它结合销售机会和销售过程，有效地进行销售预测和销售控制，Funnel是成熟外企一直在成熟使用的主要销售管理工具。

在市场竞争激烈的今天，企业除了需要节约成本以外，还需要不断地寻找和获取新的客户，以增加销售量。但目前国内的企业往往没有对潜在的销售机会进行系统化、科学化的管理，导致一些潜在的销售机会白白地流失。所流失的潜在客户往往会成为竞争对手的客户。这不但对企业占有市场份额会造成重大的影响，还减少了企业本身的潜在收入。

销售机会管理模块是CRM系统的核心组成部分之一。它针对企业需要，对于整个销售过程（从确认销售机会到完成销售）进行系统化、科学化的管理，让企业获得更多收入的机会最大化。由于管理公司客户的销售过程要比管理个人客户复杂，对系统的功能需求也比较高，一些以公司客户为主的企业更能体现本模块丰富功能的价值，即我们常常说的“大客户销售”。

CRM系统尤其是SFA系统的核心价值就在于销售管理，销售管理的核心就在于Funnel。很多企业或者个人以为SFA的核心价值是实现了销售自动化，这是片面的；中国企业的营销管理从粗放型向精细型转变，就是要加强过程管理和量化管理，而Funnel是二者的有效结合，充分体现了过程的分阶段管理和目标量化、销售任务量化管理，从而在售前、售中和售后都能够对销售进行预测和控制。作为销售管理，Funnel列表和Funnel漏斗图是最佳实现工具。

### 1）销售机会管理

销售机会是企业与客户确认销售前的必经阶段。在通过与客户的交互活动后，销售人员经过初步的评估，认为有可能在将来与客户达成交易，并为企业带来收入。于是，销售人员可以认为产生了一个销售机会。该客户即为企业的一个潜在客户。

销售机会是一个与特定客户相关的可能产生潜在利润的事件。一个销售机会通常由截止日期、赢的概率、销售团队等因素构成，与一个或多个客户、联系人、产品、业务活动和竞争对手等相关联。

销售机会模块是为负责管理和产生销售收入的客户经理（或销售人员）而设计的，通过该模块客户经理（或销售人员）可以对销售机会的发现、确认、分配、评估和执行跟踪一系列阶段进行系统、有效的管理，为最终实现销售机会中潜在商业价值提供技术辅助销售支持。

销售机会模块协助销售人员和销售经理来采集、分析、预测和报告与销售相关的信息，如可能性、潜在价值、管道天数、预计和实际完成日期、产品、竞争对手、线索来源、关键联系人、活动等。

### 2）活动管理

活动管理是整个CRM系统中非常重要的一个模块，它贯穿于各个模块中，通过对用户活动内容、活动时间、活动方式等方面的管理，实现各种商业行为。该模块针对组织内部所有参与交互活动和执行任务的个体，如销售代表、客户服务代表、服务工程师、外部销售人员等；根据一定的时间或能力要求将某项活动或任务分配给符合具体要求的人员，并且能够跟踪活动处理的全过程。

有的CRM系统鉴于活动管理最关键的是时间安排并基于日历显示和管理，所以也称之为时间管理。

活动管理大部分基于日历进行显示和管理，一般活动的日历会分为日历、周历、月历和年历来不同显示。默认的活动的日历视图一般显示当前月份的日历、未来七天的事件以及所选时段内的任务。还可以通过相关项的“未处理的活动”和“活动历史记录”相关列表查看、创建并更新活动。

用户可以在Calendar中查询自己和别人的日历，如果有权限的话。一般默认的规则是上级可以查询所有下属的日历，用户组的组长可以查看组内所有成员的日历。

## 2.4 服务

一个成功的公司不但需要向客户提供高质量的产品，更重要的是对销售的产品提供一流的服务。在CRM系统中，服务请求管理模块记录客户服务信息，处理客户所购买的产品/服务的售后服务以及跟踪客户的产品/服务状况，从而使公司达到留住客户的目的，抓住对客户进行附加销售的机会。

CRM系统的服务请求管理模块与其他模块紧密结合，提供一套完整的客户服务解决方案。利用产品管理中客户购买的产品信息，跟踪客户对产品的服务请求，并与客户产品担保书和服务条款相联系，最大限度地满足客户的需要。在处理客户服务请求的过程中，利用活动管理、工作流技术和工作人员管理，合理安排对客户的服务支持和分派最合适的人员处理客户的服务请求。另外，服务请求管理模块记录一切客户的需求，提供销售机会管理必需的信息。除此之外，服务请求管理模块储存以往的问题处理方法，并与相关的服务请求相联系，以备将来遇到类似的客户问题时参考，从而提高客户服务的效率，减少客户服务的成本。

### 服务请求

管理客户对产品及服务所提出的服务请求、服务请求的验证以及由服务请求产生的服务订单和产品维修。针对客户的服务请求，在创建服务请求之前，客户服务人员首先需要验证客户是否存在有效的服务条款，公司将根据服务条款的规定提供相应的服务。在服务请求中用户可以建立活动计划或一系列的活动，并分派给合适的工作人员。服务订单是针对客户提出的产品维修、更换和退货的要求，记录满足客户要求的产品信息、价格信息以及对产品的执行动作。产品维修记录客户产品的维修历史,充分利用以往的维修经验，减少产品维修的成本。

服务请求管理通过性质即服务请求和投诉来统一管理，并提供服务请求的升级到投诉的功能。用户可以便捷地读取和更新有关未解决的客户服务请求和投诉的信息，并在服务请求管理界面记录服务请求的性质、状态、来源、是否有效、紧急程度和问题种类；保存，回顾备注、附件和活动历史记录。

在服务请求的分派管理方面，记录管理接收人、分配到的负责人、完成人以及接受、分配和完成的具体时间。企业可以根据分配时间、派工时间、到场时间、结束时间、客户签字时间等关键点进行服务及时率、满意率考核。

典型的服务请求解决，可以查看问题描述并将解决途径保存在知识库中。

对服务活动、修配件以及工时、费用的管理，有效地提升了服务运营的效率。

服务请求还可以根据不同分类的服务问题自动分配到相应的业务组别或者部门、员工，这个分配规则是用户可以自定义的，确保问题在最短的时间内分配到最合适的业务角色。

## 2.5 现场服务

### 1）现场服务的功能

有很多人也称之为外勤服务。

现场服务允许客户服务、现场服务和销售营销业务人员通过提供闭环问题解决和现场活动管理能力确保整体客户满意度。

该功能使企业能够在整个问题解决过程中提供世界级的客户服务，不论是否需要提供一名或者多名工程师和一个或多个零配件。完全优化的现场服务过程提供了关键的、更新信息和必要的工具，以便处理任何现场服务解决方案。

现场服务包括现场工程师和现场工程师活动管理、维修零件管理、解决方案管理和订单、RMA/ 退换、库存、全球时区（跨时区作业）等功能。

### 2）交互中心

客户交互中心 (Customer Interaction Center ， CIC) 实现客户的交互接触工作部分。实现的方式包括电话、email、传真、网络聊天工具（QQ、MSN 等）、视频、短信等。实现跨渠道的客户接触的整合，提供一致性的客户接触和服务，提高客户的满意度和忠诚度。

比如一位客户打电话询问上周发给公司的电子邮件的情况，电子邮件是回复上上周交谈的内容，而上上周那次交谈则是讨论之前企业给客户发送的一封信。他希望接听电话的人员能够了解他和企业的所有联系情况并希望得到准确及时的回复和帮助。这正是客户接触中心要解决的核心问题。怎样实现客户服务的一致性是企业的问题。

### 3）智能分析

现在的企业要在更短的时间内作出更加准确的决策，尤其是与客户相关的决策，在激烈的竞争环境下，时间就是金钱、客户就是企业的命脉。通过商业智能分析提供针对客户的个性化产品推荐、客户赢利能力报表、流失预警、面向客户人员的效率评价等等。

个性化产品推荐，根据产品之间的关联关系以及客户交互历史和交易历史，为客户提供合适的产品和服务。

客户赢利能力分析，CRM 的目的就是保留高价值客户，一般将客户价值理解为客户的赢利能力比较科学，对客户进行赢利能力分析，发现高价值客户，开展有针对性的营销活动。

总之，商业智能分析内部的活动、改善流程、降低成本，跟踪外部的趋势、理解客户的行为、改善与客户的关系、识别相关的销售机会，并最终提高企业竞争力。

#### 4）商业智能功能

预定义柔性报表，系统内预置不同类型的报表，用户可以选择图形的类型、日期、数据的来源等等。

自定义报表，用户根据自己的需求，利用系统中的报表配置工具生成自己想要的报表，并且可以保存报表方案，以备再次使用。

与第三方报表工具集成，目前很多 CRM 提供商都提供与第三方报表工具集成的功能，比如与水晶报表的集成，提供更强大的报表功能。

Dashboard，预定义或客户定义的信息以 Dashboard 的形式呈现在管理者面前，更加生动直接。

报表的导出和打印，将报表打印、导出成为不同格式（Word、Excel、图片甚至是 E-mail 格式）进行发布共享。

# 第三章

## *最佳实践*

### 3.1 CRM三段论

CRM 失败论自始至终都有，而且从不同角度去看，人部分企业的 CRM 项目都可以称之为“失败”或者“部分失败”，这里面便有一些观点和境界的问题。但是，这个境界却不仅仅是 CRM 厂商或者服务商的境界，也有企业的境界，甚至整个 CRM 价值链的境界。理解了客户关系管理的不同境界，也就理解了为什么会有失败。

#### 1）CRM境界三段论

总结多年的项目感受，这三个境界就是当前 CRM 项目可能遇到的三个模式：第一个境界是系统驱动业务，大部分项目希望通过 CRM 系统来驱动所有的业务，但很可惜结果往往是造成失败的系统应用；第二个境界是业务驱动系统，有一部分项目进行了组织调整、业务流程变革、绩效优化等业务方面的推动，驱动系统的应用，最终取得不错的效果；第三个境界是技术驱动创新，利用特定的技术来改变和驱动业务，使业务不得不进行变革来适用新技术带来的创新，最终实现新技术结合业务变革使系统应用效果得到最大的推动和深化。

第一个境界：系统驱动业务。大多数系统厂商实施的服务，或者 IT 开发商的系统服务，都是类似的情况，核心是要用什么（功能），主体是企业的系统最终用户。不管是为了销售系统，还是因为项目控制的原因，项目大多采取围绕系统功能控制业务需求，基于系统的标准流程来部署企业流程，进行系统的安装、配置、培训等工作后即部署上线应用，然后在维护阶段进行更新、升级服务，也可能在几年后通过替换系统平台而二次实施。

第二个境界：业务驱动系统。这个时候大多采用的是可以进行灵活定制或者二次开发的套件平台，所以更突出的是咨询公司的咨询变革和实施服务，核心是要怎么做（业务），主体是企业的业务管理者。由于是以咨询公司为主，所以会进行 CRM 战略咨询、流程咨询和系统规划后再进行系统实施，而他们引以为荣的是行业最佳实践和流程套路。但是，这个时候咨询公司的套路和实践库，是标准化，是提炼于千百个项目的最佳实践；而企业的项目，是个性化，是需要潜移默化进入到企业每一个角落的；这个时候 CRM 项目需要解决的是标准化和个性化的最佳融合，这个融合来自于人，这个人就是一个桥梁。如果项目经理或者项目总监不能有效融合二者的话，那么这个项目可能会成为“夹生饭”。

第三个境界：技术驱动创新，创新驱动业务和系统。这是一个很有意思的境界，核心是客户能够做什么（技术），主体是企业的客户。因为往往懂业务的不懂系统更不懂技术，懂技术的不懂业务，甚至懂系统应用的未必也懂技术，所以前面两个境界往往很难实现效果。这个境界是希望能够真正从客户角度出发，参透系统和业务，然后通过创新的技术，来触发创新的模式，从而产生创新的服务。

这三个境界因企业而异，因项目而异，因人而异，所以不存在高低优劣之分。有时候一不小心，第一境界的系统应用容易成为鸡肋甚至弃用，第二境界的业务变革容易受到很大抵触而不能贯彻。这些“失败”或者“部分失败”的案例警示着我们，这些做 CRM 的人确需反思：现在的 CRM 本质上是以企业自己为中心，还是以客户为中心？

### 2）技术创新的必要性

讲技术创新的境界，实在是被系统和业务流程再造给逼的。如果系统上了立马见效果，或者 BPR 变革做完了马上见效果，也就不需要第三阶段的境界，既然已经满足需求就不会再去自讨苦吃。因为无论是系统，还是业务流程再造，都跟人的关系太紧密了。系统实施跟使用者的关系很关键，业务流程再造跟各利益相关者的关系很关键，所以造成大部分 CRM 项目往往会受到很大阻力而不能有效实施并获得很好的效果。所以第三个境界是去追寻不依赖人的路径，而这个路径就是技术创新。技术创新对于 CRM 而言，最核心的区别在于利用技术创新，推动业务变革，推动使用，不依赖于人，却推动人去跟上创新。为什么技术创新能够推动人使用系统，推动业务流程进行变革呢？因为技术是可控的，人是不可控的，所以通过可控的推动不可控的来适应是能够收到很好效果的。

我们拿汉拓科技一个实际的项目案例来分析一下。在一个零售连锁的咨询实施项目中，当完成了 CRM 流程优化和系统定制实施后，CRM 系统上线。但是门店的销售代表很不适应 CRM 系统，做了好几轮的业务流程培训和系统培训。这些大都是初中毕业的年轻人，让他能够牢记客户的名称和需求，再输入到 CRM 系统中去，效果很差，销售代表宁肯被 CRM 系统应用绩效指标扣钱也不去用系统。没办法，在第二阶段变革了销售流程，在 CRM 系统中融合了现场销售指导系统，接待客户、查询选购和下订单都在洽谈桌的电脑上进行操作，不在 CRM 操作则出不了销售单，并重新制定和培训了新销售流程，虽然一部分销售代表能够充分利用现场销售系统中的智能导购和知识库进行销售，但还是有一部分不适应的销售代表习惯把客户引导到柜台用机模来讲解。

在考虑到人的因素尤其是素质并非很高的零售销售人员几乎改变不了太多的时候，我们开始考虑技术创新。第一步是将电脑全部换成触摸屏，撤掉柜台全部橱柜贴墙，这样销售人员只能引导客户在洽谈桌上用触摸屏系统进行销售，而客户也可以自助触摸选购，这样一下子新的流程马上就被迫接受了；第二步为了减少对销售人员的依赖，让客户更多地自助选购，通过系统进行销售转移，全部换成摘机互动展示柜，再也没有机模和柜台，而是直接真机的摘机柜，不需要销售人员，客户拿起一部手机，后面的连接线会触发中央的触摸显示屏展示当前手机的详细信息，客户可以再触摸进行选购，在触摸屏系统上进行关联推荐、热销推荐等等销售转移，甚至吸引客户通过触摸屏自助注册会员和参加互动抽奖，采集客户信息。

其实，可以推动人的行为和流程的被迫变革的创新技术还有很多，比如：

通过 RFID 的会员手机链，自动识别并在临门的交互显示器播放欢迎词，引导客户触摸并直接推荐出客户上次关注的产品；

运用各种手机技术来进行业务创新，走近店面便可以收到许可后的蓝牙传送的电子报或者优惠券，通过 GPS 定位联合联盟商家为就近或者路过的消费者提供许可后的服务，短信通知并直接手机支付；

通过会员许可的手机定位功能对路过门店的老客户进行配件、现金券或新款试用的促销短信通知；

通过交互式显示器（Interactive Display），当识别客户后显示的不再是千篇一律的内容，而是与消费者息息相关的内容，如消费者可以在运营商的品牌体验店或者社区店里的交互式触摸显示器上，参与娱乐活动或者促销抽奖，参与 3G 业务体验游戏，可以通过交互式显示器注册会员或者申请 3G 试用等业务，甚至获得周边联盟商家的打折优惠券；

通过无线技术，一张别致的电子客户满意度回访卡，在业务单据结束后一起递给消费者，在回答各个问题后答案会通过无线反馈到现场客户经理，消费者将获得 5 ~ 10 元不等的电子优惠码，客户经理可以针对回访的情况进行针对性的服务；

通过 SaaS，带有网络单元或者 3G 上网单元的可触摸的液晶屏，在企业数百个连锁门店部署，可以进行销售、产品展示，也可以进行统一的营销传播，甚至可以做更多的业务创新等等。

这些技术，一开始应用起来不需要人的变化，而是推动人的变化，等人变化过来再来有效地推动技术的进一步应用，这是技术创新境界所希望看到的效果。

以前总是有观点说技术型的企业比管理型的企业做不好 CRM，其实并非如此，而是要看技术型的企业是否把握住了创新的技术点，能够用创新技术有效推动业务变革，最终实现技术和业务的创新融合。这是一个螺旋形的递进过程，不是一步可以到位的。首先要构建一个全面灵活的解决方案平台，其次要能够建立起业务变革方案和实践库，并拥有一批真正懂业务懂系统的人才，最终利用新的技术点将业务变革有效地触发起来，并能够基于 CRM 解决方案平台得到有效的应用。

当国内出现一个或者两个这样的企业，尤其是大型企业的时候，便是国内 CRM 行业逐渐成熟的标志。这个时候，随着行业细分越来越明确，在本土的 CRM 价值链也将逐渐形成。

## 3.2 实施方法论

在当今CRM产业发展的阶段，最弱的地方还是在最佳的CRM实施上，过去不同的分析人士发表了很多关于高CRM系统失败率的调查报告。我们从来没有碰到过这么高的数字，因为评价标准的不同，导致对于同一个CRM项目，有的公司称之为成功而其他的则说是失败。我们认为CRM行业需要提高实施的专业性，并且没有什么实施的捷径可走。

CRM项目成败的争论，似乎已经很久了，数来数去很多原因都落在CRM实施上。做项目就是在做人。做人既要有原则，又不可全循规蹈矩。CRM项目的实施是一种艺术，它涉及沟通、交流、控制、影响等多方面行为。但它又遵循一定的规律，这也是讲方法论的缘由。

不同的咨询公司、不同的项目经理，面对相同的企业用户、相同的软件，实施的状态也会不一样，其中的奥妙就在于人的因素。实施方法论是一种经验和规律的沉淀，但也往往是一种僵硬的教条，真的做起项目实施来就需要活学活用，能够抓住关键。

方法论是项目实施的一个指导性的纲领，实施方法论的重要性在于它将艺术化的工作变得标准化，不可控的形势变得可以触摸。但是，艺术总归有它的个性魅力，而标准化总归有它的僵化迂腐，因此选择一个平衡点，选择一个最佳的度，这是实施的无穷神奇之处。

### 1）矩阵实施

针对集团式或跨区域的多单元实施，基于滚动实施战略发展演变出一种矩阵实施，其核心为点面结合，设置阶段，试点建模，督导推广，持续优化。

点面结合：对集团的面而言，各个单元算是点；对于整体业务的面而言，各个功能算是点。如何既能有战略层面的高度，又能把点的功能做细，是点面结合的核心。

典型业务选取试点：选择原则是业务典型、管理水平高、人员素质好、实施基础扎实。选点的时候注意照顾面，即区域的核心点，一个典型区域不要太多也不能没有。

设置阶段：对整个总单元的实施和每一个单元的实施都需要进行阶段分解。无论是集团的点，还是各个单元的点，每个点的实施，要设置阶段，设置不同的阶段目标即里程碑。

试点建模：选取集团总单元的局部业务作为试点，或者从子、分公司和区域伙伴等选择 1 ～ 2 个完整的业务作为试点单元。试点的实施关键在于在实施的基础上建立标准流程和模式，以进行推广。

督导推广：试点建模形成优化的具有代表性的流程和模板，下一步就是在整个总单元的范围内进行推广。基于标准模式上允许实施点,根据个性需求，在一定范围内进行个性化实施，但要求是可控的。

在流程和模式确立后，实际上推广是很复杂很关键的事情，应由督导小组和业务或区域负责人进行区域内的督导推广，对实施点进行分级管理，针对不同层次的实施点进行激励和奖罚。

不同区域和不同规模的实施点对于 CRM 的接受能力和执行能力是不同的，所以分层次分内容分人员的多形式的培训是很重要的。

持续优化：运行一定周期后进行评估和持续优化。

### 2）实施五步法

汉拓五步法将 CRM 实施分为五个阶段，一步就是一个阶段，一个阶段就有一个阶段的目标和里程碑，循序渐进，每一阶段强调一个核心切入点，前后环环相扣。任何一个 CRM 项目（如果不是太小的话），都可以考虑分成这样几个阶段或者几个细分项目来做，投资也可以逐步按照阶段投入，效果自然也是每一阶段就体现给管理层，这样就形成良性循环，从而避免出现 CRM 实施周期过长、人员信心逐渐丧失、管理层迟迟看不到效果、投资总是没有明显回报等恶性问题。

第一步：评估（evaluate）

内部需求和能力成熟度（执行力）

进行企业内部需求再调研和 CRM 能力成熟度评估，针对需求调研和评估结果，进行相应的培训和讨论。

确保实施前企业对 CRM 理念和 CRM 系统以及 CRM 实施的认识是比较统一的，并有效避免出现对 CRM 系统期望值过高或者过于悲观的现象。

第二步：采集（gather）

客户数据库、消费数据和第一阶段的客户分析和商业智能分析

基于统一的 CRM 系统作为信息平台，企业与客户接触的所有部门都在统一的平台上进行客户资源的统一管理。

此阶段涉及客户信息数据、关联的消费数据以及采集、录入、有效性效验、分类、共享等功能和方法的培训、实践和优化。这一阶段是客户资源管理的基础，也是很多 CRM 项目恰恰忽略的地方。没有真实有效而且及时的客户数据，CRM 管理是无从谈起的。

在客户资源管理基本梳理明晰后，进行第一阶段的客户分析和商业智能分析，初步建立各业务部门的客户模型。

运行优化周期为 1 ～ 3 个月。

第三步：过程（progress）

客户接触过程、量化管理和预测管理、BPM 绩效管理

在有效采集客户数据并进行分析利用后，第三阶段的工作是加强过程管理和过程考核。

客户接触过程（呼叫中心＋ CRM）——建立呼叫中心，与 CRM 无缝集成，有效管理与客户接触的沟通渠道，包括电话、传真、电子邮件、短信等。基于呼叫中心的建设和技术，建立多层次的客户服务体系和多层次的客户沟通渠道。

行动管理、量化管理和预测管理——加强营销与销售的过程管理，包括行动管理、销售机会管理、量化管理和销售预测等。

在过程管理的基础上进行 BPM 绩效管理（BI + FI）和 CBA（基于客户的会计核算）。

第四步：流程process

客户流程、企业流程和第二阶段的商业智能分析

加强客户流程，如客户接待、客户拜访、客户投诉、客户回访等流程的标准化和规范化建设；并加强会员俱乐部建设和客户满意度调查。

在前期实施的基础上进行第二阶段的商业智能分析。

运行优化周期为 3 ～ 6 个月。

第五步：协同（portal）

企业门户、应用集成、企业 BI 与 BPM

基于整体战略进行企业门户、知识管理、EAI、电子商务和商业智能的建设，建立集团级的企业协同。

进行第三阶段的基于企业整体战略层面的商业智能分析，提供企业决策分析报告。

## 3.3 评估CRM软件的必要问题

为客户关系管理自动化项目选择一个软件供应商不是轻松的任务，软件公司林林总总，不断有新的进入、老的退出，而技术的改变也经常改变软件供应商建立软件的基础，等等。因为有这些潜在的困难，建议对候选名单中的每个供应商询详细询问一些必要问题。在询问中有两个要注意的地方：首先，如果候选名单中的供应商对于任何问题进行推脱，那么就要现在不断地问，不要等到以后。其次，不要依赖于供应商对任何一个问题的答复作出供应商选择，要根据你的详细标准对评估问题作出整体的判断。

(1) 供应商的从业时间有多长？业务发展史如何？

虽然可靠的软件供应商的基本特征是维持的时间长，但一个供应商的寿命并非意味着全部价值。从业时间很重要，但同时要充分确定供应商是否适合你。

(2) 他们在你所在的行业是否有经验和客户？

在行业内的经验是重要的，当软件供应商向你证明他们对于行业运营的理解，比如，使用他们软件的行业内最佳案例，可能是真正的加分点，但更重要的是，你应该继续询问行业内他们的当前用户的情况，他们是否愿意提供客户的名称和联系方式，这类问题的答复使你能判断软件供应商是满足了该用户的需求。当你遇到没有行业经验、但软件的技术和弹性符合你要求的供应商时，你就陷入了进退两难的境地。软件供应商关注的焦点日益集中在具体的行业，因而对于行业内经验和客户的要求，将很快变得没有意义。

(3) 他们的技术方向是什么？

企业必须了解供应商的技术方向，而且这种方向要和企业的技术方向保持一致。确定此事的最好方法是与供应商的首席技术官开一个会议。会议的目标是确定供应商领先的方向（新业务模型、新的开发工具、解决问题可能的时间表），尽可能展示现在和将来详细的业务功能和技术特征的需求，看看与供应商的意见是否一致。

(4) 产品是否包含源代码？

供应商越来越多地为客户提供工具包，使得客户可以自己修改软件，而不必使用第三方实施顾问。大部分源代码被编程成了重复利用的对象，比如组件、插件等，不过，在没有企业技术人员或第三方咨询顾问的情况下，个性化 CRM 系统可能受缺乏源代码的影响。如果供应商不提供源代码，你要知道为什么这样。如果供应商退出市场之后，将发生什么，你是否得到了确保系统延续性的源代码。要注意提供什么、不提供什么的详细说明。

(5) 他们提供怎样的培训?

在 CRM 系统的生命周期中，培训的费用将超过系统费用的五分之一，供应商提供什么培训吗?培训是在企业内、网站上还是在线的?供应商是否将培训责任转交给了代理商或实施伙伴?如果供应商提供部分或全部的培训项目，他们怎样衡量自己培训师的表现和怎样衡量他们对代理商和终端用户培训方法的效率是非常重要的。他们对于正在进行的培训、进修和新员工的培训是否有结构化的规划?供应商是否使用最新的技术（基于网络的培训）提供服务?

(6) 他们怎样支持自己的软件?

很多供应商提供某种维护协议类型的支持服务。必须询问维护协议（电话支持、网络自助服务和在线支持）中包含的支持类型。一些供应商提供收费的支持，按事件或支持收费。如果支持服务是外包给第三方公司的，供应商有怎样的教育、培训和保证第三方合作伙伴的资格验证程序?

(7) 维护协议中包含什么?

CRM 供应商提供的维护计划在费用和复杂性上存在很大不同，要准备获得协议中提供的准确维护的详细信息、协议的时间表、谁来提供服务和支持（供应商和供应商的实施 / 合作伙伴）? 询问供应商怎样实现升级和更新（通过网站下载或通过代理商）? 是否能够接触到专业技术人员或技术团队，不论是通过电话、电子邮件或网络?供应商是否能保证在特定的时间内解决问题?供应商为服务 / 支持分配了怎样的资源?这些问题必须询问。

(8) 供应商的保修期是多长?在此时期内补丁政策是什么?

了解供应商为产品提供的保修政策的类型是很重要的。许多供应商提供标准的 90 天的保证期，要谨慎地询问供应商保修中所包含的内容以及每年的维护协议的执行情况。询问供应商软件的维修、更新和升级怎样、何时、在何处提供是合适的。另外，要询问供应商保修期延期和与延期相关的费用。

(9) 他们怎样实施自己的软件?

大多数供应商提供雇佣第三方 CRM 服务公司实施全面的产品套件，如果供应商使用自己的技术人员进行实施，将使用多少顾问?你可能想知道供应商是否提供快速实施选择，如果提供，这是否适合你的业务情况?询问软件供应商的实施团队的资质以及第三方实施合作伙伴的情况，证明的类型和成为软件供应商的实施伙伴要进行培训的时间。在供应商使用第三方实施公司的情况下，询问供应商怎样确保实施公司的资格。同样，确认供应商/实施伙伴确实在为自己的前台使用自己的 CRM 软件。

当面对这些问题的答案后，你需要使用业务判断，这些问题中哪些在选择最佳的软件供应商之前，对你的 CRM 项目最重要。有一些适合的或不适合的供应商，在确定供应商时你需要确定的是你的 CRM 项目和供应商的发展方向的符合程度。当你确定之后，接下来就是开始实施你的 CRM 项目。

## 3.4 CRM系统需求分析

CRM 系统软件选型和实施路线图的结果之一就是需求分析表，通常包括业务功能、技术和用户友好和支持。这些需求直接来源于内部分析、头脑风暴、现场调研、问卷以及你使用的业务模型等。

不要惊讶于你的需求列表很长，可能会涉及到几大主题、几百个细节、几千个需求点，其实，这是成功的软件选型和实施路线的标志。不过根据经验，在第一次系统发布时就实现所有业务功能是不切实际甚至是不明智的。下面是主要的原因：

- 虽然业务功能看起来重要，但是一旦系统实施，用户并不使用全部的系统功能。
- 很多业务功能会被埋没，并且可能导致需要的功能和容易获得的功能之间的困惑，从而延缓优先级高的功能的交付。
- 自动化改变了面向客户的工作人员的工作方式，这对于用户将是一个震惊，用户快速适应太多的功能会带来生产力的降低和更长的技术消化期。

因此，建议企业从小的开始并且分阶段建立你的系统功能，这要求你的 CRM 需求列表已经区分好了优先顺序，以保证对于那些业务功能实现的先后顺序有清楚的理解。

### 1) CRM系统的业务功能需求

区分业务功能需求的优先次序将是一个困难的阶段。假设你要实现一个多功能的集成系统，你的需求表中很可能会包括由岗位功能引起的功能，包括销售、销售管理、营销、客户服务和高层管理者。同样这些岗位功能可能会觉得自己的需求对于系统是最重要的。此外，除非有明确的规则来对你的业务需求区分优先次序，内部其他因素将导致不合适的优先次序，这将带来长期的不良的系统效果。

在这个阶段，企业召开各部门参加的业务需求分析讨论会是必要的。

### 2) CRM系统的技术需求特点

CRM 软件选择和实施路线的第二个重要的结果是技术特点需求的初步列表。关于技术平台问题的决策，经常来自于公司的 IT 部门，这有一些技术平台问题的例子。

◇ 你的 CRM 系统是否有网络中心结构或兼容支持网络的客户端 / 服务器结构？

◇ 你的 CRM 系统与什么操作系统兼容（WINDOWS2000/xp/2003、UNIX、Linux）？

◇ 怎样访问你的 CRM 系统（网络、虚拟专网、手持设备、无线技术）？

◇ CRM 系统和用户之间的数据同步怎样实现（服务器、数据库、定位）？

◇ CRM 系统将使用怎样的数据库，包括数据库的站点数量（Oracle, MS-SQL Server, Sybase, IBM DB2）？

◇ 你的后台系统以及以前的系统怎样与 CRM 系统集成？

◇ CRM 系统与怎样的电子邮件服务器集成（Lotus Notes, MS-Exchange）？

◇ CRM 系统与怎样的电子商务平台集成（BEA, IBM WebSphere, Vignette, BroadVision）？

◇ 有怎样的安全技术来保护 CRM 系统中的数据？

◇ 你现有的硬件支持 CRM 系统吗？不支持的话需要什么新硬件？

CRM 系统用户必须认识到这些问题，提供用户的看法（多个公司系统之间的集成的原因），技术平台问题的决策不是 CRM 用户的考虑范围。

要定义你的 CRM 系统中的技术特点。下面的操作指南可资参考：

◇ 与 IT 部门或外部顾问合作，帮助确定你的 CRM 软件中可能包括的技术特点。

◇ 记住你的 CRM 系统中需要的技术特点，推动最终的优先化的系统业务功能需求的实施。比如，将公司的价格表放到网络上，是不是你优先考虑的业务功能需求，你可能想确保你使用的软件可以轻松地更新价格表的技术结构。

◇ 了解现有的 CRM 软件，以了解可能的技术特点。是否终止建立或购买 CRM 软件，察看大量的软件包，收集 CRM 软件解决方案，了解最新的技术特征。

确保技术特点将直接帮助系统用户成功实施优先化后的业务功能。它们可能令人眼花缭乱，技术特点不能根据技术来判断，技术特点的最大价值在于帮助用户更好地使用系统、帮助用户访问和漫游系统，使系统对于用户产生直观的效果。

### 3) CRM系统的用户友好/支持需求

CRM 软件选择和实施路线图的第三个结果是 CRM 系统的用户友好 / 支持需求的最初列表。这些需求直接来源于你的头脑风暴、现场调查、问卷以及你采用的业务模型。

因为很多潜在的 CRM 系统用户不熟悉你选择的软件，所以用户支持在使用 CRM 系统以及其他计算机系统时非常重要。CRM 软件是为硬件平台开发的，除了台式机、笔记本，还有手持设备（如 palm）和无线设备（如 WAP 手机），使确定 CRM 系统用户支持需求的过程变得更复杂。虽然如此，很多好的 CRM 系统因为忽视了用户支持而失败，所以要注意这些需求。

谁来决定用户支持的标准呢？在现实中，这是一个协作的问题，但是用户应该占主导地位，决策不应该由技术和管理人员决定。此外，只通过试验和错误来确定什么是正确的用户支持级别，级别会因公司和系统的不同而不同。

图形用户界面：对于胖和瘦 CRM 客户端界面，WindowsGUI 和浏览器 GUI 是主流。一些供应商开发了模仿 Outlook 的 GUI，开始从网络世界获得灵感并且设计了很多模仿浏览器的界面。这意味着，很多 CRM 软件平台是基于网络平台和技术开发的。诸如 PDA 之类的手持设备因屏幕小而使用不同的 GUI，不考虑界面，你要考虑一个很重要的问题，屏幕的设计是否混乱？屏幕的设计是否精细地基于人体工学和流程？屏幕的设计是基于逻辑风格吗？是否可以轻易从主屏幕上得到辅助或帮助屏幕？

### 4) 系统导航

系统导航是一个主观问题。导航使用户可以轻松地在一个屏幕内从一个部分到另一个部分，在系统中从一个功能移动到另一个功能。让用户告诉你系统导航是否易于实现。CRM 软件的导航设计主要是用 Outlook 或是浏览器。对于大多数的计算机用户来说都很熟悉。手持和无线设备的软件功能越来越多了，它们有自己的导航设计。

### 5) 系统的直观性

因为每个用户对于系统的直观性都有不同的认识，所以这是一个很难确定的需求。此外，系统的设计还受到屏幕的设计、图形用户界面和系统的影响。用户认为一个直观的系统指的是界面后的开发者面向客户流程的知识。在一个不直观的系统中，用户的感觉是系统是由一个不了解面向客户功能（销售、营销和客户服务）的技术人员设计的。

### 6) 通过网络的客户自助服务

网络对于自动化解决方案的影响体现在众多的方面。拥有高级网络交互技术的公司提供在线的网页，这些网页可以为用户提供一些客户服务的知识库（受安全控制的）内的窗口。使用客户服务网页，用户可以在没有客户代表的帮助下进行操作，用户可以输入服务请求信息、核对问题解决的情况、索取技术文件，以及查询经常询问的问题和对客户服务代表的服务请求。

### 7) 帮助功能

多数用户喜欢选择现场敏感的帮助功能而不是屏幕敏感的帮助功能，用户可以轻松找到自己遇到的问题的答案。另一个重要的帮助功能需求是系统管理员的能力。不管是公司外部还是内部的，要调整（增加、增强、删除）或是个性化帮助功能中的空话，当你的系统中包含适用于你的公司的特定流程以及公司员工需要参考常规做法，定制帮助内容的能力是十分重要的。最后，帮助功能是否包括在线的用户文件，用户可以把经常适用的帮助文件下载到本地。

### 8) 在线交谈

客户除打电话、发邮件或在知识库中进行查询之外，还能选择交互渠道。供应商越来越多地提供在线交谈功能，允许客户与客户服务人员通过公司网站进行交谈。通常这种交互要提供通过对话盒键入问题和收到反馈意见。对话盒显示问题和答案。这种功能可以扩展供应商提供的其他自助服务功能。

### 9) 在线培训

供应商是否提供标准的在固定位置或公司教室的培训？随着越来越多基于网络的CRM应用软件的出现，基于网络的在线培训越来越实用了。所以，用户可以通过网络参与到培训活动中，而不再受地理位置的限制（比如旅行）。用户可以登陆使用网络协作服务的中心和网络会议室。在线培训适合于定期培训。不用提供什么材料，这种在线培训功能使用户能够提高他们的技能而不用花费大量时间离开工作岗位。

### 10) 用户文档

用户的文件是全面的和最新的吗？文件中是否有足够的实际操作的例子，包括软件屏幕的截图？用户怎样收到用户文件的更新？更新能够以电子形式传递吗？用户使用系统时可以访问在线的用户文件吗？

### 11) 国际化

厂商是否提供多语言多用户的软件版本？CRM软件的本地版有怎样的翻译功能？对于有全球性CRM软件的客户提供怎样的国际化帮助？

### 12) 数据同步

总部与现场人员之间的收发信息是不是可以一键实现，还是要进行培训来实现这些关键功能？同样，用户确定哪些地方出现了错误以及怎样解决数据同步过程中电话和无线设备的连接失败的问题？

### 13) 系统支持

这个话题很重要（培训、帮助桌、系统管理），包括系统支持对于用户的支持和对整个系统成功的支持。

总之，CRM系统选择过程中的需求分析阶段是CRM成功实施的重要因素，你应该在系统选择之前仔细考虑业务功能、技术特征和用户友好需求。由于这个阶段的重要性和复杂性，企业也可以选择顾问公司来协助进行。

## 3.5 数据整合的重要性

数据整合包括数据清理和数据管理。数据清理和数据管理是每个成功的CRM计划的重要组成部分，并且应该在CRM计划开始时就要进行。数据整合包括列出当前数据的清单、开发数据的标准、清理现有数据以及制定维护、改变和提高数据质量的流程。每个计划部署CRM的企业都应该认识到：高质量的数据是促进CRM成功的战略资源。

CRM系统数据（关于客户、供应商、市场、竞争对手的数据）资源的质量和准确性会产生一个一致的、没有错误的方式去增强客户体验。数据清单对于确定数据来源、位置、数据流，以及扩展当前数据，确定哪种数据由CRM系统管理和使用是非常重要的。数据清理对于减少数据重复非常重要，比如减少重复的客户数据，会降低营销的成本。

数据清理工具在任何数据接触、存储和移动的位置来清理、标准化、巩固那些以客户为中心的数据，还可以巩固来自多个不同系统的客户数据，建立唯一的、清晰的客户视图。而且数据清理工具可以集成到企业应用软件环境中。有部分数据清理工具提供商已经开始提供API与CRM或ERP系统集成。依靠企业技术结构的API相对比较容易实施。这些数据集成工具遵循一定的商业规则，以维持数据的质量。

一个将要进行的数据清理和整合计划应该包括传递、纠正和匹配数据，防止数据随时间退化。

高质量的数据可以为面向客户的一线人员和客户提供准确的报告，同时还可降低潜在的成本（与低质量数据相联系），比如冗余成本（在不只一个数据库中存储相同的数据）、基础设备成本（用于存储数据的硬件的成本）。

清理和管理客户关系管理数据看起来很合乎逻辑，有时候听起来很简单。而对于那些有这样经历的人而言，清理和管理数据是一个持续的且在每个CRM行动中总是难懂的问题。但实际问题可能是将全部现有数据整合到CRM系统中的成本和收益问题。企业往往低估了清理数据并把数据整合到CRM系统当中的复杂性。因此，在整合数据之前要仔细计算整合数据的成本和收益，而且要仔细考虑，重新建立或输入数据比整合所有被认为有用的数据花费更少的成本和时间。

总之，CRM 计划的重要组成部分就是准备和保持客户关系管理数据的干净，以及在 CRM 行动执行时保证正确的数据质量策略。以下是建立数据质量策略的主要步骤：

◇购买工具并整合到使用客户数据的企业应用软件中。

◇定期审核和检查管理数据的质量。

◇了解企业面向客户的一线员工的信息需求。

◇通过管理企业的数据架构提供独立的数据视图。

◇制定数据质量计划，维持高质量的数据标准。

◇在使用客户数据的不同等级的员工中建立数据质量监督团队。

◇实施自动整合管理工具检测地址和邮政编码是否正确。这些工具还包含了确保数据遵循命名规则的业务逻辑。

◇安全执行承诺的事项，以确保数据质量受到支持。

## 3.6 有效CRM的关键问题

尽管 CRM 带来很多的利益，但部分调查显示，CRM 对于大多数企业管理还是一个神秘的事物。为什么？因为大多数管理者不理解 CRM 中包含的流程，并且畏惧自动化软件相关的技术问题。

考虑到 CRM 潜在的巨大影响，投资必要的时间、需要的资源确保自动化过程的成功是很值得的。经验表明，以下实施步骤增加了你的 CRM 系统成功的机会。我们的经验同样表明，没有进行这些步骤中的任何一个都会增加自动化过程中止、彻底失败甚至在实施后成为灾难的可能。

### 1) 组织项目管理团队

企业在开始的时候应该形成一个包括以下人员的项目团队：

项目主席，最好是一个高级管理人员负责在项目过程中的管理和财务支持。项目主席在 6 ~ 12 个月的项目周期内，平均每月要参与项目 6 小时。内部项目组，由在项目概念化阶段为领导者提供数据的 CRM 终端用户组成。用户内部项目组会在项目周期的 6 ～ 12 个月中平均每月参与 8 小时，还应该设置部分专职的内部项目组成员。

### 2) 确定要进行自动化的功能

CRM 调研和规划帮助企业识别需要进行自动化的业务功能，并且列出 CRM 系统需要的技术特征，其方法包括问卷调查、与一线人员（比如，与客户有直接接触的人员或提供服务支持的人员）进行面对面访谈、与客户面对面交谈、访问现场销售代表以及渠道合作伙伴、对流程的评审、技术评估和最终报告。

企业可以选择聘请一个 CRM 顾问执行这种规划，也可以自己进行。如果企业选择了后者，要确保开始就分派给熟悉销售和营销业务的内部或外部人员组成的团队。企业应该让 CRM 项目组成员参加更多的 CRM 研讨会，从而有机会详细讨论 CRM 规划的实施。

不论采用什么方式，CRM 规划都是重要的，如果不能正确进行规划，企业将很可能无法实施一个有效的 CRM 系统。正确地进行规划的公司比不能做到的公司更容易实现 CRM 带来的利益，而后者的代价是时间、努力和金钱的浪费。

### 3) 获得高级管理层的支持和同意

必须清楚地认识到，一个成功实现了面向客户功能自动化的公司将 CRM 系统看做是业务工具而不是技术工具，在获取高层支持时要牢记这一点。

对 CRM 自动化的论证可以保证高层管理者的同意。

◇支持业务战略：可以传递制定实现业务战略的重要决策需要的信息。

◇可以衡量的优化和改善的效果。

◇显著降低成本并在特定时期内收回成本。

### 4) 明智的选择技术

选择使用开放结构的信息技术和系统，使得企业更容易与时俱进和扩展系统，而选择网络兼容并且易于实现总部信息和现场电脑信息的网络连接或数据同步的应用软件，以及为适应未来的改变，确保你选择的技术可以轻松实现个性化和修改。实际上就是在阐述一个核心，让技术帮助企业成长。

虽然技术在实施成功 CRM 的方法中只是一个步骤，但是 CRM 系统的运转是很重要的，下面是用户需要熟悉的主要技术：

◇面向对象编程（OOP）。

◇手持设备、智能手机和 PDA。

◇语音识别。

◇无线技术。

◇客户端 / 服务器结构。

◇ N 层的 CRM 结构。

◇图形、视频和声音支持。

### 5) 设计系统原型

企业应该在大规模部署前先提出系统的原型，允许小规模、低成本的试验，测试系统的功能，在组织手续中提出需要的改变。最重要的是，测试是否可以实现自动化的目标，快速系统原型开发软件工具的使用增强了“在飞跃前进行中测试的能力”。

### 6) 培训用户

培训是一个包含为用户演示怎样访问和利用需要的信息，确保为用户提供易懂的、经常更新的文件，提供可以个性化的在线指南，提供帮助热线，培训培训师以确保新用户能够迅速使用系统的一个多步骤的过程。在很多情况中，基于网络的培训会在降低成本的同时提高培训的效率。

在企业 CRM 系统的生命周期中，培训的费用将是 CRM 系统软件和硬件费用的 1 ～ 1.5 倍。要进行相应的预算，记住改变工作习惯和确保系统成功的最好的方法是有效的培训。

### 7) 激励人员

当通过系统帮助用户实现他们的目标从而激励用户时，CRM 就会成功。当用户理解了 CRM 战略的重要性时，用户的生产率会提高并对公司的利益产生积极的影响。

激励会促使一种积极的趋势在企业内产生，对于企业来说，确定系统对企业整体和个人的激励的方式是非常重要的。

### 8) 管理系统

企业应该设置一个人或部门负责对 CRM 系统的日常检查，这个人或部门必须是一个确保信息的及时性、相关性、易于访问性和对用户决策需求产生积极影响负责的信息“守门员”。

CRM 系统不能使用，或用 CRM 系统只能找到过时的或不正确的信息，这对系统的使用将是重大的挫折。要遵守纪律，并且注意系统的详细信息。

### 9) 保持管理的一致性

建立一个包含高级经理和来自销售、营销和客户服务部门以及信息系统部门的用户的委员会，这个委员会应当为高级管理者提供CRM项目状态季度报告。衡量CRM系统的效果并基于系统管理的影响，确保系统的成功。

总之，CRM的利益可能是巨大的，包括提高生产率、提高客户服务水平和增强作出商业决策的能力。要实现CRM的利益就必须有正确的规划。成功实现上面提到的步骤，解决技术和非技术的问题，会引导企业走上CRM成功之路。

## 3.7 持续变革与优化

众多企业在进行 CRM 的尝试和体验，有对 CRM 成功与失败的讨论，甚至于有很多关于 CRM 失败的项目和言论，这让更多后来者停止了尝试的脚步。这一切，不应该只归咎于一个 CRM 系统，或者一个 CRM 项目，而要更多地意识到：CRM 是聚焦客户的变革和创新，如果没有彻底的变革，没有持续的创新，再成功的项目也是暂时的。

在 CRM 系统实施、CRM 战略规划和流程咨询、客户服务中心构建、客户数据整合、客户商业智能，或者是客户营销、社区营销等方面，但凡关注客户、聚焦消费者个体的营销、咨询、应用和系统，都面临一个尖锐的问题，这就是我们以前没有聚焦在客户上，现在要去关注客户了，发现一切都变化了，在变化中面临变革，面临创新，而不同的人却在这种变革和创新中寻找不到自己的定位。

### 1）CRM的首要任务是客户意识转变

当一个企业或者员工已经习惯了多年墨守成规的经营思路和工作流程的时候，要去变化到以客户的角度考虑问题，就如同革他的命。大部分人不仅需要在执行上能够紧跟企业转型变革的步伐，而且更重要的是要去转变头脑里的陈旧意识。

CRM 的变革是将以往固守的产品意识转变到服务意识，这种转型是以客户为中心的转变，企业却已经习惯了过去制造产品和销售产品的思路，从价格、质量、成本控制等去进行管理和经营。现在，企业开始全面直接面对客户的时候，突然发现还不习惯去服务客户，甚至不知道客户的需求到底是什么、客户到底在想什么。所以我们经常可以看到天壤之别的对比：当众多的快餐服务企业的客户接待员能够在雨天主动打伞迎送来店客户，而更多的零售企业的售货员还在柜台后面看着客户匆匆地跑进跑出。

变革的车轮已经不可避免地转动起来，而我们的大脑却还停止在原有的意识上，这是多么危险的事情！

### 2）持续地对组织和人进行变革和创新

每一个企业的 CRM 不可避免受到大量的来自于内部和外部的影响甚至阻力，成功的 CRM 都有一个共同的特点，那就是执著地从多个层面进行重新的思考和创新，这包括意识和目标、基于客户导向的服务流程、管理体系以及信息技术。而恰恰很多企业的高层只寄希望于一个系统的实施、一个项目的部署，这种改良式的行动是不会有彻底的效果的。

我们要让企业中的每一个人都能够认识到 CRM 变革是必须的，而且这不是阶段性的，而是一个持续的没有终点的旅程。在这个旅程中，企业要去鼓励员工打破陈规，勇于创新。同时，要进行客户意识的转变，进行绩效考核的调整，增加相关岗位的薪酬中客户满意度、服务流程合规性等的比例，以及服务团队绩效。只有变革到位，才会出现 CRM 项目中众多经理、主管层面的人员开始积极回流到一线的局面，因为一线客户代表的收益更加合理、更加高于二线职能部门。

CRM 项目需要对组织结构进行重大调整，或者彻底转变，需要基于不同的客户群建立跨职能的工作团队，能够全面跟踪客户接触和服务流程。因此，企业需要面向客户进行重新定位，大量地重新设计与客户和服务相关的职位，重视跨职能团队和新的授权，从而逐渐形成一种新的服务型企业架构。这种调整会触动很多既有利益，但是在众多项目中又往往是对不积极的管理者杀一儆百的动作和坚持全员进行意识技能培训合格才能上岗的举措，这样才能真正使 CRM 的变革和创新能够更有效推进。

客户也通常是推动服务意识转型的关键因素。我们是否还是坐在办公室发号施令而没有深入市场与客户进行沟通呢？我们是否还在一层层地去管理和执行而忽略了一线与客户接触最多的员工呢？我们到底与客户乃至于一线内部客户是管理还是服务的关系呢？这些是值得我们每一个管理者思考的问题。

众多的企业正在通过打破原有习惯和工作流程来实现更大程度的客户适应性的需要，更加关注服务过程和客户关系维护过程，并且也有最高管理层的大力支持和强力参与。

## 3.8 应用趋势

CRM 已经历多年洗礼，不断发展变化。随着理念和技术的进步以及企业市场的需求，有很多新的 CRM 应用趋势出现，并且在企业应用中造成巨大影响。

评价一个供应商，主要通过发展趋势与供应商目前的产品进行比较，看是否有利于企业用户更能够进行总体性评估。

### 1) 日益增加的CRM供应商的兼并和合并

在当今经济衰退和客户要求全面功能软件的压力下，CRM 厂商合并将产生少数占优势的供应商。但是也会有一些小的、特别是那些针对中小企业的 CRM 供应商将会生存下来。

在过去几年中，CRM 行业能够影响到中国市场的主要的大兼并有：Oracle 先后兼并了 PeopleSoft 和 Siebel；Sage 兼并了 Interact Commerce。

这些合并后的厂商需要有效集成他们的产品，尤其是 Oracle 如何集成 CRM 排名第一的 Siebel 系统会是影响 CRM 行业的大事。

这种趋势带来的可能影响是：可以提供功能更加全面的 CRM 软件选择。

### 2) 日益增加的针对中小企业的产品和营销活动

市场愈益表明，中小企业对于 CRM 应用软件有稳定的需求，CRM 应用软件对于中小企业的销售机会正在增加，从而出现更多针对中小企业的 CRM 软件产品。无论是 Orecle 还是 SAP、Microsoft 都发布了定位此类用户的未来营销策略。Sage 控股的 Sage CRM 和 Saleslogix，也希望在中国继续维持它在中小企业市场中的领导地位；国内的 TurboCRM 也凭借本土优势，占据稳定的市场份额。

这种趋势可能带来的影响是：为中小企业带来它们需要的 CRM 软件。

### 3) 朝着基于网络结构的CRM解决方案发展

大部分供应商都实现了基于网络结构的解决方案，这种解决方案可以通过网络连接进行访问并且客户端不需要密码。Siebel、SAP、Orecle 以及 Microsoft、Sage 都提供基于网络结构的产品，而完全基于网络结构的 SaaS 供应商也越来越多，SalesForce、RightNow、SageCRM.com 以及 Siebel、MicsoftCRM 都提供 OnDemand 解决方案。

这种趋势可能带来的影响是：新网络服务的出现，提高客户中心软件的功能。

### 4) CRM系统中日益增加分析工具的使用

商业智能分析工具现在用来分析特定客户价值和收益率。基于客户的行为描述客户、细分市场，基于客户的购买信息和心理、统计数据预测客户的购买行为，并确定交叉销售的机会。在 CRM 市场中，供应商越来越多地在他们的所有软件中集成分析工具和功能，比如 Siebel 的电子商务套件中集成 SPSS 的数据挖掘和统计工具，MicrosoftCRM 集成微软自己的 BI 工具等。还包括提供全面的分析功能套件的公司，如 BO、Brio 和 SAS。

这种趋势可能带来的影响是：更快、更好地分析企业业务情况，告诉如何作出最好的回应。

### 5) CRM系统中与地理图形信息界面越来越多的结合

CRM 系统中销售地域和客户地址都是关键因素。CRM 软件与地理图形信息系统集成，可以提供例如公司客户覆盖的地理位置的统计图以及销售地域的业绩管理等，地理图形信息系统可以为市场分析展示从客户到潜在客户的覆盖图，从而可以显示当前客户所在的地方或者一个潜在的销售机会，还可以在用户定义的标准上显示当前不同销售地域的销售状况。国外比较典型的地理图形系统有 MapInfo，国内也有 MapABC、Go2Map 等地理图形引擎。

这种趋势可能带来的影响是：在地域管理中识别销售机会的能力。

### 6) 客户生命周期价值工具越来越多

CRM 供应商现在提供基于不同的标准计算客户生命周期价值的能力，RFM 是常用的客户生命周期价值计算模型，提供基于最近购买时间、购买频率、消费金额的客户生命周期价值计算公式。

◇最近购买：客户最近购买的时间。

◇购买频率：客户购买的频率。

◇购买金额：客户购买产生的消费价值。

大部分供应商也提供客户价值金字塔等价值评估工具。

这种趋势可能带来的影响是：提供为最终基于客户当前的和已认识到的价值，提供独特产品和服务，提供更准确的跟踪客户的生命周期价值和细分客户能力。

### 7) 供应链管理功能越来越多

CRM 解决方案中越来越多自带或是集成供应链管理功能。比如 Siebel 在服务模块中提供库存管理和物流管理的功能。大部分供应商也提供电子订单、电子商店等形式来实现企业用户的电子商务前台与 CRM 后台以及物流管理的集成。

这种趋势可能带来的影响是：CRM 软件（包括以客户为中心的软件）和供应链的直接集成，可以实时或接近实时地进行产品状态的监控。

## 3.9 技术趋势

### 1) 客户端/服务器到N层结构

随着企业对纯浏览器模式的重新认识，系统供应商随着网络的发展逐渐建立起新的满足日益增加的网络沟通和其他需求的结构。大部分供应商已经开始提供新技术诸如N层结构、XML支持等，并且将这些作为营销竞争的优势。很多其他的供应商仍然留在客户端/服务器领域，但是在他们的产品中加入了一些网络界面以保持竞争力。

一些供应商已经开始采用百分之百的网络中心结构并且完全忘记了偶然连接和脱机连接的客户需求。其他的供应商同时生产两种产品（客户机/服务器和N层结构），并且强制客户接受两种不同的结构，这增加了系统集成和个性化的成本。

### 2) 门户结构

门户（Portal）提供了CRM平台使用客户化界面的功能。通过入门环境进行个性化，可以有很多不同的风格。

◇客户个性化。

◇合作伙伴中心个性化。

◇销售代表个性化（包括销售预测、最有价值潜在客户、相关客户新闻等文件）。

◇管理个性化（当前的销售、预测、个性化几乎实时的报告等）。

◇雇员个性化（销售明星、薪水信息、公司新闻等），这是一个大多数CRM软件供应商将进入的领域。

在门户的领域，对企业信息门户（EIP）有越来越多的兴趣。EIP联合平台上有最好的客户门户。EIP可以看做是信息收集和分发的一个平台。EIP是一个重要的CRM和电子商务每个种类（B2B、B2C和B2E）的应用技术。EIP像一个对内部和外部信息的单点的访问，其他的功能还包括：

控制用户对信息的访问；在所有组织信息资源中进行查找；允许用户发

布和共享信息；企业应用软件集成；工作流业务流程支持和协作。

### 3) 现场团队自动化（FFA）

在国外移动应用已经很普遍，但是国内刚刚开始有部分 CRM 软件供应商提供一些版本的移动现场团队自动化。一些供应商仅仅是基于 WAP 的 CRM 模型，现场团队和现场服务应用软件 FFA 比软件使用 WAP 更加棘手。FFA 包括系统同步（有线和无线）、无线组成部分、库存管理、工作分派、分派结构、服务历史、对知识库的有限访问、技术和基于定位的路由、服务协议管理和其他多种功能。

随着对服务的日益重视，同时也基于现场服务的重要性，我们会看到更多在此领域的 CRM 软件供应商。因此，我们建议注意 FFA 和其他 CRM 模型的集成情况。

### 4) 配置工具

网络和电子商务的扩展推动了产品配置器的出现。在配置器上，供应商已经进行了许多年了，配置工具的市场有很大的发展。

产品配置的执行不是容易的事。必须建立规则，对配置的维护必须有规划和执行。

对于大部分企业来说，产品配置器将是继续基于网络或客户端 / 服务器结构的。造成这种情况的主要原因是支持复杂配置需要大量数据，要在现场团队系统中进行更新。

评价提供配置器的厂商时，要注意以下因素：

◇其产品是否与你的 CRM 软件包无缝集成。

◇系统中是否有易用的建立配置器的工具。

◇产品中是否有动态定价工具。

◇客户完成的配置器能否成为未来参考的目标或被 CRM 其他部分使用。

◇是否有生成报价和转化为合适的汇率的功能。

◇产品能否满足你的需求。

### 5) 无线组成部分

PDA（应用多种操作系统）、支持 WAP 的手机（并非都遵循相同的 WAP 标准）、无线设备的技术如 CDMA、GSM、TDMA，即将到来的第三代、CDPD、SMS(短信息服务)和信息广播网络，与不同的数据库和系统如 SAP、Oracle、peoplesoft、Siebel、Sage 等进行信息交换。

在选择支持无线的产品时，要确保应用软件或界面是友好的和有回应的。太多的供应商还没有掌握小型用户界面和无线技术的能力。企业还要确保供应商为用户提供那些不在无线信号覆盖范围内的地区的解决方案。

### 6) XML占据主导地位

主要的 CRM 供应商并没有犹豫在他们的平台中加入 XML 功能，但是，正当许多的客户机 / 服务器供应商使他们的软件支持网络，并花大量时间将他们的软件结构重新构造成网络中心结构时，这种现象现在同样发生在 XML 上。XML 是很有柔性的，它为广泛的案例提供一个可以加密内容、语意和计划的数据标准。

这将花费主要的 CRM 软件供应商几年时间来实现这个层次的结构。

### 7) 网络服务

很难想象在没有网络的情况进行网络计算。网络服务将网络的优势进行传递，这不仅是信息，而且是服务。网络服务构建了网络服务导向结构，这将引发新一代的 B2B、企业软件集成和业务流程管理解决方案。

网络服务使公司可以显著减少软件开发的时间和成本，简化企业间的软件集成，将业务流程和数据安全地暴露给客户和合作伙伴，提供空前的电子商务交互和合作。

### 8) 企业应用软件集成（EAI/SOA）

EAI 使 CRM 供应商可以将他们的软件与公司中使用的软件(如 ERP 系统、财务系统、电子商务系统）进行连接。

而以 SAP 为代表的系统供应商开始提供基于 SOA 架构的平台，将企业应用集成从数据集成提升到异构的流程集成等。

### 9) 应用服务提供商（SaaS）促进应用软件的发展

存在低回报、客户不满、不充分的培训和支持以及高的集成成本的问题，企业已经开始注意新的 OnDemand 种类了。新的 OnDemand 模型结合了 CRM 领域从流程观点和迅速集成到展示边缘技术的最佳实践。

这种选择是低成本的选择，为 CRM 实施提供无缝的、有效的解决方案。

### 10) 企业/卫星服务器结构

许多系统供应商已经开始遗弃企业 / 卫星服务器结构，这种内置业务逻辑和规则的远程同步办公似乎与最流行的 web 架构背道而驰。

但是，在实际项目中很多企业全球或全国业务并不能有效地用中心服务器模型来操作。因此，在未来几年中，CRM 行业会继续寻找供应商提供这种服务。

### 11) CRM和CCC（客户接触中心）

这个领域是一个非常大的话题，更多的 CRM 厂商或者呼叫中心厂商进入了这个领域，并且企业开始可能会考虑 CRM 软件是否需要包含一个接触中心，它将销售、服务、电子商务、呼叫中心等紧密结合起来。设计接触中心的环境不像设计 CRM 系统中销售或现场服务团队的组成，需要解决关于电话集成、IVR 集成、基于技术的路由、监控、图标、电子邮件管理、多媒体路由和许多其他的事情。

如果需要部署 CCC，确认你所选择的 CRM 供应商完全理解 CCC 的环境和提供的重要产品。

### 12) 多语言/多货币/多时区

国外的 CRM 供应商已经在处理多个国家的定制问题，原因在于多语言和多货币不是核心结构的组成部分。随着企业的全球化趋势，选择的 CRM 供应商，成功地证明多语言、多货币的本地化。成功的供应商会将语言和货币放入数据库结构表中，以易于维护和更新。

### 13) 图形工作流绘制工具

图形工作流工具使你可以快速创造业务流程工作流，并且驱动 CRM 程序自动化工作流。很多 CRM 供应商在开发图形工作流、业务规则和脚本工具时进展缓慢，并不是因为缺乏技术。国外部分 CRM 供应商已经提供了不同的图形工作流工具，国内 CRM 供应商也已经看到了向更多图形工具发展的趋势。期待更多的 CRM 供应商会发布这些工具，好的产品将有能力在图形和编程脚本环境下工作。

### 14) 商业智能

商业智能已经成为企业的热点之一，它可以将企业新的网站和数据仓库结合起来创建整体的需求支持和为 CRM 实施提供商业智能信息，公司必须不断收集竞争者的信息使他们在竞争中立于不败之地。商业智能软件被用来每天收集信息和将信息写入数据库。

数据挖掘可能是商业智能技术的最佳描述，商业智能有很多技巧去从大量数据中提取易于理解、隐藏的有用的信息。数据挖掘使得在大量数据中发现隐藏的趋势和模式成为可能。

总之，CRM 软件供应商开发和应用的技术在不断变化，企业选择 CRM 解决方案时，要将供应商看做一个整体而不是公司的产品和服务的一个方面。技术可能很热门，但是重要的是供应商必须有资源和经验基于你的系统需求和时间表交付这种技术。企业还应该注意到，技术在 CRM 实施活动成功中所占比重仅为 20%( 人至少占 50%、流程至少占 30%)。

## 3.10 社会化客户关系管理

从企业应用的角度来看，Social CRM 的发展带有一定的必然性。企业从最初级的产品生产销售到围绕产品的增值服务，然后再升级到创新为主的专业服务，最后发展到客户主导的自服务和社群服务，这是企业业务模式的变革趋势。

Social CRM 借助社会化媒体营销的平台工具，企业可通过 Social CRM 进行智能化的社会关系网络管理，鉴别和评估社会化网络中个体消费者的价值和需求，认知和管理个体的社会化网络结构和最佳最短路径，选择合适的社会化媒体进行合适的交互，最终通过满足个体的个性化需求而实现社会关系的转变和忠诚。

企业 2.0 倡导引入 2.0 技术进行内部协作，而社会化营销更多的是开放的社会化关系，企业在 Social CRM 方面希望能够从开放的社会化网络吸引潜在客户进入 CRM 体系，又能够将内部的 CRM 体系中的存量客户有条件地转化到社会化网络中，进行自服务和自传播，提高忠诚度和获得更多的推荐。

### 1）Social CRM核心主体与模型

信息时代，数字资产越来越成为企业可以评估和衡量的核心资产，而 Social CRM 中某关系节点的社会关系资产价值，或者某企业的社会关系资产价值，简称微资产。

Social CRM 的两个核心主体是人和话题。一个是社会化的 C，存在于社会化网络中；另一个是 Tweet 的 T，本质是一个“话题”，但是 T 因为不同动作而带有动态的变化，引发不同的社会化意义和效果，比如 Tweet、ReTweet、Reply、@Tweet、DM 等各自不同。或者，又基于不同需求满足，而有不同的 T 类型和 T 内容，即不同类型的“话术”。这是企业在面对社会化消费者进行营销、销售和服务都必须面对和分析的问题。只有分析清楚 Social CRM 的核心主体，才可以分别从两个不同的主体进行详细的剖析，逐步构建 Social

CRM 的运营体系模型。

Social CRM 的核心主体是人和话题，而核心基础为微信息（人和话题的信息数据模型）、微价值（社会化网络中某个节点或某个话题的资产价值评估模型）和微网络（该节点或话题的社会化网络结构模型）。在此基础上，构建 Social CRM 的应用模型：微细分模型、微生命周期模型、微管道模型、微忠诚模型，有效组成 Social CRM 的运营体系基础。

### 2）Social CRM体系

微信息关注的是你关注的人的信息和你的粉丝的信息，以及他们说的话中的信息和关键字。而微网络有正向和反向，对“听的”进行了解和监控，对“说的”进行话术营销和开发转化。企业理解了核心主体和模型后，就可以创建一个合理有序的体系来支撑。

首先，企业需要建立 Social CRM 的运作流程。企业如何进行促销、产品和知识的分享，如何进行倾听，监听关键字、品牌、竞争对手以及目标客户群的趋势、情绪、线索等信息，有效地理解并进行实时的回应，转化联系人与线索，处理投诉建议以及激励流程。

其次，建立 Social CRM 的组织结构。比如创建官方微博，营销、销售和客服三个业务部门参与，设置专职的微博运营和服务人员，建立企业的微博操作手册。

同时，构建 Social CRM 的相关绩效考核指标，比如整体的微资产指标，营销部分的品牌响应率、线索转换率，客服部分的响应时间和反馈周期等。社会化响应时间和社会化反馈周期，一个是监听和响应的时间，一个是完整的反馈处理周期的时间。这个很考验企业的社会化客户关系管理的基本功。

# 第四章

## *评估指南*

### 4.1 软件分类

#### 1）CRM应用软件

大多数 CRM 软件供应商的目标是帮助用户提高销售效率。除了这个共同目标之外，软件提供商在他们认为最重要的增强客户关系的软件功能上差距很大。基于我们的调查，我们总结出了以下四个主要的软件种类。

（1）应用软件实现客户关系管理模型中以个领域的功能。我们称之为点解决方案。

（2）提供基本的企业客户 / 联系人管理、活动跟踪和计划以及销售自动化和营销能力（销售周期分析、机会管理）的增强联系管理软件（SFA）。在此类软件中要考虑软件的复杂性、功能性和客户化。典型的联系人管理软件是

SAGE 的 ACT！。

(3) 提供企业范围应用的全面的 CRM 软件系统解决方案。这些系统有典型的模式并且可以高度客户化，而且支持主流的数据库和操作系统。很多这类提供商提供销售自动化、营销自动化、客户服务和支持模式，包括 Oracle Siebel、SAP、Sage、MSCRM 等。

(4) 提供 SaaS 模式的按需租赁 CRM 服务解决方案。该类解决方案不需要部署系统和服务器，即开即用，只需要有 web 连接即可。其提供的服务范围也等同于企业应用解决方案，围绕销售、营销和客户服务等业务，包括 SalesForce、Siebel OnDemand、RightNow 等。

### 2）CRM定价

虽然寻找 CRM 软件解决方案时不能主要基于软件的价格。但是价格是并将一直是影响系统购买的重要因素。理想的 CRM 选型方式是选择一系列能够满足企业当前（和未来）需要的软件，然后针对价格和性能进行比较。在比较 CRM 软件价格时需要考虑以下因素。

(1) **软件的功能和特征**。要物有所值。有的软件比其他软件价格高的原因有很多（比如功能的广泛性、个性化能力、支持的数据库等等），这样，当你看到软件价格时，要仔细并准确地检查哪个软件供应商提供了合理的价格。

(2) **软件功能的完善程度**。软件提供一定的业务功能，有必要去检测每个功能的完整性。电话销售、客户服务或销售预测功能的完整性是很不相同的，虽然有的软件有所有整齐的功能，比如客户自助服务、呼叫报告等等。报表就是其中的一个例子，可以基于对广泛的机会 / 销售信息的先进的统计计算，也可以简单地根据销售代表输入的字段得到的数值。

(3) **软件个性化的能力**。软件个性化的能力因软件的不同而不同。有的软件带有个性化工具，使终端用户可以进行大量的个性化操作，比如建立或修改字段和视图、调整视图工作流和菜单等。其他价格相对便宜的只提供有限的个性化操作，比如一些用户定义的字段。

(4) **价格的范围**。在比较不同软件的价格时，考虑所有与系统实施相关的追加费用是非常重要的。价格是否包含了培训、支持、源代码和升级，报表生成器是否包含在价格之中。如果没有，这些附加软件的费用是多少，有的情况下这些附加软件的费用超过了软件本身的价格，从而使比较变得困难。因此，在比较系统价格之前确定哪些服务是必要的，并且获得其准确价格。

在清晰定义业务功能、技术特征、与用户友好性/支持的需求，以及每个软件满足这些需求的潜力之前很难完全地比较价格。如果可能的话，在进行价格比较的时候要计算培训、支持和个性化的费用，因为这些服务通常占了系统整体费用的很大比例。

高端的客户关系管理软件商像siebel,与低端的ACT的软件费用相差很大，企业需要从整体的角度去比较。

## 4.2 市场分析

CRM 软件的整体市场可以分为五个部分，其中主体有三个部分，即按照企业的应用规模来划分为企业级应用（Enterprise Marketing）、中端应用（Middle Marketing）、低端应用（SMB）。由于 SaaS 和开源应用的发展，又增加了 SaaS 应用和开源应用两个市场部分。在整个评估指南中，根据专家团队和企业用户的意见给出各分类的三个首选建议（随机排序），仅供参考不做排名使用。

### 1）企业级应用市场

企业级应用市场的特点是内部管理比较规范，市场规模较大，有庞大的销售团队、营销团队和服务团队，业务模式复杂，多以矩阵式管理或者 BU 事业部模式进行精细化管理，侧重于系统强大的功能应用和复杂的业务流程。

企业级 CRM 软件大多是系统庞大，功能丰富，设置复杂，具有强大的工作流、门户功能，提供与各种业务系统集成的 EAI 接口，同时辅助有决策分析系统，提供海量数据支持，大量用户应用，权限要求复杂。

建议首选：Oracle Siebel、SAP、SAS（数据方向）。

### 2）中端应用市场

中端应用市场的特点是企业正在快速发展或者逐渐趋于稳定，销售管理在粗放型向精细化开始转变的过程前后，服务刚刚开始搭建或已经初具规模。

中端应用市场是目前国内主流应用市场，软件多强调销售管理功能及服务管理功能，对工作流及 KPI 绩效分析比较关注，提供与 ERP 系统集成接口，有比较强大的权限功能。

建议首选：SalesFore、MSCRM、用友 CRM。

### 3）低端应用市场

低端应用市场的特点是中小企业还没有对客户档案进行归档，全部处在手工管理状态，因此关注客户档案管理和联系人管理，并希望通过 SFA 销售管理对销售进行部分规范化管理，但是不需要太复杂和太精细。

低端应用软件主要面向中小企业，功能简单易用，对数据导入导出和短信、邮件等功能比较关注。

建议首选：ACT、任我行、星际 ebanswers CRM。

#### 4）SaaS应用市场

SaaS 应用是近几年的新趋势，OnDemand 模式减少企业的成本，缩短部署的周期，在功能应用和安全稳定方面并不逊色，唯一需要解决的是国内企业对 OnDemand 模式的认可和接受。

SaaS 应用软件主要面向中小企业、外企中国分公司以及连锁公司等，关注低成本、快速部署和认可按月租赁收费模式。

建议首选：SalesForce、Xtools、800CRM。

## 4.3 业务应用分析

虽然不同企业和不同行业的 CRM 解决方案都具有很大的差异，但是从主体架构去分析，其具体业务应用往往在局部业务模式上具有共同点，比如销售方面有直销、分销、大客户销售等等模式，这些模式的业务应用具有一定的共同点。而每一个企业的 CRM 项目，一般会针对某个局部业务应用进行优化部署，或者分成不同阶段，在每个阶段对某个局部业务应用进行优化部署。因此，从当前需要部署的业务应用模块进行分析，有利于企业选择合适的系统方案。

### 1）营销

在营销业务应用中，主要的关键字是客户细分、营销活动、线索和多渠道整合营销。企业在营销方面需要强大的细分模型功能、多波段的营销活动的计划制定和活动执行管理、营销脚本、电子邮件营销、线索转换和整合呼叫中心等功能。

建议首选：Oracle Siebel、mySAP CRM、MSCRM。

### 2）销售

在销售业务应用中，主要的关键字是客户、商机、销售管道、销售订单、销售绩效。企业在销售方面中需要对客户信息的采集与应用、销售商机的跟踪与分阶段管理、销售预测、销售订单以及团队绩效等功能。

建议首选：Oracle Siebel、Saleslogix、Salesforce.com。

### 3）服务

在客户服务业务应用中，主要的关键字是客户服务中心、服务案例、投诉建议、缺陷管理、索赔、配件。企业在服务方面需要强大的交互中心建立客户服务中心、服务案例的受理与流转、快速响应投诉与建议、产品缺陷的跟踪与反馈、退赔处理等功能。

建议首选：mySAP CRM、Siebel、RightNow。

4）现场服务

在现场服务业务应用中，主要的关键字是服务预约、服务流程、服务工单、服务质量、SLA、服务绩效。企业在现场服务方面需要全面的服务预约和资源调度、服务流程和工单分派流转、服务水平协议和绩效指标考核等功能。

建议首选：Oracle Siebel、mySAP CRM、星际 ebanswers CRM（家电售后行业）。

5）交互中心

在交互中心业务应用中，主要的关键字是电话营销、电话服务中心、电话销售、交互语音流程。企业在交互中心方面需要稳定而高效的通讯硬件平台、灵活的电话营销脚本和外呼、强大的电话服务中心和软电话等功能。

建议首选：Avaya 亚美亚、科胜通、恒生 IPCC。

## 4.4 应用状况

### 1）成功比例

● CRM 项目的失败率很高，这是目前不可否认的。CRM 的成功比例是一个永恒的话题。

● 局部成功率比较高。企业在局部区域或者局部业务模式上取得成功和效果是比较常见的。

● 企业没有标准或者工具进行评估。成功比例不好衡量的其中一个主要问题是企业没有标准来进行效果评估和成功衡量。

### 2）最关键的问题

● 企业在没有建立客户策略之前就开始实施 CRM 系统。

● 企业往往先部署 CRM 系统然后调整组织来匹配系统。

● 企业假定 CRM 系统万能，从而形成系统用企业而不是企业用系统。

● 企业去“围捕”客户而不是向客户“示爱”(企业主动和客户主动的问题)。

● 企业的 CRM 闭环没有一个持续的推动力，经过一段时间闭环，流程中断并最终闲置。

### 3）持续决心

● 很多企业在第一阶段的 CRM 项目完成后，就不再关注和推动，最终闲置、弃用。

● 企业高层需要有持续的决心和意识。

● 企业需要建立内在的 CRM 闭环流程的推动力，比如专职 CRM 专员和相应的 KPI。

### 4）新进入的规划

● 企业总是在问为什么要上 CRM，这是一个进入的问题。

● 现在的情况是企业不是该不该进入，而是什么时间进入的问题。

- 同时，企业更要考虑的是应该怎么做好 CRM 的问题。

### 5）预算规模

基于国内外 CRM 系统项目的规模和国内类似企业项目的规模，分别做预估参照，以大中型企业 200 个用户的规模为基础来作为参照标准。

- 高端如 SAP、Oracle 的项目规模为 300 万元左右。
- 中端如微软 CRM、SageCRM 的项目规模为 150 万元左右。
- 低端如用友 CRM、SugarCRM 的项目规模为 50 万元左右。

以上预估仅为经验值预估，各系统服务商基于服务策略、销售策略、大客户策略等会有不同的政策，仅供参考。

# 第五章

## *TOPCRM系统评估*

汉拓科技在通过对国内外数十家CRM供应商的实验室评测、调查访谈以及项目实践、案例分析后，选取了6家CRM供应商作为行业的标杆群，其中包括了高、中端的传统套件和在线租赁模式的典型供应商，通过对行业标杆的评测和研究，希望能够为企业和整个行业提供有价值的标准参照。

这6家CRM供应商分别为：mySAP CRM、Siebel、Saleslogix、MSCRM、SalesForce、SageCRM，汉拓科技称之为“6S标杆”。

# 5.1 mySAP CRM

## 5.1.1 概述

mySAP CRM7.0是一个集成的解决方案产品，包含了企业范围的客户关系管理解决方案。mySAP CRM7.0包含了市场营销、销售管理、服务管理三大块。市场营销包括营销资源管理、客户细分和列表管理、营销活动管理、线索管理(潜在客户管理)以及最新推出的忠诚度管理；销售管理包括销售计划和预测、组织和地域管理、客户和联系人管理、活动管理、商机管理、报价和订单管理、合同管理以及销售相关分析；服务管理包括服务订单管理、服务合同管理、安装点管理、客户服务和支持、现场服务管理、退货和维修管理、质保和申诉管理等。

mySAP CRM 7.0 的 WebUI 可以运行在 MS-Windows98/2000/winxp/win7、MS-WindowsNT/2008、Linux、Uinx 等所有支持浏览器的操作系统上，同时支持 Palm Pilot、MS-Pocket PC 和 iPAQ。

mySAP CRM7.0 的服务器，可以运行在支持的数据库，包括 Oracle、MS-SQLServer、DB2、Sybase、Informix 和 SAP databases。提供的安全结构包括 MTS 和 SAP 所有权安全协议（proprietary security protocols (SNIC)）和 Kerboros。

SAP 定位于垂直产业的大中型企业和公共机构，比如制造、服务、消费品、高科技和公共服务。

mySAP 的实施可以由 SAP 的内部顾问完成，也可以由 SAP 的合作伙伴完成。特定的业务功能和用户定义字段可以通过软件蓝图建立器中的 CRM 设计模块加入。系统管理员可以设置每个字段的长度、高度、宽度，窗体可以在设计模块中通过拖拉字段来建立或修改。厂家称顾问可以在一天内建立工作流流程。顾问可以通过工作流建立软件建立工作流。工作流可以通过定义工作流步骤和用图形决策树来建立。

SAP 认证合作伙伴、Ascential Software 或 the SAP BWTealeaf product 提供从多个数据源导入 CSV、Flat 和 ASCII 文件的功能。字段映射需要通

过 Ascential Software 或其他的认证合作伙伴定义。记录间的关系必须通过 NetWeaver Stack tool 来设置。

SAP 为不同行业的企业实施过 CRM，比如高科技、家庭用品、消费品、制造、汽车、图书出版和分销。大企业的实施周期从 9 个月到 1 年。软件商称实施和软件许可的费用比是 1:2。

## 5.1.2 评估表

| 编号 | 标准 | 评估 | 备注 |
|---|---|---|---|
| 1 | 业务功能 | | |
| 1.1 | 营销管理 | | |
| 1.1.1 | 营销资源管理 | 加强管理和优化内外部营销资源使用的功能（预算，人员，时间，活动等）。其特性包括：<br>营销计划和预算——能够开发市场营销计划和预算，管理营销基金以及相应的营销费用客户。<br>集成的市场营销日历——作为对所有计划和运行的市场营销活动管理的统一入口。<br>营销活动计划——通过任务管理、活动模工作流等管理具体市场活动。<br>多媒体文件管理——可以在营销活动中存储并管理丰富的多媒体文件。<br>渠道市场基金——能够更好地管理并分配市场基金给合作伙伴。 | |
| 1.1.2 | 客户细分和列表管理 | 基于多种客户属性，抽取来自于各种数据源（诸如 SAP, CRM, ERP,BI 外部数据）的数据，创建有针对性的市场活动。其特性包括：<br>大数据量细分——能够设计 & 创建目标客户群，并设计 & 创建目标群，来细分百万级的客户。<br>细分建模器——通过使用多层次、图形化的界面，能够发现并获取精确的视角来定义细分群。<br>外部清单管理——提供一个开放的 & 稳定的机制来导入潜在客户清单，并支持外部营销活动的执行。<br>清单质量分析——能够分析外部支出，采购清单等数据。 | |
| 1.1.3 | 营销活动管理 | 与客户成功地接触，以引导他们对产品和服务的需求。从分析、计划、开发、执行到评估，涉及到市场营销活动在所有交互渠道中的全过程管理。其特性包括：<br>市场营销活动计划——协同内部人员，管理营销资源从计划、开发和执行的协调，以及多渠道营销活动。<br>营销活动自动化——创建长期客户管理，对相关和个性化的客户交互以对话 (Dialog) 方式进行管理。<br>实时提案管理——通过呼叫中心和网络渠道的内向交互来为客户提出实时提案，以拉动客户需求。<br>网上营销——通过电子邮件和网页的形式，以最低成本的渠道来发布最大量的个性化的信息。<br>协同营销——扩展营销活动功能，加强销售和营销部门的合作。 | |

续表

| 编号 | 标准 | 评估 | 备注 |
|---|---|---|---|
| 1.1.4 | 线索管理 | 线索管理，也可以称之为潜在客户管理，帮助营销人员将潜在客户转变为忠诚客户，功能包括支持多渠道的线索创建、与营销活动相关的线索创建、线索的自动评测、基于规则的线索分发（保证将正确的线索分发给正确的接受人）以及线索的后续处理。 | |
| 1.1.5 | 忠诚度管理 | 制订并执行企业客户忠诚度计划，以便在所有渠道保持最佳客户，引导更有利润的客户行为，建立客户忠诚度。其特性包括：<br>项目管理——建立并维护忠诚度项目，包括多状态层级、积分预提、过期计划等。<br>奖励规则管理——灵活的规则建模能够帮助营销经理设计营销项目中的奖励规则。<br>会员处理——提供丰富的会员类型，帮助赢取新客户，以及向会员提供多种激励机制。<br>处理引擎——高性能引擎能够处理会员活动以及会员等级评估。<br>合作伙伴管理——端到端的合作伙伴关系处理，合作伙伴积分账单，积分结算等。<br>CRM 集成——提供跨越多渠道的统一视图；通过使用灵活的或者混合付款选项，在销售订单集成中获取和扣减积分。 | |
| 1.1.6 | 营销分析 | 营销执行动态分析：<br>提供对营销活动管理、线索管理的概览，帮助营销部门监控整个销售管道。<br>营销活动动态分析：<br>营销活动绩效——基于选择的绩效指标来监控目前运行的营销活动，包括期望的收入，期望的 ROI，每个线索的成本等。<br>营销活动进展——显示营销活动绩效以及其他关键维度。<br>历史营销活动分析——对比目前运行的营销活动绩效及去年同期的营销活动绩效。<br>销售线索动态分析：<br>线索状态——提供报表，显示线索多久被销售接受和跟进。<br>线索分析——某个营销活动的所有线索概览及其销售管道贡献。 | |
| 1.2 | 销售管理 | | |
| 1.2.1 | 销售计划和预测 | 提供收入预期和生产质量的完整的蓝图来确保需求计划和销售预测的准确性，从而构建一幅未来可能产生收入的完整视图。其特点包括：<br>战略销售计划将企业的基本目标转变成实际的营销、销售和服务战略计划。<br>灵活的建模功能支持繁杂多变的商业以应对不稳定的市场。<br>通过集成的基于 WEB 的门户网站，协作性的计划，允许多方参与计划流程。<br>利用报表深入了解和洞察过去，准确预测未来。<br>客户计划使经理能够收集所有可量化的目标（比如计划收入、相关边际成本和边际收益）以及跟踪进行中的目标业绩。 | |

续表

| 编号 | 标准 | 评估 | 备注 |
| --- | --- | --- | --- |
| 1.2.2 | 客户和联系人管理 | 提供客户 360° 全方位视图，确保每个人得到的信息是一致的。组织能够获得、监督、存储和跟踪所有客户、潜在客户和合作伙伴的重要信息。其特点包括：<br>实际情况表——提供一个真正的 360° 的客户视图，包括销售、营销、服务、计划、物流和财务信息。<br>采购中心——通过客户获得所有关键的参与方的信息并在未来的商机中利用这些关系。<br>交互历史——提供所有客户的活动、线索、商机、报价、订单、合同、和服务请求的实时信息。<br>细分——基于某一个特点（如：收入、职业……）并针对相关的销售和营销活动目标将潜在客户和现有客户划分成不同的类别。<br>数据质量工具——确保那些有助于显著提高整体销售效率的销售信息、客户信息、合同信息的准确性。<br>利用尖端的通讯科技。 |  |
| 1.2.3 | 活动管理 | 在先进的群件解决方案中利用访问计划和双向同步功能的支持，能够对所有销售活动一目了然，促进团队合作，提高团队效率。其特点包括：<br>捕获和访问客户活动信息，例如电话、电子邮件、会话和任务。<br>集成所有销售流程，推动和跟踪执行。<br>双向群件集成能够使电子邮件、联系人、日历和任务同步。<br>全面计划、跟踪和报告所有销售活动。<br>全面而轻松地掌握活动信息。 |  |
| 1.2.4 | 商机管理 | 以更低的销售成本，更有效并可预知地管理销售周期。<br>能够对商机管道一目了然，增进团队之间的通信，并将线索安排给最合适的销售代表。其特点包括：<br>通过周详的计划和深入分析关键的销售数字，为生产计划提供一个更坚固的基础。<br>团队销售使您能够轻松扩展并可以策划销售团队活动来促进合作和提高效率。<br>强大的管道分析功能和更透明的预测功能提高预测的准确性，推动有效的计划。<br>影响力模型能够识别购买决定中的所有参与方以及每个人的受影响程度。<br>利用标准的最佳实践方法确保高效率的销售流程。<br>商机分析提高透明度，使销售顾问能够认清影响赢单 / 丢单的趋势。 |  |
| 1.2.5 | 销售合同管理 | 在整个销售周期中，针对不同的销售渠道和客户，执行相应的定价策略，确保掌握最新的个性化的定价信息，合并合同和协议。其特点包括：<br>管理长期客户关系。<br>管理基于价值和基于数量的合同、销售协议和合作性的合同谈判。<br>管理个性化合同并利用特定客户的定价自动确定跨国定价和税收。<br>轻松运用注销规则、授权客户、状态跟踪以及流程监督等功能。<br>运用信用管理和信用检查来降低风险，提高效率。 |  |

续表

| 编号 | 标准 | 评估 | 备注 |
| --- | --- | --- | --- |
| 1.2.6 | 销售分析 | 实时监督和响应客户需求，准确预测，保持低预算，优化资源配置，以及合理安排团队来完成收益目标。其特点包括：能够监督从营销中生成线索到发现商机、再到完成交易的整个过程，从而使销售经理能够分析销售策略的成功之处。<br>掌握业务的整体运行状况，包括财务、企业内部、客户以及员工等各方面。<br>帮助销售经理主动而迅速地掌握收益趋势、缺口以及商机。 | |
| 1.3 | 销售辅助管理 | | |
| 1.3.1 | 销售周期管理 / 销售指标 | 将销售周期分析作为商机分析的一部分，察看销售管道信息，比如商机的数量。通过不同标准（比如日期、时间、阶段等），生成多种图形（如柱状图）。通过多种货币（比如美元、欧元）显示渠道信息。通过销售阶段和各阶段的相关活动为商机设置方法论，当完成一个阶段之后，机会的关闭率会自动增加（依照系统管理员设置的关闭率）。 | |
| 1.3.2 | 区域联盟 / 分派 | 系统管理员使用以 CRM 为核心的组织管理模块建立区域结盟。 | |
| 1.3.3 | 活动报告 | 通过与水晶报表或 MS-Word 集成生成用户定义的报表。 | |
| 1.3.4 | 地图工具 | 通过联系人接触中心的”hot button”为映射工具添加链接。 | |
| 1.3.5 | 费用报告 | 同个人差旅管理器通过差程、出发日期、位置、城市、审批、结算、清除、退还日期、员工姓名、职位、区域和个人号码跟踪费用，以及跟踪费用的时间和所有的旅行发票（比如飞机票、餐费、汽车维护费、招待费、燃料费等等）。 | |
| 1.3.6 | 宣传材料 / 样品管理 | 定制表格进行宣传材料 / 样品管理并通过无线技术（比如 Palm Pilot）访问宣传材料 / 样品管理，与 SAP、R/3 集成获得更多的宣传材料和样品管理功能。 | |
| 1.3.7 | 租借管理 | 通过多个标准比如产品、租赁项目、财务、状态等，管理租借给客户 / 潜在客户的设备。 | |
| 1.4 | 时间管理 | | |
| 1.4.1 | 日历 | 在移动销售模块中察看按日或按月的日历安排。详细察看不同约会的详细情况。日历功能与 MS-Outlook 进行双向集成。 | |
| 1.4.2 | 任务列表 | 在浏览表格式下打开任务列表和信息，包括完成日期、描述以及其他用户定义标准。 | |
| 1.4.3 | 电子邮件 | 与 MS-Outlook 进行电子邮件功能的集成。 | |
| 1.4.4 | 传真 | 与第三方传真软件集成。 | |
| 1.4.5 | 备注 | 访问任何联系人、客户、活动和商机的任何格式的记录。 | |
| 1.4.6 | 交易记录和追踪审计 | 自动记录所有数据记录的变化，记录更改人、更改日期和时间。 | |

续表

| 编号 | 标准 | 评估 | 备注 |
| --- | --- | --- | --- |
| 1.5 | 客户交互中心 | | |
| 1.5.1 | 客户自助服务 | 客户可以登陆客户接触中心的主页并能查询信息，比如订单状态、信息等。搜索关于问题和解决方案的知识库等。使用诸如交易类型和优先权之类的标准。察看关于查询的历史信息。访问相关产品的 FAQ 或是通过问题描述搜索知识库。 | |
| 1.5.2 | 自动电子邮件回复 | 可以使用 SAP 工作流实现内部邮件向不同共享收件箱的发送。 | |
| 1.5.3 | 客户概况窗体弹出 | 通过 SAP phone 或多渠道界面可以实现客户概况的弹出。客户代表桌面弹出的窗口是基于呼叫者的 ANI（来电号码）、输入回应单元的数字、电子邮件地址或网络登陆。 | |
| 1.5.4 | 交互式日历 | 客户通过因特网或无线设备比如 Palm Pilot、MS-Pocket PC 和 iPAQ 访问资源规划工具，客户可以找到空闲的工作人员，通过资源规划工具在特定的日期、时间计划一个活动。 | |
| 1.5.5 | 交互式支持 / 多媒体门户管理 | 从客户交互中心的主页获得交互式支持，通过网络交谈列表输入并接收来自销售 / 客户服务代表的信息。与销售 / 客户服务代表设置共同浏览(共享调查页面或软件功能)。通过“打电话给我”按钮建立并计划来自销售 / 客户服务代表的电话。用户在进入 SAP 软件包时可以使用 e-call 另外建立一个默认页，与第三方软件 AMC 通过 VOIP 按钮进行 VOIP 交谈。 | |
| 1.5.6 | 工作力量管理 | 建立员工列表，在规划表中的工作中心为每个员工提供认证，通过内置的评分机制，计算每个员工的得分，确定最适合任务的员工。与 SAP 人力资源软件集成后，可以实现其他的人力资源管理功能。 | |
| 1.6 | 客户服务 | | |
| 1.6.1 | 客户事件分派 | 为事件建立服务电话，为销售 / 客户服务代表分派服务电话并建立开始日期。通过资源规划工具察看资源和员工的可用性（以小时或天日历察看）。通过解决方案中心为一个客户制定定制的解决方案。经常使用的解决方案自动列为菜单选项。通过建立抱怨菜单选项可以使用两种事件概况：抱怨概况包括的字段有零件号码、联系人、员工可靠性、提出日期、描述、优先权和状态；错误描述概况（关于产品缺陷）包括的字段有产品、数量、原因、错误等级、错误统计，以及质量缺陷的检验栏。 | |
| 1.6.2 | 事件升级 | 为事件升级定制 SAP 工作流，在工作流中如果事件没有在最后期限内完成时，事件将自动升级给一个更高级别的管理人员。 | |

续表

| 编号 | 标准 | 评估 | 备注 |
| --- | --- | --- | --- |
| 1.6.3 | 事件生命周期管理 | 接收服务流程结束的确认信息，以及完成服务花费的时间和资源（备用零件），通过事件相关的任务、开始和结束日期、回复日期和时间段跟踪事件的历史，通过发票和账单服务功能跟踪与事件相关的任何账单和发票，以及将外币转化为美元的多货币功能。 | |
| 1.6.4 | 问题解决方案数据库 / 查询 | 问题解决方案可以输入抱怨概况中，经常使用的问题解决方案自动汇集成为菜单选项。用户可以通过关键字查询搜索常见问题解决方案。 | |
| 1.6.5 | 事件报告 | 使用业务信息仓库进行事件 / 关怀统计，在与水晶报表集成后使用用户定义的报表模板。 | |
| 1.6.6 | 订单管理 | 通过订单的任何字段或任何标准跟踪订单，能够察看描述、数量、第一次提交、订单数量，与 UPS 链接获得更详细信息。 | |
| 1.6.7 | 返修授权管理和分析 | 在抱怨概况中将抱怨分类为返修，为退货设置一个负价值并在条件条下跟踪抱怨概况的退货账户。在分析条下进行退货原因的分析。 | |
| 1.6.8 | 服务水平协议 / 售后服务管理 | 在服务合同菜单选项中，访问服务协议信息的记录和字段。用户在通过栏下可以访问合同编号、净价值、状态、销售方的编号、送货方编号、合同开始和结束日期、项目编号、产品和数量。其他的附属栏下包括服务数据、收款计划、价格、条件、价格协议、项目概述和取消（合同）。售后服务管理可以在服务合同中心的菜单下进行定制，售后服务信息栏下可以显示总体信息、服务数据、付款计划、价格、条件、价格协议、项目总体和取消（售后服务）。 | |
| 1.7 | 现场服务管理 | | |
| 1.7.1 | 呼叫处理 / 分派 / 计划 / 工作力量管理 | 通过 WAP，手持设备，以及通过笔记本同步为现场服务人员发送分派信息（比如地址、电话号码、描述），在工作表功能中的工作中心建立现场服务人员列表并提供每个员工的资质，通过内置的评分机制为任务确定最合适的现场服务人员，评分机制为每个员工打分，确定谁是最佳人选。 | |
| 1.7.2 | 存货管理 | 通过与笔记本同步，或通过 WAP 和手持设备察看当前库存和存货位置。 | |
| 1.7.3 | 问题解决管理 | 跟踪问题的明细，比如花费时间、日期、现场服务人员姓名、联系人信息并通过 WAP、笔记本和手持设备与主数据库同步。 | |
| 1.7.4 | 时间费用报表 | 通过差旅、出发日期、位置、城市、批准、解决情况、清除、退回日期、员工姓名、职位、区域和工号。 | |
| 1.7.5 | 远程知识管理 | 没有演示。 | |
| 1.7.6 | E 服务 | 没有演示。 | |
| 1.7.7 | 无线应用能力 | 无线应用能力包括 mySap CRM 基于移动黑莓技术的无线应用集成。 | |
| 1.7.8 | 无线应用能力模式 | 无线应用能力模式可以建立在系统内部 | |

续表

| 编号 | 标准 | 评估 | 备注 |
|---|---|---|---|
| 1.8 | 电话营销 / 销售 | | |
| 1.8.1 | 呼叫管理 | 集合或输入呼叫列表，保存呼叫列表并通过交互中心的营销活动相关列察看列表。呼叫活动下有一个关于呼叫列表和呼叫详情的快捷键。通过用户定义的状态字段用符号表示呼叫和呼叫列表的状态（比如，绿环表示呼叫结束、黄色三角表示呼叫不成功等）。 | |
| 1.8.2 | 脚本 | 使用营销计划器功能建立电话营销活动，输入电话营销活动的数据、日期，已经选择的将用于电话营销活动的文本。使用交互式脚本或调查工具建立并使用与营销活动关联的脚本。 | |
| 1.8.3 | 呼叫记录 | 通过交互中心的脚本栏访问动态分支的脚本树，脚本的内容显示在窗体内，旁边有指明脚本答案的按钮以分支出合适的文本或其他内容。 | |
| 1.8.4 | 呼叫统计 / 报告 | 跟踪呼叫的信息，诸如开始时间、持续时间、联系人、结束时间等。 | |
| 1.8.5 | 自动拨号 | 访问由日历安排、处理日历和组织单位生成的呼叫单列表。呼叫的会议 ID、日期、时间、代理商 ID 和持续时间也在列表报告中指明。 | |
| 1.9 | 市场营销 | | |
| 1.9.1 | 市场营销管理 | 使用营销计划器建立营销活动，比如电话或电子邮件营销活动。全面的、闭环多渠道（电子邮件、电话营销、直接邮件、传真、短信息、移动销售等）的营销活动管理包括规划、预算、协调、设计、执行、优化和监控 / 衡量营销活动和促进。通过单点访问，全面客户化门户或用户驾驶舱可以使用所有的营销和活动功能。这种门户允许一个用户快速轻易地访问跨组织的所有相关数据、信息、系统。 | |
| 1.9.2 | 市场营销细分工具 | 未演示。 | |
| 1.9.3 | 市场营销（媒体）百科全书 | 访问信息中心，信息中心包括文件知识库、网站链接等。通过叫做渠道的树形层次结构显示。新闻订阅、文件更新提醒以及相似的功能基于来自后台网络的技术。信息中心显示总结信息以及定位项目的查询功能。 | |
| 1.9.4 | 预测模型工具 | 软件包中有几个预测工具，通过决策树功能，用户可以根据客户以前的购买模式，设置确定客户购买产品的可能性和规则。通过商业智能模块中的客户行为模型功能基于对营销活动的反应设置客户细分归类。用户可以在营销活动 / 营销流程中利用复杂的客户预测模型，包括客户行为模型、生命周期价值模型、客户满意度和忠诚度模型。此外客户细分模块还有隐含回应优化技术，可以提供易于使用的、友好的营销框架快速增加目标营销活动的 ROI。 | |
| 1.9.5 | 产品价格配置器 | 访问细目分类的价格组成部分，包括利率、汇率、每单位、价格条件和折扣。访问产品定价，根据条件（销售团队、区域、产品等）设置动态的折扣。这些价格条件和折扣可以根据百分比和离散价值设定。 | |

续表

| 编号 | 标准 | 评估 | 备注 |
|---|---|---|---|
| 1.9.6 | 客户生命周期价值 | 在 BW 模块中的客户分析功能提供客户化客户生命周期价值功能，基于客户购买的最近购买日期、购买频率和金钱价值（RFM）的客户生命周期价值可以进行客户化，用户还可以基于 RFM 编码进行客户细分，还可以基于 RFM 码对客户赢利进行模拟。 | |
| 1.9.7 | 客户调查管理 | 厂家声称客户调查工具在应用软件中可以定制。 | |
| 1.9.8 | 宣传资料提供 | 在联系人界面下发送宣传材料，或者在存货功能中将宣传材料作为订单发送，现场人员可以使用宣传材料提供功能，可以获得与销售材料相关的成本。 | |
| 1.9.9 | 文字处理能力 | 在移动销售产品中可以使用 MS-Word 和 MS-Excel 模板进行书信的书写，与 WORD 集成进行邮件合并和标签的生成。 | |
| 1.10 | 线索管理 | | |
| 1.10.1 | 优化 | 通过 SAP BW 与第三方数据库集成（如 Dun&Brandstreet、A.C.、Nielsen 和 IRI）从目标群体中匹配线索，来自 Dun&Brandstreet 的线索可以用 Dun&Brandstreet 编号进行跟踪，与 protagana 集成清理来自第三方数据库的线索。线索概况和线索相关的表比如概况、合作伙伴、文本、组织、产品和评估可以在标准线索功能中使用。 | |
| 1.10.2 | 培育 | 通过设置 BW 中的线索存档规则进行线索培养，在开放数据存储结构中存储一批未确认线索直到预先设定的激活日期（通过激活按钮进行设置）。 | |
| 1.10.3 | 资格确认 / 设置优先权 | 通过选择特征认证目标群体中的线索，有三种选择：基本选择、附加选择、排除选择。能够自定义复选框、下拉菜单字段和空白字段的带答案的脚本，脚本内容将出现在线索概况中的评估框上。可以定制根据线索回应认证线索中的线索优先权设置的评分权重方法。设置优先权的评分区间（比如大于 75% 的就是热线索，低于 25% 是冷线索。根据线索的热、温、冷，手动进行优先权的分配。 | |
| 1.10.4 | 路由 | 手动将线索分配给合适的呼叫中心职员 | |
| 1.10.5 | 跟踪 | 通过线索概况内的字段跟踪线索，通过 Dun&BrandStreet 的编号跟踪来自 Dun&Brandstreet 的线索，钻取客户历史以获得详细信息。 | |
| 1.11 | 合作伙伴关系管理 | | |
| 1.11.1 | 渠道计划管理 | 使用标准浏览器，在定制的 SAP 合作伙伴门户的主页上输入用户名和密码，访问和更新与渠道计划相关的客户信息和企业数据库。SAP 合作伙伴门户可以通过 mySAP 门户（软件的附加产品）进行配置，设置企业数据库内的任何数据的访问权限。 | |

续表

| 编号 | 标准 | 评估 | 备注 |
|---|---|---|---|
| 1.11.2 | 商机管理 | 使用标准浏览器，在定制的 SAP 合作伙伴门户的主页上输入用户名和密码，访问和更新与销售渠道计划相关的客户信息和企业数据库。 | |
| 1.11.3 | 报表能力 | 通过标准浏览器访问附加 BW 功能的定制的 SAP 合作伙伴门户主页，输入用户名和密码，获取已有的用户定义的报表。 | |
| 1.11.4 | 销售管理 | 通过标准浏览器访问 SAP 合作伙伴门户主页，输入用户名和密码，访问销售管理工具，比如销售方法、销售脚本等等。 | |
| 1.11.5 | 市场营销 | 通过标准浏览器访问 SAP 合作伙伴门户主页，输入用户名和密码，访问与渠道计划相关的市场营销信息。 | |
| 1.11.6 | 线索管理 | 通过标准浏览器访问 SAP 合作伙伴门户主页，输入用户名和密码，访问线索管理工具。 | |
| 1.11.7 | E 服务 | 访问基于 R/3 交换配置器的因特网定价和配置器。 | |
| 1.11.8 | 合作伙伴协议 | 通过定制的 SAP 合作伙伴门户主页分派、发送给销售合作伙伴服务和产品。 | |
| 1.12 | 知识管理 | | |
| 1.12.1 | 信息来源 | 通过 SAP 门户从外部数据资源配置信息来源。 | |
| 1.12.2 | 信息附件 | 为活动、商机、业务合作伙伴（客户）、联系人等的概况添加附件。 | |
| 1.12.3 | 搜索引擎 | 在 SAP　数据库进行关键字查询。 | |
| 1.12.4 | 界面引擎 | 在知识库中进行关键字搜索，厂家声称提供高级搜索和精确搜索。 | |
| 1.12.5 | 文件管理 | 有文件管理功能。 | |
| 1.13 | 业务分析 | | |
| 1.13.1 | 预定义报表 | 可以访问大于 40 个诸如内部服务、管理分析和业务分析之类的预定义报表。 | |
| 1.13.2 | 用户定义报表 | 能够基于报表进行排除。 | |
| 1.13.3 | 预定义查询 | 通过与附加的业务信息仓库功能（存储 SAP 和非 SAP 信息）集成访问高级搜索和查询功能。 | |
| 1.13.4 | Ad hoc 查询（案例查询） | 查询和过滤 SAP 中的类别和字段进行 Ad hoc 查询搜索。 | |
| 1.13.5 | 自动向上 / 向下钻取能力 | 察看每个销售人员的销售数据，并向上钻取到团队和区域的销售数据。可以察看团队中有多少成员。 | |
| 1.13.6 | 预测 / 规划工具 | 访问图表和非图表格式的预测报表。 | |
| 1.13.7 | 图表或统计建模工具 | 访问水晶报表的图形分析功能，与 MS-Excel 集成访问统计和图表功能。 | |

续表

| 编号 | 标准 | 评估 | 备注 |
|---|---|---|---|
| 1.13.8 | 仪表板 / 显示主要指标的门户界面 | 管理驾驶舱中仪表盘的重要指示器。管理驾驶仓分为 4 个主要信息指示器，比如净销售、客户增长、以及收入和费用。在管理驾驶舱中向下钻取每个数据以获取详细信息。 | |
| 1.13.9 | 门户集成到 CRM 应用软件 | mySAP CRM 利用了 SAP 的集成和应用软件平台 SAP Netweaver.CRM 提供预配置角色和端对端流程，用户访问 SAP 和非 SAP 软件。 | |
| 1.13.10 | 提醒 / 闹钟功能 | 达到一定标准时进行报警。 | |
| 1.13.11 | 实时分析能力 | 与 SAP BW 产品集成进行实时分析。 | |
| 1.14 | 电子商务 | | |
| 1.14.1 | 定制 | 将网页使用的用户名、特定字段、推荐商品、你的购物车、个人信息概况维护进行定制。 | |
| 1.14.2 | 门户能力 | 访问和外部网站、新闻列表、日历、股市信息和商业目录有直接链接的门户主页，也可以访问与 mySap 企业数据库信息直接链接的门户页面。能定制门户主页显示与 mySap 企业数据库直接链接的信息（比如，我的订单、我的联系人、我的线索等）。 | |
| 1.14.3 | 门户合成应用软件 | mySap CRM 进行门户合成的应用软件有不同的自助服务场景和电子商务应用软件。 | |
| 1.14.4 | 内容管理 | 使用后台 WEB 技术可以提供内容管理功能，在相关产品信息中显示推荐内容。 | |
| 1.14.5 | 前台商店 | 使用网上销售模块建立前台商店，包括带有产品图片、产品描述和购物车功能的产品目录。 | |
| 1.14.6. | 订单 / 交易处理 | 建立购物车流程、信用卡支付方式和账单（包括运输费用、折扣和税务），直接与信用卡认证数据库链接进行信用卡认证。 | |
| 1.14.7 | 交叉销售 | 基于客户参数为在线购买者推荐可选的相关产品和附件。 | |
| 1.14.8 | 在线客户行为分析和报告 | 进行在线客户行为分析。 | |
| 1.15 | 供应链管理 | | |
| 1.15.1 | 电子采购 | 通过与 SAP　R/3 集成获得其他厂商和首选供应商的产品。 | |
| 1.15.2 | B2B 界面 / 软件包 | 可以链接到 B2B 交换中。 | |
| 1.15.3 | 物流管理 | 通过与 R/3 集成跟踪订单相关物流信息。 | |
| 1.15.4 | 产品生命周期管理 | 与 SAP 产品生命周期管理产品集成。 | |
| 1.16 | 项目管理 | | |
| 1.16.1 | 项目任务 / 交付情况管理 | 跟踪并列出项目任务、交付的过程和完成和交付情况。 | |

续表

| 编号 | 标准 | 评估 | 备注 |
|---|---|---|---|
| 1.16.2 | 承包商 / 子承包商关系 | 跟踪项目中承包商和子承包商的状态、关系级别、角色和工作。 | |
| 1.16.3 | 项目资源定位 | 跟踪项目任务或阶段的资源的可用性、成本、位置和使用情况。 | |
| 1.16.4 | 时间 / 费用管理 | 跟踪项目任务或阶段的费用和时间，对比每个任务或阶段的预计时间、费用和实际的时间和费用。 | |
| 1.17 | 员工关系管理 | | |
| 1.17.1 | 工作定位 / 申请者认证 | 跟踪对职位的申请并将申请者资格与资格认证表中的定位进行比较，将职位放在外部的门户网站上。 | |
| 1.17.2 | 员工业绩 | 设置可以衡量的、详细的目标进行员工业绩和团队合作的衡量。 | |
| 1.17.3 | 员工培训、技巧 | 跟踪员工培训和技能以及员工的培训认证。 | |
| 1.17.4 | 佣金管理 | 可以访问提成管理功能，比如规则计算引擎和任命模拟。 | |
| 1.17.5 | 设备管理 | 通过多个标准跟踪分派给销售人员的设备。 | |
| 2 | 技术特征 | | |
| 2.1 | 工作流 | | |
| 2.1.1 | 流程配置能力 | 管理控制台可以定义流程遵守的参数（是自动的）用户可以参与。 | |
| 2.1.2 | 警报 / 通知 | 基于业务驱动定制提醒和通知。 | |
| 2.1.3 | 任务分派 | 将线索转化为商机，通过工作流进行任务的再分配。 | |
| 2.1.4 | 工作流定制 | 定制定义个人或团队接收和参与决策支持流程。 | |
| 2.2 | 结构一致性 | | |
| 2.2.1 | 是否所有软件模块采用同一种结构？ | 是。 | |
| 2.2.2 | 是否所有的软件模块无缝集成？ | 是。 | |
| 2.3 | 技术细节 | | |
| 2.3.1 | 支持的台式机 / 笔记本操作系统 | 客 户 端：MS-Windows 98/2000、MS-Windows N、MS-Window ME、MS-Windows XP。<br>服务器端：MS-Windows NT、Linux、Unix。 | |
| 2.3.2 | 支持的手持设备操作系统 | 所有带有微型浏览器进行 http 访问的平台（PocketPC, Palm, Blackberry）。<br>所有支持个人 Java 或 J2ME 的移动操作系统（比如 Pocket PC、Palm OS、RIM Blackberry、Linux,、EPOC 以及其他）。 | |

续表

| 编号 | 标准 | 评估 | 备注 |
|---|---|---|---|
| 2.3.3 | 应用服务器支持的操作系统 | MS-Windows 2000/.NET Server、Solaris、AIX,、OS/400、OS/390、HP-UX、Tru64 Unix、Linux。 | |
| 2.3.4 | 支持的无线技术 | 移动解决方案支持 WAP/WML、WLAN、蓝牙、GPRS。 | |
| 2.3.5 | 容量 | 10000 | |
| 2.3.6 | 每个应用服务器支持的用户数 | 取决于数据流量和组件数，用户数从几十到几千。 | |
| 2.3.7 | WEB 服务能力 | SAP 的 WEB 应用服务器通过 SOAP、WSDL 和 UDDI 支持所有业务流程的 WEB 服务。 | |
| 2.3.8 | XML 集成 | 支持 SAPXML，通过适配器或附加产品（SAP Exchange Infrastructure, WebMethods）支持其他 XML 格式（如 RosettaNet, EDI-XML 等）。 | |
| 2.3.9 | SOAP 集成点 | 是。 | |
| 2.3.10 | XSLT 和 CSS 支持 | 是。 | |
| 2.3.11 | ERP 集成 | SAP R/3 | |
| 2.3.12 | 点解决方案集成 | SAP Phone、SAP Connect、Multichannel Interface、Gplus Adapter。 | |
| 2.3.13 | 大量邮件分派 | 通过与第三方软件集成实现。 | |
| 2.3.14 | 电话交换和 / 或 PBX 集成 | Avaya、Genesys、AMC、Micrologica、Telesnap。 | |
| 2.3.15 | 开发使用的编程语言 | VB/C++/ABAP/Java/COM/DCOM/ABAP/J2EE。 | |
| 2.3.16 | 软件结构 | N 层网络结构。 | |
| 2.3.17 | 当前结构发布日期 | 2007 年。 | |
| 2.3.18 | 第一款软件发布日期和平台 | 1999 年 12 月 2.0A。 | |
| 2.3.19 | 最后的软件发布日期和平台 | 2009，MS-Windows NT、MS-Windows XP、MS-Windows 7。 | |
| 2.3.20 | 安全结构 | 软件通过 MTS 和 SAP proprietary security protocols (SNIC) 和 Kerboros 提供安全保证，提供数据备份和恢复工具。 | |
| 2.3.21 | LDAP 编译 | 是。 | |
| 2.3.22 | 支持目录 | Sun One Directory、MS Active Directory、Novell eDirectory、Siemens DirX 等。 | |

续表

| 编号 | 标准 | 评估 | 备注 |
|---|---|---|---|
| 2.3.23 | 软件开发和定制使用的工具包 | SAP 工具：ABAP Workbench for CRM Marketing Sales, and Service,<br>Business Application Studio (Mobile Sales / Mobile Service), SAP Web Application Designer for reports, CRM Designer for GUI.<br>JSP for Internet Sales, Internet Customer Self Service, Handheld Sales/Service. | |
| 2.3.24 | 支持的数据库服务器 | Oracle、Informix、DB2、MS-SQL Server、SAP DB (Adabas)。 | |
| 2.3.25 | 应用服务器软件 | SAP Web Application Server。 | |
| 2.3.26 | COM/CORBA 编译 | 是。 | |
| 2.3.27 | 软件包提供的桌面数据库 | 移动销售 / 服务 – MSDE。 | |
| 2.3.28 | 软件提供的手持数据库 | SAP 移动引擎提供开放界面，支持移动设备上所有 JDBC 编译微型数据库，许可内不包括手持数据库。 | |
| 2.3.29 | 数据库协议 | ODBC、OLEDB、本地的。 | |
| 2.3.30 | 连接模式 | LAN、移动同步、手持设备、浏览器、WAP/ 无线。 | |
| 2.3.31 | 服务器客户端同步 | 通过 SAP 开发工具进行字段级别的同步。 | |
| 2.3.32 | 服务器到服务器数据同步支持 | SAP 与数据库供应商联合开发，系统到系统通过 RFC、IDOC,、XML. 进行系统间通信。 | |
| 2.3.33 | 支持的门户技术工具 | SAP 门户企业门户软件包。 | |
| 2.3.34 | 多数据源门户界面 EII 解决方案 | SAP 企业门户包括基于角色的构造集成多数据源。入口集成预配置的 SAP 内容以及第三方内容。SAP Netweaver 使用 PDK (portal development kit) 集成 SAP 企业门户内的所有内容。 | |
| 2.3.35 | 直接信息能力 | 很多 SAP 应用软件支持直接信息能力（SAP 工作流、SAP 报警引擎）。 | |
| 2.3.36 | 语音识别支持 | 通过第三方认证软件支持语音识别。 | |
| 2.3.37 | Office 产品集成 | MS-Office 套件。 | |
| 2.3.38 | 组件软件的双向集成 | 移动销售 / 服务与 MS-Outlook 双向集成同步约会和任务。解决方案也是 MAPI 编译。 | |
| 3 | 实施 | | |
| 3.1 | 集成 | | |
| 3.1.1 | EAI 工具 | 是，通过 CRM 中间件的数据交换层或交换环境，SAP 提供基于 Netweaver 解决方案的交换结构。 | |

续表

| 编号 | 标准 | 评估 | 备注 |
| --- | --- | --- | --- |
| 3.1.2 | EAI 供应商合作关系 | 是，EAI 供应商合作关系包括 WebMethods 和 SeeBeyond 。WebMethods and SeeBeyond WebMethods and SeeBeyond | |
| 3.1.3 | OTLP 集成能力 | 用 SAP BW Tealeaf 的在线处理功能可以实现 OTLP 集成。 | |
| 3.1.4 | 批集成能力 | 使用 Legacy Migration Workbench 可以配置批集成能力。 | |
| 3.1.5 | 例子和模板集成 | 可以使用 XML 模板进行集成。 | |
| 3.1.6 | 预定义集成点 | 通过使用行业标准以及 XM、SOAP、HTTP、BAPIs、Idocs 和 Bdocs 提供预定义集成点。 | |
| 3.1.7 | 系统基础配置工具 | 是，提供基础配置工具。 | |
| 3.1.8 | 配置工具标准 | 用户数、许可座席、网络马力等标准可以进行基础配置。 | |
| 3.1.9 | 反向工程工具 | 当前版本不可用。 | |
| 3.2 | 实施团队 | | |
| 3.2.1 | 实施的内部顾问服务 | 是，在产品阶段早期的产品改进期间有内部顾问可以提供服务。 | |
| 3.2.2 | 内部咨询服务的规模 | 全球有超过 9000 个咨询顾问，超过 850 个 CRM 咨询顾问。 | |
| 3.2.3 | 实施合作网络 | 是。 | |
| 3.2.4 | 合作伙伴网络的规模 | 180000 个合作顾问。 | |
| 3.2.5 | 合作伙伴认证流程 | 是，合作伙伴要通过 2 次考试。 | |
| 3.2.6 | 认证课程和平均的课程时间 | 3 次课程，平均时间段 4 天。 | |
| 3.2.7 | 认证考试 | 2 个在线考试，开卷。 | |
| 3.2.8 | 管理认证考试 | SAP 管理员指导的 SAP 培训中心进行电子测试。 | |
| 3.2.9 | 再培训 / 再认证流程 | 提供 Delta。顾问是按照产品版本进行认证培训的。 | |
| 3.3 | 时间和成本 | | |
| 3.3.1 | 50 个用户的最小客户化实施时间段 | 取决于场景和客户的努力。 | |
| 3.3.2 | 典型的实施费用和软件许可费用的比率 | 软件许可和实施费用为 1:2。 | |
| 3.4 | 配置 | | |
| 3.4.1 | 增加特定的业务字段类型 | 使用 Blueprint Application Builder 内的 CRM Designer 功能，增加特定业务字段和用户定义字段。系统管理员可以设置字段的位置、高度、宽度，同样可以输入字段名，将字段加入字段组并设置字段为只读。 | |
| 3.4.2 | 修改表单内容 | 使用Blueprint Application Builder的Change View for Delivery Types选项可以设置输入下拉菜单的内容。 | |

续表

| 编号 | 标准 | 评估 | 备注 |
|---|---|---|---|
| 3.4.3 | 预定义表单对输入数据的限制 | 通过脚本变化设置对预定义表单或特定业务字段的数据输入限制。 | |
| 3.4.4 | 识别必须输入字段和非必须输入字段 | 通过在字段概况中选择复选框可以将字段设置成为必选强制输入字段,如果强制输入字段没有输入则自动弹出一个窗体。 | |
| 3.4.5 | 修改窗体 | 使用 CRM 设计者功能可以通过拖拉字段到合适的位置进行修改，同样也可以通过 CRM 设计者建立字段。 | |
| 3.4.6 | 对不同用户组的窗体级许可 | 使用 Blueprint Application Builder 中用户概况的 Display Transaction Variant Function 功能，设置字段级别的许可察看和访问窗体上的特定字段。 | |
| 3.4.7 | 不同用户组的记录级别的许可 | 使用 Blueprint Application Builder 中用户权限概况中的用户权限设置对记录的访问。 | |
| 3.4.8 | 设置工作流流程 | 顾问可以在一天内实现工作流流程的建立，顾问可以访问工作流建立器建立工作流。工作流可以通过定义工作流步骤和建立图形决策树建立。 | |
| 3.5 | 定制 | | |
| 3.5.1 | 对外部业务软件的调用 | 可以通过 XML 或 BAPI 建立对外部业务软件的调用。 | |
| 3.5.2 | 附属表单 | 可以通过交互脚本工具中的脚本变化建立附属表单。 | |
| 3.5.3 | 基于特定字段输入值创建软件活动 | 可以通过交互脚本工具中的脚本变化建立软件活动。 | |
| 3.5.4 | 建立与客户应用软件和数据库集成的业务窗体和表 | 通过 SAP 数据字典可以建立业务细节窗体和表。系统管理员可以定义新字段,并使用开发密码配置业务细节窗体和表。 | |
| 3.6 | 数据转化 | | |
| 3.6.1 | 使用数据导入工具导入多源记录 | SAP 有认证的业务合作伙伴，Ascential Software 设置多源数据的导入。在 SAP BWTealeaf 产品中同样有 ETL (Extract/Transform/Load) 工具进行多源数据导入。 | |
| 3.6.2 | 可用的数据转化格式 | CSV 文件、flat 文件和 ASCII 文件。 | |
| 3.6.3 | 用户界面的动态字段映射 | 可以通过 Ascential Software 或通过 myCRM 认证合作伙伴定义字段映射。 | |
| 3.6.4 | 通过导入工具建立字段之间的关系 | 使用 Netweaver Stack 工具相关联的联系人、客户或机会信息的种类字段，设置记录之间的关系。 | |
| 3.7 | 实时功能 | | |
| 3.7.1 | 实时仪表板 | 访问管理驾驶舱功能,察看显示主要指标的驾驶仪表盘功能。管理驾驶仓可以与 SAP BWTealeaf 产品进行集成实现实时功能。 | |
| 3.7.2 | 快速应用软件开发工具 | 新的业务目标和元素可以通过交互脚本工具中的脚本变化建立。 | |

续表

| 编号 | 标准 | 评估 | 备注 |
|---|---|---|---|
| 3.7.3 | 工作流建立工具 | 顾问可以建立工作流与外部应用软件连接以获得实时信息。使用工作流建立器，通过定义工作流步骤和使用图形决策树建立工作流。 | |
| 3.7.4 | 业务目标配置 | 通过脚本工具中的脚本变化进行业务目标配置。 | |
| 3.7.5 | 移动设备实施 | 所有支持 Personal Java or J2ME ( 比如 Pocket PC, Palm OS, RIM Blackberry) 的移动操作系统的移动设备可以访问 SAP 数据的信息。 | |
| 4 | 用户友好 / 支持 | | |
| 4.1 | 帮助功能 | | |
| 4.1.1. | 帮助菜单 | 帮助菜单支持目录和屏幕截图。 | |
| 4.1.2 | 上下文敏感帮助 | 点击屏幕目标获得上下文敏感帮助。 | |
| 4.1.3 | 详细的错误信息 | 跟踪系统范围内所有错误信息并提供解决错误的选项。 | |
| 4.2 | 国际化 | | |
| 4.2.1 | 多货币 | 支持多种货币。 | |
| 4.2.2 | 多语言模式支持 | 软件内字段的所有语言存储在语言附表中。 | |
| 4.2.3 | 翻译能力 / 集成 | 当用户登陆并选择了使用的语言后，软件用所选语言显示字段和内容。 | |
| 4.2.4 | 驻外办公室位置 | 美国、南非，以及欧洲和亚太地区设有多个办公室。 | |
| 4.2.5 | 国际支持 | 提供每周 7 天每天 24 小时的全球支持。 | |
| 4.3 | 培训 | | |
| 4.3.1 | 可选的培训方式 | 在线和虚拟培训，每个班 15 ~ 40 人。课程包括 mySap CRM 和行业特征。根据需要可以提供认证计划。 | |
| 4.3.2 | 培训费用 | 联系厂家获得详细信息。培训费用并可以作为客户协议的一部分。 | |
| 4.4 | 支持 | | |
| 4.4.1 | 在线支持 | 在线顾问资源。 | |
| 4.4.2 | 电话支持 | 提供。 | |
| 4.4.3 | 免费电话号码 | 对客户开放并且有合同定义。 | |
| 4.4.4 | 技术和用户文件 | 可以访问在线文件。 | |
| 4.4.5 | 网站、公告板和在线论坛 | 在线论坛称做实践社区。 | |
| 4.4.6 | 维护和支持费用 | 取决于客户协议。 | |
| 4.4.7 | 软件售后服务期 | 合同内写明的售后服务期。 | |

### 5.1.3 系统演示

1）销售管理

（1）销售线索（Sales Lead）

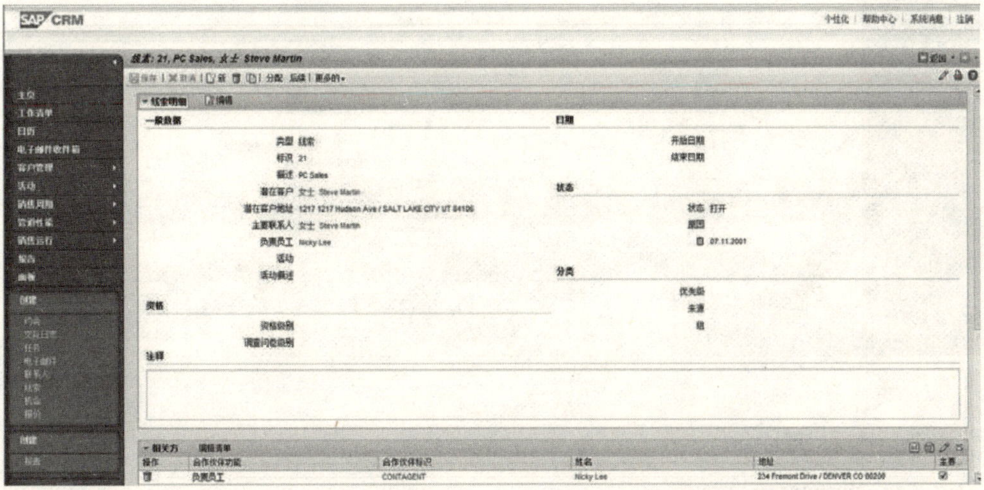


销售机会（Sales Opportunity）

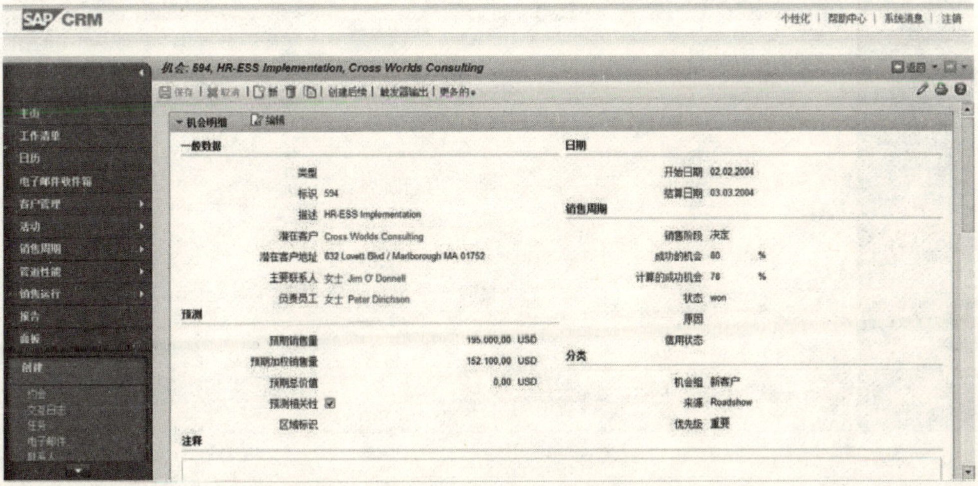

2）销售合同

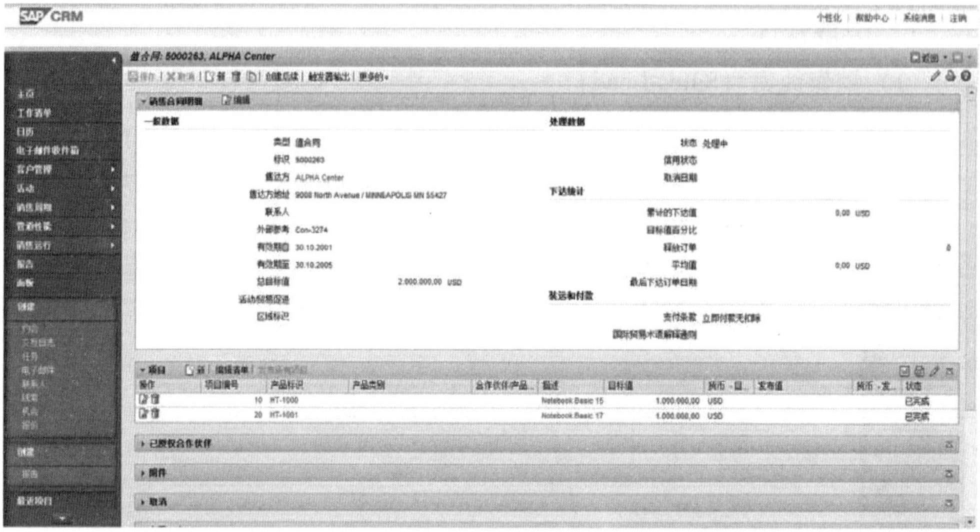


3）潜在客户

（1）潜在客户管理

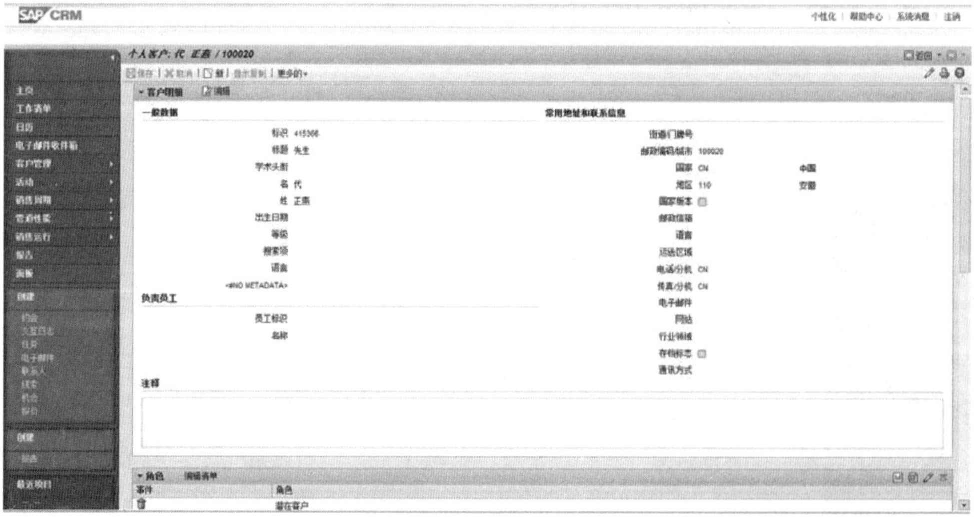

（2）销售活动

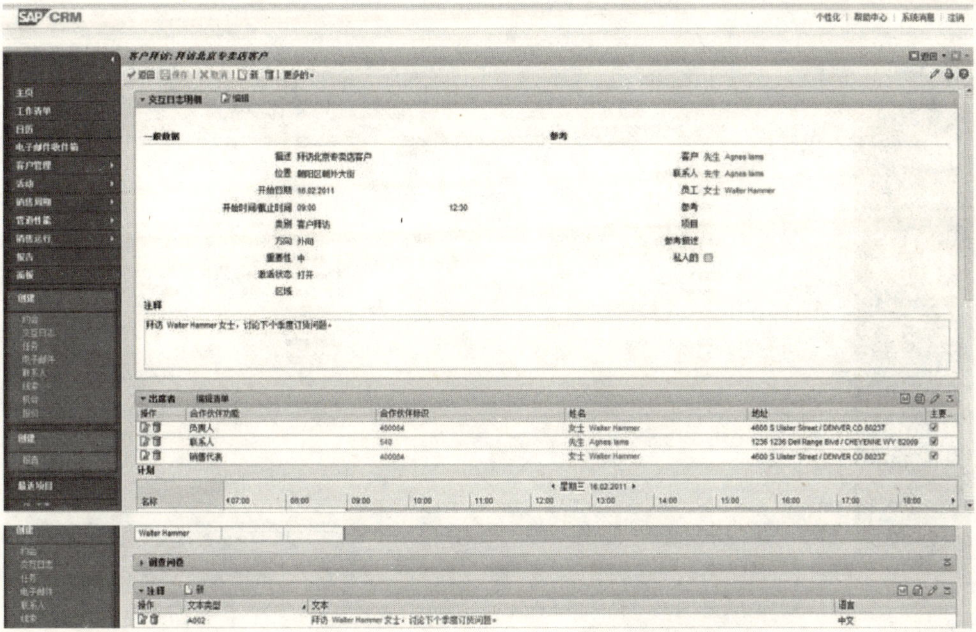
SAP CRM
个性化 | 帮助中心 | 系统消息 | 注销
客户拜访：拜访北京专卖店客户
交互日志明细
一般数据
参考
描述 拜访北京专卖店客户
位置 朝阳区朝外大街
开始日期 16.02.2011
开始时间/截止时间 09:00 12:30
类别 客户拜访
方向 外向
重要性 中
激活状态 打开
区域
客户 先生 Agnes lams
联系人 先生 Agnes lams
员工 女士 Walter Hammer
私人的
注释
拜访 Walter Hammer 女士，讨论下个季度订货问题。
出席者
操作 合作伙伴功能 合作伙伴标识 姓名 地址
负责人 400004 女士 Walter Hammer 4600 S Ulster Street / DENVER CO 80237
联系人 540 先生 Agnes lams 1236 1236 Dell Range Blvd / CHEYENNE WY 82009
销售代表 400004 女士 Walter Hammer 4600 S Ulster Street / DENVER CO 80237
计划
星期三 16.02.2011
调查问卷
注释
操作 文本类型 文本 语言
A002 拜访 Walter Hammer 女士，讨论下个季度订货问题。 中文
主页
工作清单
日历
电子邮件收件箱
客户管理
活动
销售周期
营销性能
销售运行
报告
面板
创建
最近项目

（3）销售订单

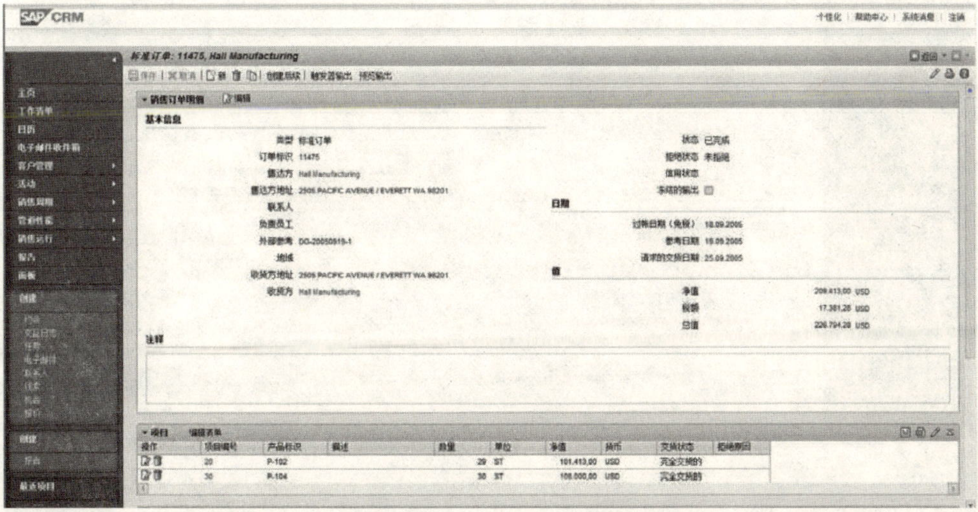
SAP CRM
个性化 | 帮助中心 | 系统消息 | 注销
标准订单：11475, Hall Manufacturing
销售订单明细
基本信息
类型 标准订单
订单标识 11475
售达方 Hall Manufacturing
售达方地址 2505 PACIFIC AVENUE / EVERETT WA 98201
联系人
负责员工
外部参考 DO-20050919-1
地域
收货方地址 2505 PACIFIC AVENUE / EVERETT WA 98201
收货方 Hall Manufacturing
状态 已完成
拒绝状态 未拒绝
信用状态
日期
参考日期 19.09.2005
请求的交货日期 25.09.2005
值
净值 209.413,00 USD
税额 17.381,28 USD
总值 226.794,28 USD
注释
项目
操作 项目编号 产品标识 描述 数量 单位 净值 货币 交货状态 拒绝原因
20 P-102 29 ST 101.413,00 USD 完全交货的
30 R-104 30 ST 108.000,00 USD 完全交货的
主页
工作清单
日历
电子邮件收件箱
客户管理
活动
销售周期
营销性能
销售运行
报告
面板
创建
最近项目

## 3）服务模块

### （1）投诉管理

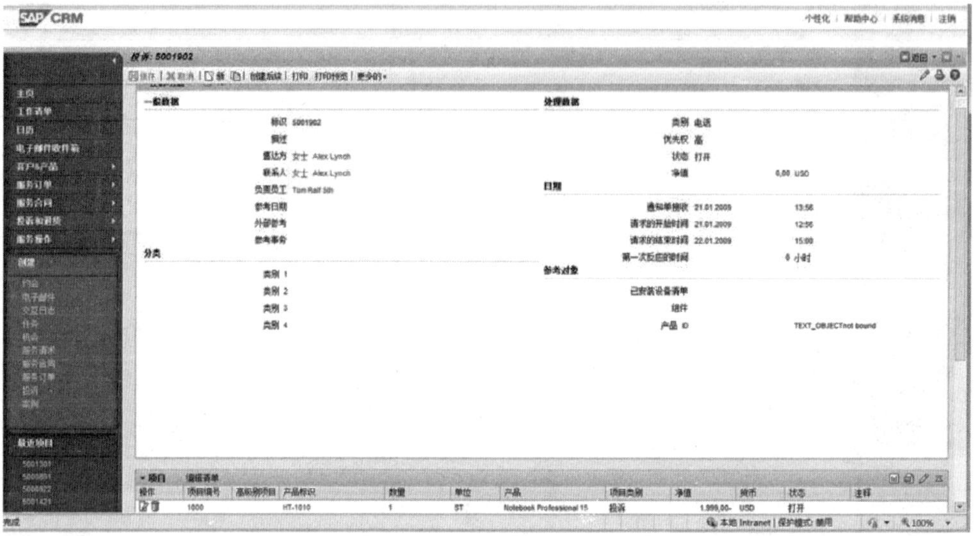


### （2）报修服务

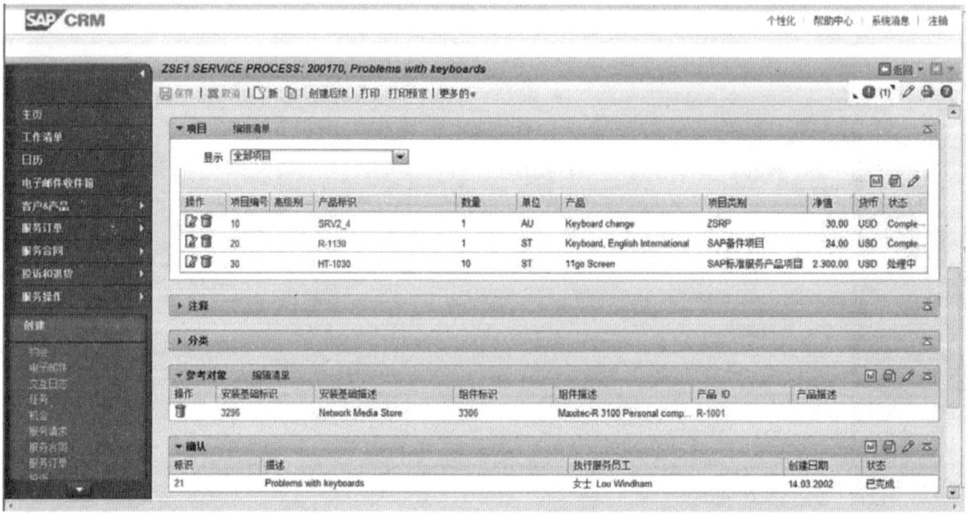

(3) 客户回访

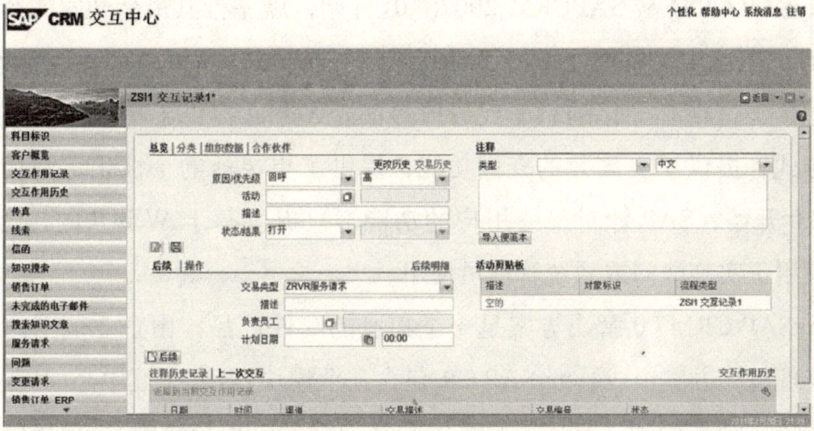


(4) 解决方案（知识库）管理

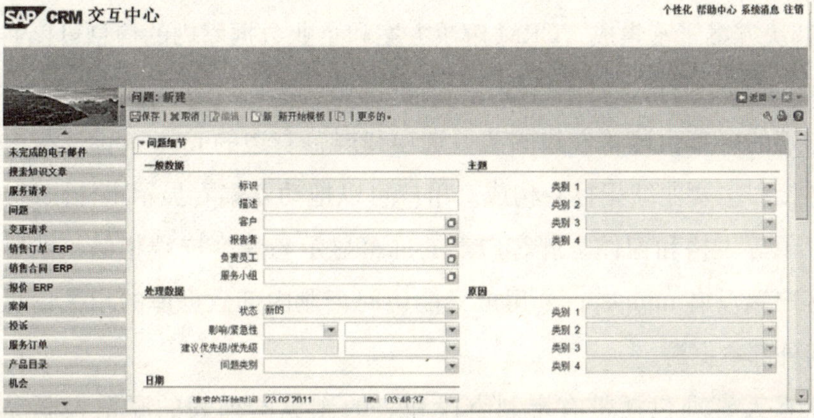


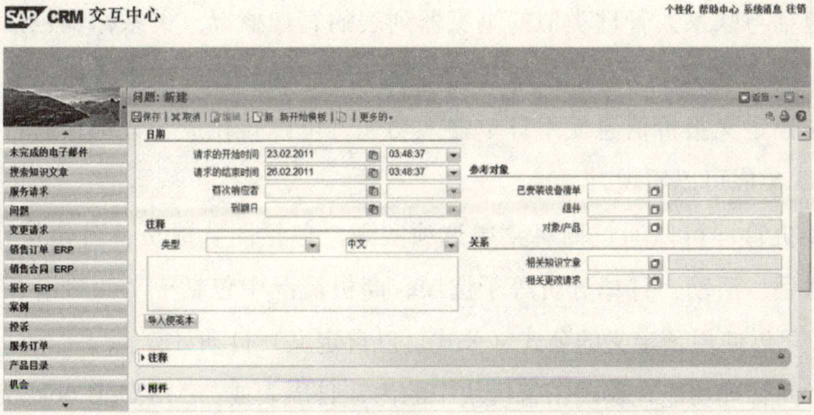

### 5.1.4 总体评论

mySAP CRM 从 SAPCRM 2007(6.0) 开始，就主推其最新开发的交互界面 Web UI，这是 SAP 综合了 SAP Portal 以及 ICWC(Interaction Center WebClient) 的长处，经过精心优化的新一代用户界面。WebUI 提供了更简洁清新的用户操作方式，提供了更高效的查询功能，提供了更灵活的个性化定制功能。从 CRM7.0 开始，SAP 针对最终用户的功能，只提供基于 WebUI 的访问，SAP GUI 只用于实施顾问或系统管理员使用。

mySAP CRM7.0 解决方案是一个集成的套件产品，由企业范围内的客户关系管理解决方案组成。mySAP CR 包含几个模块:客户交互中心(呼叫中心)、移动销售（销售管理、日历、联系人和客户管理、市场营销)、现场服务（订单输入、客户服务）和电子销售（e-Business)。

mySAP CRM 设计进行前台和后台协同，SAP 的 ERP 解决方案可以与 CRM 解决方案紧密集成。CRM 解决方案和企业数据库内的信息可以通过门户的搜索、警报、日历、订单管理、与外部网站链接、新闻来源等功能进行访问。瘦客户端的屏幕由屏幕左边的菜单选项和屏幕右边的 mini-apps（与内部数据源的链接和主要业绩指标）构成。用户可以拖动以察看显示审计跟踪、报警、后台订单等表格和窗体。胖客户端的屏幕显示与瘦客户端相似，主要的区别是胖客户端没有 mini-apps，用户只能访问企业内部数据库的相关信息，而不能访问外部数据源。

联系人管理包括带有定制字段和表的浏览器列表的联系人概况。客户管理包括与联系人管理类似的浏览器列表的客户概况。关系标签包括一个类似 MS-Internet Explorer 的层级树结构显示客户间的业务关系。通过报价菜单选项中预定义报价信息使用订单输入功能。可以转化成为订单，后台功能与 SAPR/3 集成可以实现。

商机管理可以通过商机菜单选项实现，包括团队成员、合作伙伴关系、竞争对手、活动、订单分析等子选项。商机概况中包括一个商机潜在价值的字段。可以使用预定义的公式（公式可以自定义）自动计算。

时间管理功能在移动销售模块中的内建日历表或与 MS-OutLook 双向集成

实现。客户接触功能（比如客户自助服务）和交互支持元素（如 call me now 功能），在网上客户自助服务页面可以提供。人力资源管理包括通过评分方式，计算每个员工的得分，确定哪个员工最适合任务，选择最适合任务的员工。

客户服务功能包括记录抱怨相关的事件信息或错误描述概况。资源规划工具允许用户察看事件相关的员工和资源的可用性。现场服务功能可以通过与可以使用 WAP 的设备、Palm、Pilot、PAQ 和 MS-Pocket PC 设备集成实现。电话营销功能使用户可以汇集呼叫列表并访问动态分析脚本。营销百科全书功能包括信息中心功能、包括文件和网站的知识库，这些通过层级树格式显示，叫做“渠道”。

线索管理增加了包括通过 SAP Business Intelligence Warehouse 与第三方数据库集成，比如 Dun &Bradstreet、A.C. Nielsen 和 IRI，通过多种标准匹配线索。线索认证可以使用动态分支脚本。线索优先权可以通过定制评分权重机制为线索回应调查认证线索。用户同样还可以设置优先权的评分区间（比如大于 75% 的就是热线索，低于 25% 是冷线索）。知识管理功能在 SAP 门户上配置外部数据源比如外部网站的新闻来源。业务分析功能包括访问超过 40 个预定义报表，包括内部、管理分析和业务分析类别。

项目管理包括跟踪并列出项目任务、交付的过程和完成、交付情况以及跟踪项目任务或阶段的资源的可用性、成本、位置和使用情况。mySAP 的员工关系管理提供跟踪对职位的申请并将申请者资格与资格认证表中的定位进行比较。跟踪员工培训和技能以及员工的培训认证。

电子销售模块提供电子业务功能。使用网上销售模块建立前台商店，包括带有产品图片、产品描述和购物车功能的产品目录。前台商店可以提供建立购物车流程、信用卡支付方式和账单（包括运输费用、折扣和税务），直接与信用卡认证数据库链接进行信用卡认证。客户可以通过在网站上输入用户名和密码核对订单，客户还可以通过与 SAP 知识库相连的网站给客户服务人员留言，可以得到一个未来查询的号码。

**附表**

客户数：2300 个公司（CRM 产品）

可用的语言：中文、捷克语、丹麦语、荷兰语、英语、法语、芬兰语、德语、希腊语、希伯来语、意大利语、挪威语、波兰语、葡萄牙语、俄语、斯洛伐克语、西班牙语、泰语。

## 5.2 Siebel

### 5.2.1 概述

Siebel 7.8 是全面模块化的企业 CRM 解决方案。Siebel 7.8 提供联系人管理、客户管理、销售管理、时间管理、客户接触中心、客户服务、现场服务、电话营销/销售、市场营销、线索管理、PRM、业务分析、知识管理、电子业务、项目管理、实时功能、员工关系管理等全面的功能。

Siebel7.8 是基于 web 的应用软件，带有高交互、零足迹的 HTML 客户端。可以在连接和非连接的 MS-Windows 98/2000、MS-Windows ME、MS-Windows XP 和 MS-Windows NT 上运行。N 层结构使得程序可以部署在不同的配置上，包括客户端/服务器结构和手持设备。服务器支持包括 Oracle、MS-SQL Server、Informix、Sybase 和 IBM 的关系数据库。

Siebel7.8 包括以下重要模块和一些特定的模块：Siebel Sales、Siebel Call center and service、Siebel Field Service、Siebel Marketing、Siebel PRM、Siebel ERM、Siebel Analytic、Siebel Real Time Decision、Siebel Wireless 和 Siebel Order Management。Siebel 有下面的针对行业的应用软件：汽车行业、通信和媒体、联合制造、消费品、能源、财务服务、高科技、保险和健康服务、生命科学、工作服务和运输行业。

Siebel CRM 应用软件的实施可以由 Siebel 的顾问或有 Siebel 7+ 认证的联盟合作伙伴完成。使用 Siebel 工具可以增加特定的业务功能和用户定义字段。系统管理员在属性窗口选择字段的类型，并输入字段名称和设置字段的字符长度。Siebel 提供 WYS/WYG 进行窗体编辑。用户使用 WYS/WYG 编辑器通过点击修改字段、字段属性以及显示特征等。使用 Siebel 工具中的业务流程管理功能，可以集成、内建工作流工具。用户可以使用图形界面在工作流程图中建立工作流并使用流程设计功能将他们与用户事件关联或在离线时按计划运行。Siebel Data Mapper 可以从外部应用软件导入 CVS 或 XML 文件的数据，记录之间的字段映射和关系，可以通过 Siebel Data Mapper 设置。

Siebel 为众多行业的大公司实施了自己的软件，比如金融服务、航空、电信和制造等公司。使用阶段化的实施方法实施多种 CRM 产品，实施阶段从三个月到一年不等。厂家声称实施费用和软件许可费用的比率平均为 1:2，取决于实施的需要。

### 5.2.2 评估表

| 编号 | 标准 | 评估 | 备注 |
|---|---|---|---|
| 1 | 业务功能 | | |
| 1.1 | 联系人管理 | 强 | |
| 1.1.1 | 联系人概况 | 有预定义和用户定义的字段。在联系人标签中可以访问联系人相关的信息。比如联系记录、个人联系记录。可以通过下拉菜单输入信息，在大量的标签下显示信息（比如我的联系人、团队的联系人、活动、活动计划、评估、附件、种类、在企业内的关系视图、备注、商机、组织分析、概况、关系等）。可以使用图标记录联系人的职务、状态、角色、关系人、拥有的权力（从服务的角度）。 | |
| 1.1.2 | 组织图 | 可以通过图标理解联系人的位置和级别。用阴影标识影响力比较大的联系人（浅颜色的表示影响力小的，斑点线表示介于二者之间的）基于输入客户概况中的信息自动生成图表。对组织图的修改只能修改影响级别。toggle switch使用户可以在列表中察看客户，可以导出到电子表格或文字处理产品文件中。 | |
| 1.1.3 | 联系历史 | 活动文件夹中包括类型、描述、应完成日期、开始时间、时间阶段等。活动历史包括所有与客户的交互活动的日志，包括销售、市场营销和客户部门发生的，比如会议、演示、陈述、邮件、电话呼叫、信件、服务请求等。可以对活动进行排序或根据时间、类型、描述查询特定的活动。 | |
| 1.2 | 客户管理 | 强 | |
| 1.2.1 | 客户信息 | 存储和察看客户信息的能力很强（比如企业、地址、电话、传真）。还可以跟踪客户的价值和状态。根据成功的可能性，设置客户的优先权并与团队成员共享信息。 | |
| 1.2.2 | 业务关系 | 可以察看带有组织图的与特定客户或商机相关的所有联系人，组织图以图形的形式显示内部和外部联系人之间的关系。供应商和合作伙伴也可以通过列表显示。图表可以根据客户代表、状态显示客户信息，也可以提供区域分析。 | |
| 1.2.3 | 活动管理 | 根据用户的角色显示重要任务。可以察看与每个客户的联系日志（比如电话、任务、约会等）。活动计划窗体允许终端用户设置动态的任务。活动计划可以进行配置，并且为所有完成项目相关的用户自动地分派和计划任务。可以记录和跟踪行动项目，并且为其他团队成员分派任务，确保任务完成。 | |
| 1.2.4 | 订单输入 | 可以购买附加模块Siebel Order Entry，实现支持多币种、复杂定价和多个带有不同交货和付款方式的订单。Siebel Order Entry还支持报价的生成、营销活动、服务请求和RMA。 | |

续表

| 编号 | 标准 | 评估 | 备注 |
| --- | --- | --- | --- |
| 1.2.5 | 订单历史 | 可以跟踪订单的历史信息，包括产品、价格、折扣、订单总额等。生成新订单的时候可以自动地将旧订单的信息填充到新订单中。与经理信息系统的集成使用可以分析订单的历史，跟踪送货的状态、返修情况等等。 | |
| 1.2.6 | 销售合同生成 | 用Siebel Proposal Generator可以生成合同，这是一个全面的合同生成器，可以自动输入来自客户记录的信息。可以根据客户的需求建立或定制销售建议书。可以根据商机的详细信息使用点击功能生成销售建议书的草稿，包括客户对产品的兴趣、相关的决策问题和特定的合同项目等。用户还可以根据Siebel营销百科全书和建议书库中的信息进一步地定制建议书。 | |
| 1.2.7 | 报价单/建议书生成 | 可以根据潜在客户的主要决策问题选择建议书的模板（比如基于价值的建议书或高性能的建议书），根据潜在客户的产品兴趣和竞争对手的建议书情况（比如某产品详细的信息、第二个产品的白皮书、与竞争对手的性价比的比较和PC世界对另一家竞争对手的评价），确定建议书的详细内容。建议书完成之后可以在MS-Word中进行修改。建议书可以独立地发送也可以与其他文件结合，比如间接邮件和信件。 | |
| 1.3 | 销售管理 | 强 | |
| 1.3.1 | 商机管理 | 可以跟踪线索，预测关闭日期或设置合同的关闭日期。可以设置商机中整个行动的计划，并且附加与商机相关的竞争对手、产品和问题相关的信息。使用下拉菜单为商机的每个项目分派销售流程。使用软件中的目标客户销售（Target Account Selling ）(TAS)建立销售方法。自动触发器支持与商机相关的活动计划的执行。 | |
| 1.3.2 | 销售周期管理/销售指标 | 有强大的销售管道分析功能。可以定义销售周期中的阶段，并一个阶段一个阶段地处理商机直至关闭。还可以通过阶段查询并钻取详细信息以衡量关闭的可能性。配额和业绩分析使得每个销售代表和销售经理以图形的方式分析销售目标、公司配额、特定客户、呼叫数量等的进行情况。分析包括图形、表格显示和在线的关于关键业绩指标的陈述。Siebel Sales 提供基本的统计功能，终端用户可以通过源代码或交易类型快速地查到成功/失败的交易列表。Sibel Marketing提供更完善的销售指标，Siebel Marketing包括以图形显示的（二维饼或柱状图、三维饼/柱状图、星形图）竞争对手频率分析、线索来源管道分析和销售代表可能性分析。 | |
| 1.3.3 | 区域联盟/分派 | 可以为合适的销售团队或销售代表分派路由、商机、客户、联系人和其他相关信息。团队成员可以包括来自渠道合作伙伴的外部员工。可以根据地理区域（比如邮政编码、区号、省、州和国家）、交易大小、行业、产品兴趣和指定的客户等指标定义区域。 | |
| 1.3.4 | 活动报告 | 可以进行动态的报表跟踪任务的活动和效果。可以通过客户、类型、状态、联系人和优先权等显示实时的图形（线、饼、柱等）分析。 | |
| 1.3.5 | 地图工具 | 使用Siebel ActiveX applet与地图工具集成，用户可以在Siebel界面内直接访问其他网站或程序。 | |

续表

| 编号 | 标准 | 评估 | 备注 |
|---|---|---|---|
| 1.3.6 | 费用报告 | Siebel费用报表可以根据货币、时间、商机、客户、联系人、变更代码等跟踪费用。自动费用功能可自动获得所有支出，并增加到用户新建的费用报表中。员工的管理者可以准备费用报表，可回收费用也可以加入费用报表中，以提高销售预测的准确性。 | |
| 1.3.7 | 宣传材料/样品管理 | 从下拉菜单中选择发送给联系人的宣传材料或样品，并将请求排入队列中等待完成。宣传材料和样品的费用和运输的成本可以关联到客户、联系人或商机。在产品标签下可以察看宣传材料的存货信息，宣传材料和产品是相互关联的。通过拖拉宣传材料和样品的图标可以将它们分派到联系人列表中的联系人。 | |
| 1.3.8 | 租借管理 | 通过位置、描述、存货状态、所有者、组织跟踪租借的设备。不是现成的功能，需要进行界面配置。 | |
| 1.4 | 时间管理 | 强 | |
| 1.4.1 | 日历 | 日/周/月日历，可以与其他用户共享，包括移动用户。可以与MS-Outlook和Novell Groupwise进行双向集成。厂商声称可以与Lotus Notes双向集成。 | |
| 1.4.2 | 任务列表 | 有多种预定义查询可以帮助用户查询代办事项、本周的活动、针对客户的代办事项。可以快速地察看与事件、联系人或商机相关的活动。用户可以创建和分派活动，或者通过Siebel’s Assignment Manager进行自动分派活动。 | |
| 1.4.3 | 电子邮件 | 可以给其他用户发送电子邮件和页面，可以与MAPI编译的电子邮件包集成，还可以将商机、联系人、客户或其他记录拖拉到电子邮件中。接收邮件的用户可以点击对象（MS-Word文件、联系人/客户/商机记录），在Siebel内无缝地访问这些记录。 | |
| 1.4.4 | 传真 | 可以集成第三方传真包。 | |
| 1.4.5 | 备注 | 为不同的窗体（联系人、客户、商机、事件）附加自由格式的记录和文件。 | |
| 1.4.6 | 交易记录和追踪审计 | 有跟踪创建日期、创建人、更新日期和更新人的时间戳。对服务请求的全部历史都进行记录，并进行审计。建立和更新记录的日期、时间和用户。 | |
| 1.5 | 客户交互中心 | 强 | |
| 1.5.1 | 客户自助服务 | 客户可以通过网络访问事件信息、跟踪服务的状态。客户可以访问最新的服务协议信息，比如当前的服务水平、服务时间、服务协议状态和到期日期。终端用户登陆网站可以获得他们的FAQ答案、服务请求的状态或新增加的服务请求。终端用户提交的服务请求通过Siebel应用软件路由给销售代表。 | |
| 1.5.2 | 自动电子邮件回复 | 在发送信息窗体中可以在列表中选择预定义的回复选项。在发送信息窗体中用户也可以察看接收到的信息。可以与自然语言分解软件集成，自动或手动地选择提示的回复信息。 | |
| 15.3 | 客户概况屏幕弹出 | 在与CTI应用软件紧密集成的CTI条下弹出有客户相关信息的窗体。“call me now”功能将客户路由到销售代表显示实施的客户信息弹出窗体以进行电话回呼。 | |

续表

| 编号 | 标准 | 评估 | 备注 |
| --- | --- | --- | --- |
| 1.5.4 | 交互式日历 | Siebel eService提供交互功能。销售代表和客户使用WEB CHAT功能进行实时交流。厂家声称坐席可以通过集成的语音与客户交流。Siebel eCollaboration利用基于WEB的客户端/服务器结构提供虚拟会议功能。会议可以包括一个或多个用户。 | |
| 1.5.5 | 交互式支持/多媒体门户管理 | Siebel eService提供交互功能。销售代表和客户使用WEB CHAT功能进行实时交流。厂家声称坐席可以通过集成的语音与客户交流。Siebel eCollaboration利用基于WEB的客户端/服务器结构提供虚拟会议功能。坐席代表可以引导客户进行网站浏览，共同填写表单、进行产品演示、控制客户的桌面。会议可以包含一个或多个终端用户，支持自动的服务请求路由，给最佳的认证渠道合作伙伴发送服务请求、客户和联系人，为终端客户提供服务，解决特定服务事件。 | |
| 1.5.6 | 工作力量管理 | 可以将事件分派给有最合适技术的员工。可以参与和支持渠道合作伙伴和经销商以进行团队销售。企业可以建立规则指定销售和服务团队如何建立和维护。包括从其他公司增加团队成员。经理和系统管理员可以全面配置系统，基于任何参数定义专家、团队、区域。这些参数包括员工技巧、销售代表的可用性、区域分派和产品专业技术。通过拖拉功能计划分派。 | |
| 1.6 | 客户服务 | 强 | |
| 1.6.1 | 客户事件分派 | 可以将事件自动地分派给相关的有合适技术、培训和认证水平的销售代表、团队或坐席代表。呼入路由、转移路由和动态分派，支持事件分派。 | |
| 1.6.2 | 事件升级 | 可以将服务请求转移到报告的缺陷中，并发送给下一个合适的级别行动。可以给服务请求关联多个缺陷，为解决事件提供参考。根据政策升级服务请求。坐席代表可以给客户和服务代表发送关于未解决事件的提示信息。 | |
| 1.6.3 | 事件生命周期管理 | 事件服务管理功能从事件开始到关闭进行全程跟踪。可以通过屏幕弹出提示用户紧急的事件行动。实时更新，使用户可以跟踪事件的状态并且钻取记录的详细信息。 | |
| 1.6.4 | 问题解决方案数据库/查询 | 在事件概况中可以输入事件问题解决方案的详细信息。使用关键字查询可以在Siebel数据库中查询问题解决方案。 | |
| 1.6.5 | 事件报告 | 有强大的事件报表能力。可以打印与特定事件相关信息的报表。通过时间、状态、严重性、所有者、关闭的服务请求等进行趋势分析。还可以提示客户问题的解决方案。 | |
| 1.6.6 | 订单管理 | 通过客户、联系人跟踪订单或在包含状态、位置、定价、满足程度、投递方式、免税状态折扣价和其他订单相关信息的列表中跟踪订单。可以根据选定的触发器（比如存货数量、存货周期等）自动生成订单。 | |
| 1.6.7 | 返修授权管理和分析 | 可以跟踪返修类型、返修材料和RMA号、优先权、状态、联系人姓名、客户名称、客户地址、描述、请求日期、审批日期、创建人、更新人、产品、零件号、数量和条码。RMA和服务订单可以在Siebel Field Service内进行处理。 | |

续表

| 编号 | 标准 | 评估 | 备注 |
|---|---|---|---|
| 1.6.8 | 服务水平协议/售后服务管理 | 可以访问诸如服务水平类型、日历小时、响应时间、联系人、支持类型、开始日期、到期日期和服务水平费用。在弹出窗体中可以显示完整的服务水平选项。Siebel Call Center和Field Service都有多层的售后服务管理能力。可以跟踪售后服务的类型和名称、描述、开始日期、期间、到期日期、地址、提供者、联系方式和其他相关数据。权利范围可以包括强制的价格协议。 | |
| 1.7 | 现场服务管理 | 强 | |
| 1.7.1 | 呼叫处理/分派/计划/工作力量管理 | 根据产品专长、指定的客户、有效性、地理位置等自动给最适合的员工分派任务。坐席代表可以使用Siebel Assignment Manager实时地通知客户任务的分派信息。通过Workflow Manager实现升级。 | |
| 1.7.2 | 存货管理 | 使用Siebel Service Inventory可以实时跟踪存货。存货可以用多地点和和级别进行跟踪（比如干线存货、现场办公室、服务仓库、维修中心、第三方物流、维修商、通道、货架和货柜，使组织可以紧密或宽松地控制各处的存货，自动地补充库存。客户服务代表、现场服务工程师或物流经理用part locator实时地获得零件的可用性和零件信息。RMA和服务订单可以在Siebel Field Service应用软件中处理。 | |
| 1.7.3 | 问题解决管理 | 使用Siebel Field Service建立、分派和管理客户服务请求。用户可以访问客户的工作环境、概况、已有的问题、相关的产品问题和服务协议信息。在将服务转给现场服务坐席时，系统提供全面完整的服务和购买历史，包括所有的客户交互和尝试的解决方案。这包括简短的和扩展的问题描述、问题分类、多级的严重性和优先权划分，以及完整的状态跟踪，包括开始和关闭日期和时间。 | |
| 1.7.4 | 时间和费用报告 | 可以跟踪销售代表的姓名、客户、期间、开始/结束日期、状态、提交给、转化率、货币、信用卡号和通过审批的费用。时间和费用数据可以附加到一个客户或联系人以衡量服务客户的费用。 | |
| 1.7.5 | 远程知识管理 | 使用移动WEB客户端或手持设备访问Siebel问题解决方案数据库。Siebel Service Assistant提供关于服务交付和程序的最佳实践和指南。 | |
| 1.7.5 | E服务 | 客户利用eService Module可以获得自助服务和辅助服务。可以对解决方案、FAQ等全文进行搜索。可以提交和评论问题，注册和管理采购和资产，使企业最近的分支通过电子邮件、邮件、电话联系客户。 | |
| 1.7.6 | 无线应用能力 | Siebel Store-and-Forward Messaging和Siebel Handheld Applications提供无线应用能力。比如，一个移动技师使用Siebel Handheld Applications和Siebel Store-and-Forward Messaging可以接收分派给自己的活动、确认活动、更新活动状态或汇报分派给自己的活动。Siebel Store-and-Forward Messaging使移动用户可以实时或接近实时地交流所有信息。使用back-end Siebel Application Server。 | |
| 1.7.7 | 无线应用能力模式 | Store-and-Forward Messaging提供Siebel eBusiness Applications和 Siebel Handheld Applications之间的信息传递。Store-and-Forward Messaging确保数据被传递并且只使用IBM WebSphere MQ Everyplace queuing系统传递了一次。MQ queuing系统支持有线和无线的基于TCP/IP的连接。 | |

续表

| 编号 | 标准 | 评估 | 备注 |
|---|---|---|---|
| 1.8 | 电话营销/销售 | 强 | |
| 1.8.1 | 呼叫管理 | 通过查询生成联系人列表的呼叫列表。可以将一个呼叫列表关联到多个营销活动。分派经理可以根据预定义标准将呼叫列表分派给合适的坐席代表。呼叫规划支持自动分派、填充字段、访问宣传材料和重新分派附件。 | |
| 1.8.2 | 脚本 | 强大的动态分支脚本功能可以定义呼叫脚本并将脚本关联到一个营销活动。可以将脚本归类到支持IE浏览的表格中。潜在客户对解答和未解答的问题的分析，可以通过智能脚本确认一个线索。支持平均响应权重。 | |
| 1.8.3 | 呼叫记录 | 可以列出呼叫并进行一对一的脚本标记，在呼叫处理中通过备注和点击数据输入更新呼叫状态。经理可以钻取详细的呼叫记录并察看交谈内容或审计客户查询。 | |
| 1.8.4 | 呼叫统计/报告 | 可以记录并查询呼叫的结果，比如呼叫的时长、呼叫的细分（比如呼入的认同、转接或呼叫隐藏）。 | |
| 1.8.5 | 自动拨号 | 内置的与第三方软件CTI工具集成的工具可以实现自动拨号。 | |
| 1.9 | 市场营销 | 强 | |
| 1.9.1 | 市场营销管理 | 建立市场营销活动和子营销活动。根据特定标准选择组或外部联系人参与营销活动。用图标和统计分析确定某阶段内营销活动或事件的效果。可以访问营销计划并计划在营销活动中使用的战术。用Program Flow Feature功能可以设置类似visio的流程图。电子邮件引发服务器使用户可以为电子邮件营销服务活动设置电子邮件的建议和模板,可以跟踪电子邮件及其回复情况。 | |
| 1.9.2 | 市场营销细分工具 | Siebel Segment Manager 和Siebel Data Mining Solutions提供市场营销细分工具。 | |
| 1.9.3 | 市场营销（媒体）百科全书 | 可以访问产品信息、竞争者信息、决策支持或在线宣传、材料。用户可以用网络或服务器接收实时的更新。通过电子邮件或传真给联系人发送文件。 | |
| 1.9.4 | 预测模型工具 | 使用Siebel Data Mining 和 Siebel Analytics可以进行预测和描述模型，从而进行细分和确定优化选项。Siebel Data Mining是进行培训和建立统计模型的数据挖掘解决方案。厂家声称支持CHAID、XAID、K-Means 和 Entropy 决策树、 multi-layered perception,time series analysis、 radial basis formation 和 probabilistic neural nets、linear and logistic regression。使用Siebel Intelligent Interaction Manager通过外部预测模型工具比如SPSS、SAS，确定最适合客户的产品。 | |
| 1.9.5 | 产品价格配置器 | Siebel Product 和 Catalog Management、 Siebel Pricing Management和Siebel Product和 Pricing Management配置产品/价格，可以额外付费作为Siebel Customer Order Management Suite的一部分。 | |
| 1.9.6 | 客户生命周期价值 | 可以通过图形跟踪客户的生命周期价值，还可以跟踪诸如审批通过的、等待审批的、预定的、取消的和关闭等状态的客户生命周期价值，厂家声称支持基于最近购买日期、购买频率、价值（RFM）的客户生命周期分析。 | |

续表

| 编号 | 标准 | 评估 | 备注 |
| --- | --- | --- | --- |
| 1.9.7 | 客户调查管理 | 没有演示。 | |
| 1.9.8 | 宣传资料提供 | 用户可以自动发送带有地址的邀请、感谢信，以及其他相应的文件给一个或多个联系人。在完成队列中可以设置文件请求。使用基于中心和区域的满足方式。 | |
| 1.9.9 | 文字处理能力 | 可以与MS-Word集成书写信件、邮件合并和建立标签。Siebel Office correspondence and fulfillment system自动处理书信的发送、客户满意度调查和发送宣传材料。 | |
| 1.10 | 线索管理 | 强 | |
| 1.10.1 | 优化 | 有内建的软件自动地从其他数据库中提取与线索匹配的附加信息。Dun & Bradstreet使用数据认证功能可以清理数据。输入系统的客户信息自动标准化（缩写、地址、邮编等）。 | |
| 1.10.2 | 培育 | 可以设置执行活动的工作流，比如在第一次联系的6周后周期性地发送电子邮件，鼓励客户购买或仅仅是发送新闻列表。 | |
| 1.10.3 | 资格确认/设置优先权 | 使用工作流管理器几乎可以基于任何标准自动地确认线索的业务规则（比如地位/职务、邮编、产品）。Siebel SmartScript可以提供更多的确认功能。此外使用Siebel Sales Assistant终端用户可以基于线索的主要特征确认线索（比如以前购买的产品、潜在客户对部署的预算和时间安排等），使用工作流管理器几乎可以基于任何的特征设置线索的优先权。 | |
| 1.10.4 | 路由 | 使用Siebel Assignment Manage可以将新线索根据预定义的业务规则路由到最佳的销售团队（产品、兴趣、行业、地理位置等），可以将线索路由到内部和外部的销售团队成员（比如员工、合作伙伴），执行提醒的工作流对响应时间计时。 | |
| 1.10.5 | 跟踪 | 可以使用来源、管道位置和销售阶段跟踪线索，不论是成功还是失败的，线索来源图显示线索的来源，线索确认图显示高质量和低质量的客户的比例，使用户可以集中精力在高质量用户上。 | |
| 1.11 | 合作伙伴关系管理 | 强 | |
| 1.11.1 | 渠道计划管理 | 使用Partner Manager、 Partner Portal 和Partner Program Management功能在客户活动列表中跟踪渠道相关的活动。在费用账户中可以保存营销活动的分销信用信息。使用proposal generator可以自动生成合作伙伴协议。通过合作伙伴定位功能使合作伙伴可以基于位置请求协助。分销机构按照商机处理。合作伙伴管理标签可以设置合作伙伴的组织或联系人等。 | |
| 1.11.2 | 商机管理 | 自动地将基于系统内部设置的分派规则给销售团队渠道合作伙伴（比如系统集成商基于交易的大小、位置和细节选择）。根据对合作伙伴的评分，确定合作伙伴与商机的适宜性。发送更新选项用于向合作伙伴数据库中发送更新信息。 | |
| 1.11.3 | 报表能力 | 渠道合作伙伴建立或更新的商机可以自动地加入渠道经理的预测中。渠道合作伙伴的信息每周更新一次或两次以支持预测。预测还支持合作伙伴分析、支持Ad hocl 和预定义报表。 | |
| 1.11.4 | 销售管理 | 使用Siebel Sales Assistant可以管理渠道销售过程和最佳实践，合作伙伴也可以选择宣传材料发送。 | |

续表

| 编号 | 标准 | 评估 | 备注 |
|---|---|---|---|
| 1.11.5 | 市场营销 | 使用Siebel Assignment Manager可以将系统内部的营销活动的呼叫列表分派给合作伙伴。合作伙伴还能获得产品功能、产品定价信息、和复杂的报价功能。宣传材料标签下有竞争差异（比如白皮书和其他市场营销材料）。 | |
| 1.11.6 | 线索管理 | Siebel Assignment Manager可以进行线索分派，Siebel SmartScript和Siebel Assignment Manager还可以进行线索评分。 | |
| 1.11.7 | E服务 | 使用协同服务产品察看列表形式的服务请求，并可以钻取事件记录跟踪状态、描述、所有者、开始时间、结束时间和解决方案。 | |
| 1.11.8 | 合作伙伴协议 | 显示包含名称、类型、日期、所有者的协议列表，并可以钻取详细信息比如项目和条件，文件可以附加到记录中方便读取。 | |
| 1.12 | 知识管理 | 强 | |
| 1.12.1 | 信息来源 | 可以接收来自Siebel InterActive的信息，Siebel InterActive为用户提供关于客户和商机等的信息。用户在Siebel客户端内可以直接新建web门户或新闻来源，使用Siebel电子门户可以为内部和外部用户建立门户（员工、合作伙伴等）。 | |
| 1.12.2 | 信息附件 | 可以将文件拖拉到客户、联系人和商机中，并且可以钻取详细信息，文件附件可以与服务器自动同步，并且提供给发出请求的用户。其他的附件比如建议书、白皮书可以存储在营销百科全书中。 | |
| 1.12.3 | 搜索引擎 | Siebel搜索工具为用户提供在Siebel数据库中进行关键字和全文查询。搜索结果按照相关性进行保存。Siebel高级搜索功能有自然语言功能，比如模糊、接近项目控制和词语堵塞等。 | |
| 1.12.4 | 界面引擎 | 通过与Fulcrum的集成访问搜索引擎，可以搜索文件的文本和数据库的记录。 | |
| 1.12.5 | 文件管理 | Siebel百科全书使用户可以访问企业营销信息知识库信息（比如产品信息、竞争信息、决策支持和在线文献等）。客户服务代表可以察看相关问题的建议和访问相关的技术信息，并且可以发布信息使所有的系统用户都可以使用。几乎可以将任何桌面文件拖拉到Siebel系统中。内建的沟通功能使得用户可以立即以电子邮件、网络、传真或自动响应和履行与客户进行交流。 | |
| 1.13 | 业务分析 | 强 | |
| 1.13.1 | 预定义报表 | 有很多易于理解的预定义报表，用垂直和水平的柱和颜色代码图标表明报表中的元素。 | |
| 1.13.2 | 用户定义报表 | 使用Query-by-Example功能定制报表。 | |
| 1.13.3 | 预定义查询 | 有很多预定义查询，用户可以增加其他的查询，这些查询可以发布为公用的也可以是私有的。 | |
| 1.13.4 | Ad hoc查询（案例查询） | 有建立和保存查询的扩展能力，可以在Query-by-Example和Siebel Answers功能中建立和保存查询。在Siebel Answers中用户可以得到实时的业务查询的答案。 | |
| 1.13.5 | 自动向上/向下钻取能力 | 基于预定义的规则进行向上钻取，同时预测支持实时的更新，可以由有权限的用户进行调整（编辑、修改、视图、删除、包括和执行）。 | |

续表

| 编号 | 标准 | 评估 | 备注 |
|---|---|---|---|
| 1.13.6 | 预测/规划工具 | 预测模块可以跟踪商机的收入、商机中产品单位价值、销售代表的收入，预测还支持多货币和自动货币转换。 | |
| 1.13.7 | 图表或统计建模工具 | 可以生成多种图表，包括察看相关的弹出窗口，Siebel Data Mining产品中有统计模型工具。 | |
| 1.13.8 | 仪表盘/显示主要指标的门户界面 | 在Siebel Analytics中用Siebel内的图表或图形可以跟踪关键的业绩指标（包括每日的活动、新线索、新客户、热门服务请求、客户新闻、竞争对手新闻等）。My Analytics选项可以加入用户的主页中（在Siebel Analytics中与特定用户相关的信息）。可以用服务请求、请求类型和使用的资源来分析客户，用户可以钻取图表获得详细信息。 | |
| 1.13.9 | 门户集成到CRM应用软件 | Siebel Eportal产品与Siebel应用软件100%的兼容。 | |
| 1.13.10 | 网站更新变化提醒 | 可以在网站中做书签并将更新过的网站以列表的形式显示出来。 | |
| 1.13.11 | 提醒/闹钟功能 | 使用Siebel日历和Siebel工作流管理可以访问内建的提醒和闹钟，当有重要的会议时Siebel日历会提醒用户，工作流会通知用户紧急的服务请求或重要的新线索。通知的形式包括电子邮件、弹出信息、信息广播或页面。 | |
| 1.13.12 | 实时分析能力 | Siebel Analytics支持实时分析，可以访问，在关系的、多维的、外包和基于XML的系统中，访问Siebel eBusiness内部和外部数据仓库和开放数据源中数据信息。用户在My Analytics中可以访问实时分析数据。 | |
| 1.14 | 电子业务 | 好 | |
| 1.14.1 | 定制 | 表单格式中有基于角色的定制选项，可以改变颜色、字段宽度和字段顺序来定制软件。 | |
| 1.14.2 | 门户能力 | Siebel电子门户为用户（比如企业员工、供应商、合作伙伴等）提供内部和外部的信息，可以访问新闻、地图、履行服务、销售秘诀、注册类别、网络/公告板功能、挖掘工具、办公服务，和进行客户、联系人和商机管理的Siebel Sale之类的销售工具。门户还可以定制以显示My Program Plan、My Analytics、My Calendar之类的信息。 | |
| 1.14.3 | 门户合成应用软件 | 复合应用软件结构是一个全面的框架，使企业将以前的技术投资与Siebel应用软件一起使用，无缝地将信息和服务集成到业务流程中来。<br>Siebel Smart Web Architecture支持各个层次的快速的扩平台的集成，在Siebel7.8中，外部组件可以作为直接基于外部表的新Siebel业务组件引入，用户可以配置使用任何支持Siebel应用软件的RDBMS中的数据的外部业务组件，Siebel7.8支持两种核心的网络服务标准：SOAP 1.1版本和WSDL1.1版本。 | |
| 1.14.4 | 内容管理 | Siebel InterActive之类的产品可以用于终端用户订阅关于他们感兴趣的客户、竞争对手的目标信息。可以发布产品信息、宣传材料、定价和配置Siebel Sales中的规则。 | |
| 1.14.5 | 前台商店 | 可以使用eSales产品作为中心机制建立定制的前台商店，产品种类有一个层级的结构并带有层级的导航，可以为产品添加图片信息。 | |

续表

| 编号 | 标准 | 评估 | 备注 |
|---|---|---|---|
| 1.14.6. | 订单/交易处理 | 自动地将报价单转化为订单，牵引合适的信息到账单、送货、定价、产品数量等。订单可以自动地提交到后台，后台的其他信息在送货完成之后会返回前台。 | |
| 1.14.7 | 交叉销售 | 可以察看产品对比窗口，终端用户可以逐一地对比一个或多个产品，基于潜在客户的主要决策问题实现从一种模式向另一种模式的升级销售。在报价窗体中也可以生成升级销售信息，终端用户可以基于产品销售的数量了解可能的折扣。 | |
| 1.14.8 | 在线客户行为分析和报告 | 在Siebel Marketing中可以访问实时的点击流信息和响应信息及分析。 | |
| 1.15 | 供应链管理 | 有限 | |
| 1.15.1 | 电子采购 | 当前版本不可用。 | |
| 1.15.2 | B2B界面/软件包 | 当前版本不可用。使用EAI可以配置其他的交换和软件包。 | |
| 1.15.3 | 物流管理 | 用Siebel Service Inventory可以实时地察看存货信息，可以跟踪多个地点和级别的存货详情（比如干线存货、现场办公室、服务仓库、维修中心、第三方物流、维修商、通道、货架和箱柜等）。企业可以紧密或宽松地控制不同地区的库存，自动补给功能中可以设置最大和最小数量。销售代表、客户服务代表、现场服务工程师或物流经理可以访问零件的可用性和零件信息。返修材料和授权及服务订单可以在Siebel现场服务软件中进行处理。 | |
| 1.15.4 | 产品生命周期管理 | 厂家声称使用Siebel业务集成应用软件可以与第三方客户生命周期管理产品包集成。 | |
| 1.16 | 项目管理 | 强 | |
| 1.16.1 | 项目任务/交付情况管理 | 可以使用Siebel专业服务模块勾勒出项目的细节，详细的功能包括带有项目汇总信息的项目标签和项目概况视图，视图中包括联系人标签、发票、备注、订单、组织分析、合作伙伴、收入、服务请求、转包商、任务、团队业务手册等，任务标签包括姓名、类型、项目描述、应完成日期、状态、优先权、上层任务和前提任务之类的列名，项目管理功能可以与MS-Project集成。 | |
| 1.16.2 | 承包商/子承包商关系 | 用转包商标签、客户名、地址、角色、主要电话、专业知识、关系（可以有多个转包商关系）和订单号。 | |
| 1.16.3 | 项目资源定位 | 使用团队业务手册为项目使用和选择人员，包括角色、用户ID、姓名、开始、结束、效率、（参与的）总评估小时、总比率、分派状态和其他分配细节。还可以指出和选择参加项目团队的特定的技术和资格。可以察看人员可用性和义务的甘特图。 | |
| 1.16.4 | 时间/费用管理 | 通过费用报表和费用项目的详细信息察看时间费用信息。费用报表包括开始、结束、类型（定期航线）、总额、汇率、转换数量、描述、可回收费用、级别等等。费用的详细信息包括详细的项目（比如住宿、里程）。费用报表可以进行审判和拒绝。 | |
| 1.17 | 员工关系管理 | 强 | |
| 1.17.1 | 工作定位/申请者认证 | 通过对现有Siebel ERM功能的定制的职位和资格信息。 | |

续表

| 编号 | 标准 | 评估 | 备注 |
|---|---|---|---|
| 1.17.2 | 员工业绩 | Siebel ERM功能提供集成的多级业务管理系统，将各个业务单元、部门、团队和个人的目标与总体的目标进行协同。个人业绩种类包括职业生涯管理、资格管理和业绩管理。管理者可以监控实现目标的流程，并传递结构化、时间化的业绩视图。 | |
| 1.17.3 | 员工培训、技巧 | Siebel ERM提供WEB学习系统，包括培训选项，诸如技术发展教程注册。企业可以在My Training文件夹中提供班级和课程时间表并察看课程，为每个员工的技能建立文件，确定合适的授课方式和地点。并且跟踪用户的参与，以确保技术差距在随时间而缩小，可以基于用户的角色和/或地位推荐课程。还有项目简单列表，显示姓名、状态、时间信息、传递状态和完成的百分比。 | |
| 1.17.4 | 佣金管理 | 可以与Motiva incentive compensation management（Siebel已经收购了Motiva）应用软件集成进行佣金管理。可以访问员工的佣金管理模型。 | |
| 1.17.5 | 设备管理 | 使用ERM资产管理功能，用户可以跟踪、管理和监控他们的物质资产，可以用帮助台察看与个人相关的资产和钻取概况视图，显示资产号、序列号、上级资产号、资产描述、产品、零件号、状态、运行状态、客户、地址、所有权、所有者、安装日期等。 | |
| 2 | 技术特征 | | |
| 2.1 | 工作流 | | |
| 2.1.1 | 流程配置能力 | 管理人员使用Siebel工作流可以通过图形来定义、自动化和管理业务流程和应用软件过程流。还可以通过点击基于文本的工作流的工具修改工作流。 | |
| 2.1.2 | 警报/通知 | 可以通过页面和电子邮件发送提醒，动作包括更新数据库记录或运行定制的程序。 | |
| 2.1.3 | 任务分派 | 使用分派管理规则自动地分派和再分派任务。 | |
| 2.1.4 | 工作流定制 | 工作流定制通过中央控制，终端用户可以选择系统管理员提供的工作流设置，规则可以很普通（寻找特定类型的商机）或很特殊（比如A类商机执行X，B类商机执行Y）。 | |
| 2.2 | 结构一致性 | | |
| 2.2.1 | 是否所有软件模块采用同一种结构? | 是。 | |
| 2.2.2 | 是否所有的软件模块无缝地集成? | 是。 | |
| 2.3 | 技术细节 | | |
| 2.3.1 | 支持的台式机/笔记本操作系统 | MS-Windows 98/2000、MS-Windows XP、MS-Windows ME 和 MS-WindowsNT、Solaris 8、Apple Mac OS 9、Apple Mac OS 10。 | |
| 2.3.2 | 支持的手持设备操作系统 | Palm OS、MS-Pocket PC、MS-Windows CE、BlackBerry。 | |

续表

| 编号 | 标准 | 评估 | 备注 |
|---|---|---|---|
| 2.3.3 | 应用服务器支持的操作系统 | MS- Windows 2000 Server、MS-Windows NT,、Sun Solaris 8、IBM AIX 5L v.5.1,、HP-UX 11i。 | |
| 2.3.4 | 支持的无线技术 | 支持WAP 和HTML浏览器的无线手持设备。<br>从 Siebel Application Server用 SMS、WAP Push、email和其他信息协议发送无线信息。Siebel Wireless Interoperates使用主要的WAP、HTTP和SMS网关服务器生成WML和HTML，确保最好的支持无线设备。 | |
| 2.3.5 | 容量 | 6到5000个用户。 | |
| 2.3.6 | 每个应用服务器支持的用户数 | 700到900，取决于应用软件。 | |
| 2.3.7 | WEB服务能力 | 厂家声称Siebel应用软件是运行在Universal Application Network中，Siebele Business全面支持WEB服务，使得Siebel eBusiness Applications、Microsoft NET 和基于J2EE应用软件可以互用。Siebel 7.8 支持将业务服务和业务流程作为WEB服务，以及调用内部定义的WEB服务。 | |
| 2.3.8 | XML集成 | Siebel工具包括生成基于XML DTD集成对象、Siebel业务对象等的向导。XML信息支持Siebel电子业务应用软件和外部业务软件之间使用不通传输机制的XML格式的信息交换。 | |
| 2.3.9 | SOAP集成点 | Transport Adapters提供现成的与外部协议的低层连接，比如SOAP、IBM MQSeris、Microsoft MSMQ,、Microsoft BizTalk和HTTP 以及application-specific APIs。 | |
| 2.3.10 | XSLT和CSS支持 | Siebel通过主动UAN支持XSLT。 | |
| 2.3.11 | ERP集成 | Siebel有打包好的与SAP、PeopleSoft 和 Oracle的集成器。 | |
| 2.3.12 | 点解决方案集成 | Universal Application Network是一个基于标准的解决方案，扩展企业中用于解决复杂的多应用软件业务流程集成问题，支持与来自IBM、SeeBeyond、TIBCO、Vitria、WebMethods和Microsoft的解决方案的集成。除了Universal Application Network之外，Siebel还支持EAI与外围设备集成的工具。 | |
| 2.3.13 | 大量邮件分派 | Siebel Marketing提供针对目标对象的定制电子邮件内容，以及一封电子邮件内的动态内容。利用客户概况的信息控制包含和排除的HTML和文本内容，全面支持基于HTML和文本的电子邮件，多部分MIME或群发邮件，还支持从第三方软件导入邮件内容。 | |
| 2.3.14 | 电话交换和/或PBX集成 | Siebel Communications Server通过适应通信层提供了开放的界面，用户可以将第三方软件产品比如CTI中间件、邮件服务器和传真服务器集成到通用通信服务结构中。 | |
| 2.3.15 | 开发使用的编程语言 | C++、Java、SQL。 | |
| 2.3.16 | 软件结构 | N层对象结构。 | |

续表

| 编号 | 标准 | 评估 | 备注 |
| --- | --- | --- | --- |
| 2.3.17 | 当前结构发布日期 | 10， 2005。 | |
| 2.3.18 | 第一款软件发布日期和平台 | 1995 – MS-Windows 3.1、 MS-Windows 95、MS-Windows NT。 | |
| 2.3.19 | 最后的软件发布日期和平台 | 2005 – MS-Windows 2000 Server、MS-Windows NT、Sun Solaris、IBM AIX<br>5L v. 5.1、HP-UX 11i。 | |
| 2.3.20 | 安全结构 | Siebel Smart Web Architecture支持广泛的授权和访问控制，隐私机制是基于开放授权机制的，这种授权机制带有支持定制开发授权适配器(custom-developed authentication adapters）的定义好的API。Siebel Smart Web Architectureti提供支持基于LADP的目录服务器和基于数据库授权的授权适配器（authentication adapters）。 | |
| 2.3.21 | LDAP编译 | 有现成的支持Netscape的 LDAP server的功能。 | |
| 2.3.22 | 支持目录 | 目录服务器可以集中的管理用户，减少对于大量用户的外界环境管理的需要。 | |
| 2.3.23 | 台式机/笔记本客户端最低硬件配置要求 | 零足迹瘦客户端－最低要求是支持WEB浏览器。<br>离线客户端－PII－500MHZ、64M RAM、2GB硬盘。 | |
| 2.3.24 | 应用服务器最低硬件配置要求 | 对于Windows NT 双核Pentium Pro 200，最少256M内存，Solaris 操作系统环境下，a dual processor 300 MHz SPARC 或兼容机 最少256 MB RAM。CPU和内存的大小随用户数量和部署的Siebel服务器组件的数据的增加而增加。 | |
| 2.3.25 | 手持设备最低硬件要求 | Palm Palm OS 3.5 或更高， 8 MB RAM。<br>HPC2000 - StrongArm 处理器， 32 MB RAM。 | |
| 2.3.26 | 软件开发和定制使用的工具包 | MS-Visual Studio (COM/.NET)、Rational Clear Case、IBM Websphere 的(for J2EE/Java 集成) Java development tools和BEA Weblogic。还使用Actuate Reports server和 Resonate Central Dispatch。Siebel Tools 客户定制Siebel应用软件的工具。 | |
| 2.3.27 | 支持的数据库服务器 | IBM DB2 UDB 7.2、 IBM DB2 for z/OS 和 OS/390 v. 7、Microsoft SQL Server<br>2000、 Oracle 8i,、9i,、Sybase Adaptive Server Anywhere 8.0。 | |
| 2.3.28 | 应用服务器软件 | Siebel Application Server。 | |
| 2.3.29 | COM/CORBA编译 | Open Object Interfaces (APIs)使用标准技术比如COM、CORBA和Java，将Siebel eBusiness Applications中的对象与外部环境建立链接。 | |
| 2.3.30 | 软件包提供的桌面数据库 | Siebel Remote中有SQL Anywhere。 | |
| 2.3.31 | 软件提供的手持数据库 | Siebel Handheld 包括Mobile databases 。 | |
| 2.3.32 | 数据库协议 | ODBC 编译。 | |
| 2.3.33 | 连接模式 | 全面支持 LAN、mobile w/sync、handheld、browser、WAP/wireless。 | |

续表

| 编号 | 标准 | 评估 | 备注 |
|---|---|---|---|
| 2.3.34 | 服务器客户端同步 | 是。 | |
| 2.3.35 | 服务器到服务器数据同步支持 | 是。 | |
| 2.3.36 | 支持的门户技术工具 | 支持门户技术(比如, MS Digital Dashboard)。 | |
| 2.3.37 | 多数据源门户界面EII解决方案 | Siebel系统提供开放的框架来定义应用到WEB服务中的新业务服务和业务流程 。定义新业务服务和业务流程用Tools or the Siebel Business Process Designer完成通过使用Siebel Application Service 界面框架定义新业务服务，客户可以在Siebel CRM应用软件和其他系统之间建立集成点。业务服务定义之后，客户选择将其发布为WEB服务或应用 Siebel eBusiness平台支持的不同的集成技术，包括COM、 CORBA、Java、MQSeries或 MSMQ。 | |
| 2.3.38 | 直接信息能力 | Siebel 的 eCollaboration产品提供交谈功能。此产品通过 Call Center agent interface和eService customer interface部署。 | |
| 2.3.39 | 语音识别支持 | Siebel Voice incorporates、 Nuance speech recognition。完全支持客户、联系人、活动、商机和订单的查询。完全支持自动呼叫联系人的手机、办公电话等。 | |
| 2.3.40 | 对瘦客户端的支持 | 通过Active X、Java、 HTML或Netscape plug-in全面支持 Internet delivery。 | |
| 2.3.41 | 源代码可用和包括 | 没有源代码。 | |
| 2.3.42 | Office 产品集成 | MS-Office套件。 | |
| 2.3.43 | 组件软件的双向集成 | 与MSOutlook和 Novell GroupWise双向同步联系人和日历。 | |
| 3 | 实施 | | |
| 3.1 | 集成 | | |
| 3.1.1 | EAI工具 | Siebel 为EAI（企业应用软件集成）和数据交换提供三种主要解决方案：<br>Siebel EAI 提供全面的在 Siebel和其他应用软件之间建立点对点集成解决方案的工具。<br>Siebel Enterprise Integration Manager (EIM)在Siebel 应用软件和其他系统之间进行数据库层的数据复制，并提供高性能输入和导出大量数据功能。<br>Universal Application Network (UAN) 基于标准的结构，基于世界主要技术公司的协同部署业务集成。建立在UAN上的Siebel业务集成应用软件提供丰富的预先做好的软件包库。横跨企业内外多应用软件特定行业的集成流程。Siebel业务集成应用软件运行在行业主要的集成服务器上。 | |
| 3.1.2 | EAI供应商合作关系 | Siebel 与集成服务器提供商诸如 BEA、IBM、Microsoft、SeeBeyond、TIBCO和 webMethods有合作伙伴关系。 | |

续表

| 编号 | 标准 | 评估 | 备注 |
|---|---|---|---|
| 3.1.3 | OTLP集成能力 | Siebel通过Siebel EAI、 Universal Application Network和Siebel Business Integration Applications提供实时功能。 | |
| 3.1.4 | 批集成能力 | 为进行大量批集成，Siebel为客户提供Siebel Enterprise Integration Manager (EIM)，在Siebel 应用软件和其他系统之间进行数据库层的数据复制，并提供高性能输入和导出大量数据功能。 | |
| 3.1.5 | 例子和模板集成 | 作为 UAN的一部分，Siebel 系统的Siebel业务集成应用软件提供丰富的、预先做好的软件包库。横跨企业内外多应用软件特定行业的集成流程。Siebel业务集成应用软件提供跨行业的客户生命周期管理、订单管理、产品和目录管理、合作伙伴管理、销售管理、服务管理和员工管理。Siebel业务集成应用软件还提供特定行业的流程比如汽车、电信和媒体、能源和财务服务。 | |
| 3.1.6 | 预定义集成点 | Siebel提供大量的预定义集成点。<br>Siebel EAI Adapters and Connectors： Siebel 和其合作伙伴提供与主要应用软件包的预先建立、端到端功能的集成。这些连接器使用Siebel eBusiness platform提供的数据和跨应用软件流程的集成服务。<br>Application Services Interface (ASI)s 是由Siebel系统发布的独立发布界面，允许用户将Siebel应用软件集成到外部应用软件。ASI发布为标准的原始数据格式，比如 Extensible Markup Language 文件类型 定义Definitions (XML DTD) 和 Web Services Descriptive Language/XML Schemas (WSDL/XSD)。<br>建立在UAN上的Siebel 业务集成应用软件提供丰富的软件包库、特定行业的集成流程、通用对象和转化，为用户提供预定义应用软件比如Siebel、SAP、 Oracle 和行业标准比如Rosettanet 和EDI的预定义集成。 | |
| 3.1.7 | 系统基础<br>配置工具 | 安装配置向导提供部署规划指南以用户环境的正确标准。此外，Siebel专业服务提供 Application Sizing Review，帮助客户安心地规划安装环境和规模。 | |
| 3.1.8 | 配置工具标准 | 环境细节比如用户、货币、使用功能、服务器大小和网络部署。 | |
| 3.1.9 | 反向工程工具 | Siebel工具中的Siebel Entity Relationship Designer可以作为方向工程工具。 | |
| 3.2 | 实施团队 | | |
| 3.2.1 | 实施的内部顾问服务 | Siebel顾问主导实施、与合作伙伴团队紧密合作或补充客户自己项目团队的不足，以确保CRM的成功。 | |
| 3.2.2 | 内部咨询服务的规模 | 厂家未透露。 | |
| 3.2.3 | 实施合作网络 | 合作伙伴参与 85% 的 Siebel 系统实施。 | |
| 3.2.4 | 合作伙伴网络的规模 | Siebel有315个联盟合作伙伴，有受过 Siebel培训的10000 多个顾问。 | |
| 3.2.5 | 合作伙伴<br>认证流程 | 是，Siebel为最近发布的两个系统Siebel 2000 和Siebel 7授予了超过8850 认证。 | |

续表

| 编号 | 标准 | 评估 | 备注 |
|---|---|---|---|
| 3.2.6 | 认证课程和平均的课程时间 | 顾问和分析认证都要求培训，顾问认证需要完成三周的课程，业务分析认证需要完成9天的课程。 | |
| 3.2.7 | 认证考试 | 每个认证都需要考试。 | |
| 3.2.8 | 管理认证考试 | 所有的认证考试都是通过第三方考试企业VUE基于计算机管理。 | |
| 3.2.9 | 再培训/再认证流程 | 是，发布一个主要产品后，Siebel要求进行升级培训，培训是基于网络的，并且在完成当前核心课程的基础上。 | |
| 3.3 | 时间和成本 | | |
| 3.3.1 | 50个用户的最小客户化实施时间段 | 如果需要最小的定制和支持Siebel的功能，实施50个用户将花费6周到3个月的时间。Siebel系统用预建快速部署软件包满足这种需求，这种独特的对市场做出快速反应的解决方案降低了实施的复杂性，并除去了CRM成功规划中的不确定性。 | |
| 3.3.2 | 典型的实施费用和软件许可费用的比率 | Siebel实施费用平均是软件费用的2倍。 | |
| 3.4 | 配置 | 强 | |
| 3.4.1 | 增加特定的业务字段类型 | 使用Siebel工具可以将业务细节和用户定义的字段添加到Siebel应用软件中，在属性窗口中可以选择字段的类型，在字段概况中可以输入字段名和设置文本的长度。 | |
| 3.4.2 | 修改表单内容 | 可以设置下拉列表中的预定义值、极大值（下拉列表中的自由格式的答案）和交叉值（用户可以从动态数据表中选择数值）。使用 list applet contro ability 输入预定义的下拉列表值，还可以输入下拉列表内容的其他语言的相等的值（比如与美国英语意义相同的英国英语、法语等）以设置其他语言的应用。 | |
| 3.4.3 | 预定义表单对输入数据的限制 | 在Siebel工具的属性窗口定义字段或下拉列表的类型，输入项得到的字段长度或极大值。 | |
| 3.4.4 | 识别必须输入字段和非必须输入字段 | 在字段概况的属性窗口中选择“TRUE”选项，设置必填字段，所有必填字段都有一个星号表明。 | |
| 3.4.5 | 修改窗体 | Siebel提供 WYSIWYG editor进行窗体编辑，使用这个 editor的用户通过点击可以修改字段、属性、外观。表单的顺序用字段公开的属性控制。 | |
| 3.4.6 | 对不同用户组的窗体级许可 | Siebel在定制管理功能中提供基于用户概况属性修改视图版面。这些属性之一是访问组，使用这些概况属性的用户可以选择coding applet为特定的用户显示合适的字段。 | |
| 3.4.7 | 不同用户组的记录级别的许可 | 通过选择定制管理功能中的 coding applet，可以设置对特定字段的访问权限，为某个用户显示特定的字段。 | |
| 3.4.8 | 设置工作流流程 | 在Siebel工具中的业务流程管理标签支持集成的和内置的工作流工具，用户可以通过图形建立工作流，并用流程设计功能把它们关联到用户事件或计划离线运行。工作流可以通过流程图类型的图表显示。工作流模板可以复制和修改，以应用于其他的活动。 | |
| 3.5 | 定制 | 好 | |

续表

| 编号 | 标准 | 评估 | 备注 |
|---|---|---|---|
| 3.5.1 | 对外部业务软件的调用 | Siebel 提供全面的与外部应用软件集成的支持，一些支持的技术包括 UAN (universal application network)、 EAI、COM interface、CORBA interface、Java interface等，此外，Siebel提供现成的与市场流行应用软件的连接器。不同的界面可以使用不同工具配置，比如工作流、集成对象和集成流程。 | |
| 3.5.2 | 附属表单 | 必须通过设置不同字段的上级关系来配置附属表单,对上级字段的输入会影响附属字段。附属列表可以用Siebel工具中的Pick Map Business组件建立。 | |
| 3.5.3 | 基于特定字段输入值创建软件活动 | 定制应用软件行为的工具支持 Siebel eScript(基于Java Script)、Siebel Visual Basic (基于Visual Basic),、Siebel expression language等，这些脚本和公式可以与Siebel事件模型关联以根据特定字段输入的值定制软件的行为。 | |
| 3.5.4 | 建立与客户应用软件和数据库集成的业务窗体和表 | 业务细节窗体和表可以用为特定的字段建立脚本生成，现有的窗体和表可以修改用于建立业务细节窗体/表。 | |
| 3.6 | 数据转化 | 强 | |
| 3.6.1 | 使用数据导入工具导入多源记录 | Siebel EAI提供一个声明数据映射（Siebel Data Mapper）从外部的集成数据转化为Siebel应用系统需要的数据（内部的集成对象），一个叫做EAI数据映射引擎的运行引擎实现了复杂的域名和结构映射。 | |
| 3.6.2 | 可用的数据转化格式 | 支持的公式包括逗号分隔符号和XML文件。 | |
| 3.6.3 | 用户界面的动态字段映射 | 数据映射工具为用户提供映射一个XML文件到其他文件的界面，在从外部应用软件导入数据时，系统管理员可以通过选择输入信息的字段确定信息之间的映射关系（在输入对象结构）。 | |
| 3.6.4 | 通过导入工具建立字段之间的关系 | 数据映射工具支持层级结构，当与Siebel架构中的其他服务一起使用的时候，可以用于建立记录之间的关系。使用导入对象功能中的Import Aux Fields字段可以设置为相关字段（当从外部应用软件中导入数据时）。 | |
| 3.7 | 实时功能 | 强 | |
| 3.7.1 | 实时仪表盘 | 使用Siebel Analytics中的图表和曲线可以跟踪关键的业绩指标（比如，每天的活动、新线索、新客户、热点服务请求、客户新闻、竞争者新闻等）， My Analytics选项（来自Siebel Analytics中的、与特定用户相关的信息）可以添加到用户主页中作为仪表盘使用。与Siebel实时决策解决方案集成时，可以链接到其他的Siebel模块（比如 Siebel Marketing、Siebel Data Mining、Siebel Call Center等）以提供来自其他模块的实时信息，显示在 My Analytics仪表盘上。 | |
| 3.7.2 | 快速应用软件开发工具 | 新的业务对象和元素可以通过Siebel eScript （基于Java Script), Siebel Visual Basic (基于Visual Basic) 和Siebel expression language脚本的变化创建。 | |

续表

| 编号 | 标准 | 评估 | 备注 |
|---|---|---|---|
| 3.7.3 | 工作流建立工具 | 在Siebel工具中的业务流程管理标签支持集成的和内置的工作流工具，用户可以通过图形建立工作流并用流程设计功能把它们关联到用户事件或计划离线运行。工作流可以通过流程图类型的图表显示。工作流模板可以复制和修改以应用于其他的活动。Siebel 提供全面的与外部应用软件集成的支持，一些支持的技术包括 UAN (Universal Application Network)、EAI、COM interface、CORBA interface、Java interface等。此外，Siebel提供现成的与市场流行应用软件的连接器。 | |
| 3.7.4 | 业务目标配置 | 通过Siebel eScript （基于Java Script), Siebel Visual Basic (基于Visual Basic) 和Siebel expression language 脚本的变化可以配置业务目标。 | |
| 3.7.5 | 移动设备实施 | Siebel无线解决方案中有实时移动设备实施。可以在黑莓设备上作修改，并将变化与Siebel数据库进行同步，可以在Siebel数据库上作修改，将修改同步到黑莓设备上显示。Siebel无线用户可以在移动设备上察看和更新客户、联系人、商机、日历、订单和服务请求信息。 | |
| 4 | 用户友好/支持 | | |
| 4.1 | 帮助功能 | 强 | |
| 4.1.1. | 帮助菜单 | 有带有搜索功能的好的帮助菜单，帮助主体可以修改以显示特定的帮助项目。 | |
| 4.1.2 | 内容敏感帮助 | 有带有搜索功能的好的帮助菜单，帮助主体可以修改以显示特定的帮助项目。 | |
| 4.1.3 | 详细的错误信息 | 是的，详细的错误信息显示问题和建议的解决方案。 | |
| 4.2 | 国际化 | | |
| 4.2.1 | 多货币 | 所有的Siebel应用软件支持多种货币，自动地使用在线服务汇率信息，也可以手动输入或更新。Siebel支持两个货币之间的多种兑换方式，包括用欧元进行三角测量。Siebel中的图形和报表自动将货币转换成用户使用的货币。预测中包含了类似的转化功能。 | |
| 4.2.2 | 多语言模式支持 | Siebel 7.8支持 Unicode。 Siebel有18种语言的本地化版本。列表值、SmartScripts和多场合对外交流中可以使用多种语言。 | |
| 4.2.3 | 翻译能力/集成 | 基本的应用软件可以基于单字节或设置多字节的环境中全局运行，本地语言发布完全翻译并且修改过，包括其他内容，如：用户界面、错误信息、报表和在线帮助。 | |
| 4.2.4 | 驻外办公室位置 | Siebel系统在全球范围内有销售和服务办公室，电询供应商获取详细信息。 | |
| 4.2.5 | 国际支持 | Siebel 采用客户的操作系统设置并显示日期、时间、货币的数据格式，本地化应用软件将按照当地的格式显示日期（比如欧洲dd/mm/yy格式）、电话号码和地址。有全球的数据语言参数进行进出联系的拼写检查。 | |

续表

| 编号 | 标准 | 评估 | 备注 |
|---|---|---|---|
| 4.3 | 培训 | | |
| 4.3.1 | 可选的培训方式 | 为用户提供入门工作室（Getting Started Workshops）、交互教室指导（Interactive Classroom Instruction ）和Siebel终端用户培训（在线）。Siebel 大学提供培训师以及应用软件工作流、系统管理员和配置，也提供在线培训。定制的媒体（比如WEB 教室）可以24小时使用，Elearning门户可以为客户提供通过网络访问Siebel大学。Siebel教室在全球范围内定期提供，不仅仅通过Siebel，还通过咨询合作伙伴。 | |
| 4.3.2 | 培训费用 | Siebel培训中心每个学生每天500美元；现场培训每个班最多12个学生，每天4000美元。 | |
| 4.4 | 支持 | | |
| 4.4.1 | 在线支持 | 是。 | |
| 4.4.2 | 电话支持 | 是。 | |
| 4.4.3 | 免费电话号码 | 是。 | |
| 4.4.4 | 技术和用户文件 | 数据模型参考手册、安装和升级指南、系统管理员手册和版本备注。还有安装和升级指南、系统管理员手册和版本备注的电子版本（用户可以再打印三份）。 | |
| 4.4.5 | 网站、公告板和在线论坛 | 每天24小时、每周7天的自主服务用户组可以在Siebel网站上获得额外的支持。 | |
| 4.4.6 | 维护和支持费用 | 每年净许可证费用的15%，黄金服务每年22%。 | |
| 4.4.7 | 软件售后服务期 | Siebel应用软件有一年的保修期，媒体和服务有90天保修期。 | |

## 5.2.3 系统演示

1）Markting 模块

（1）营销管理首页

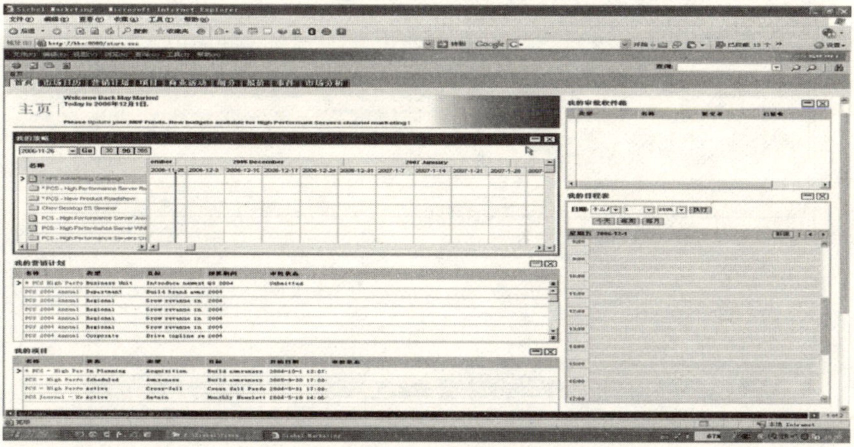

（2）营销计划

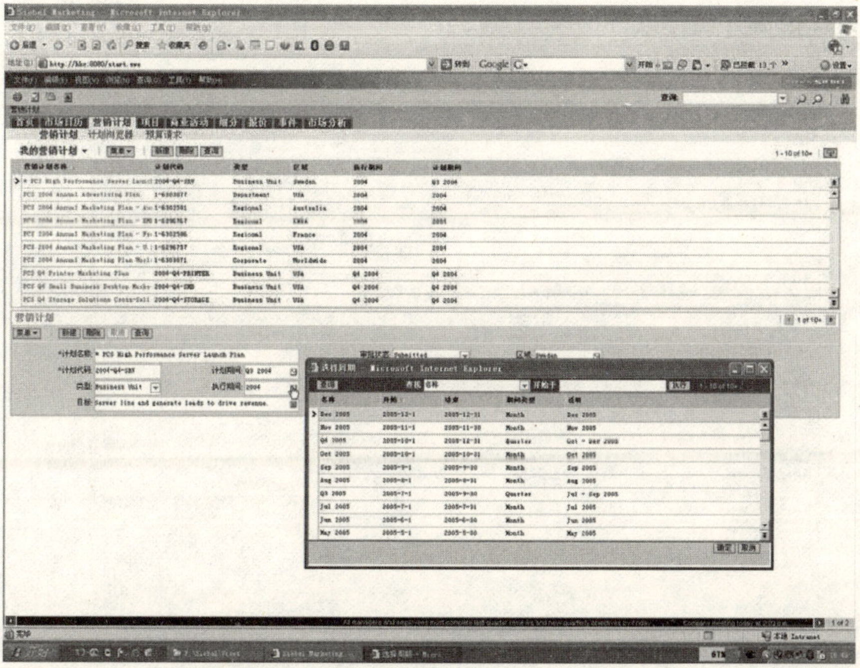

(3) 细分

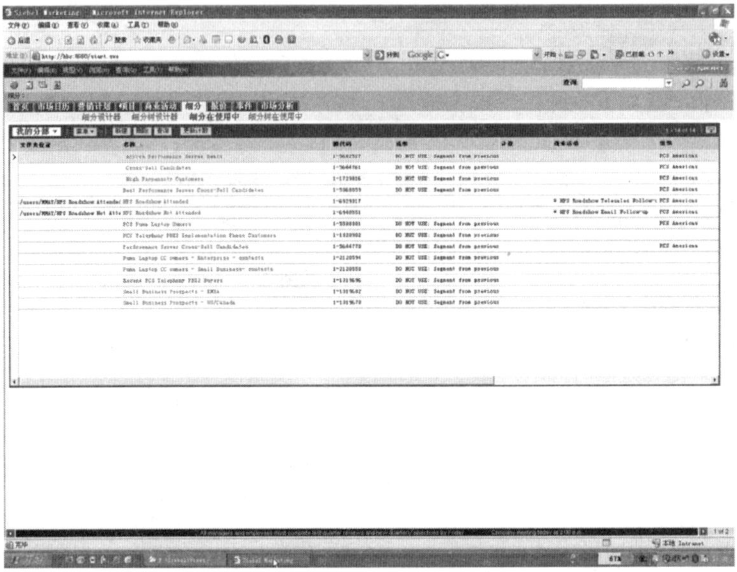

2) Sales 模块

(1) 销售管理首页

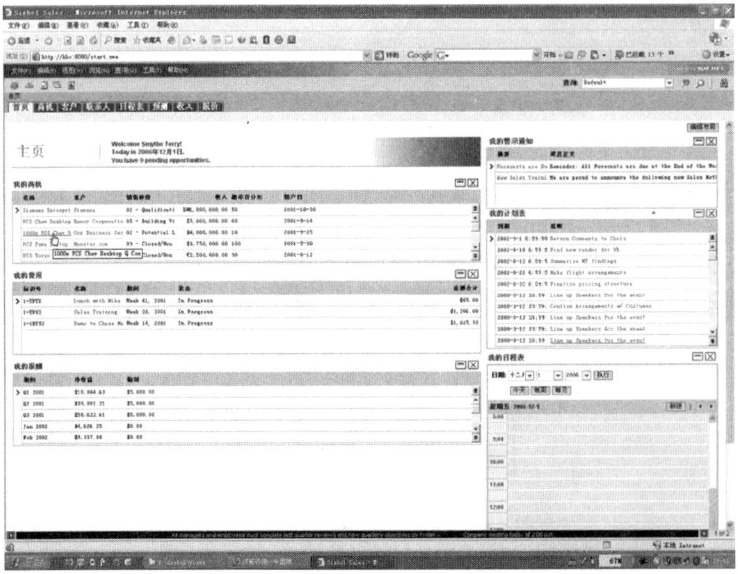

(2) 商机管理

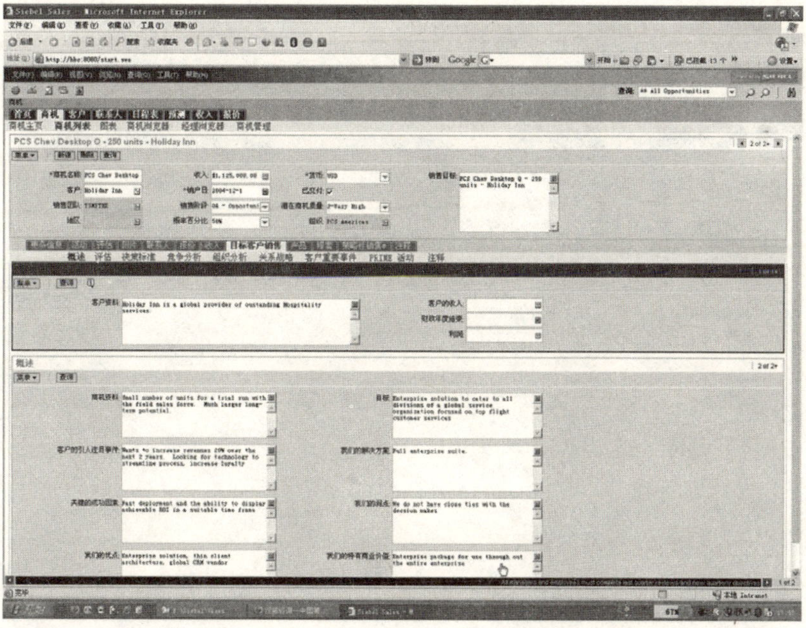

(3) 客户管理

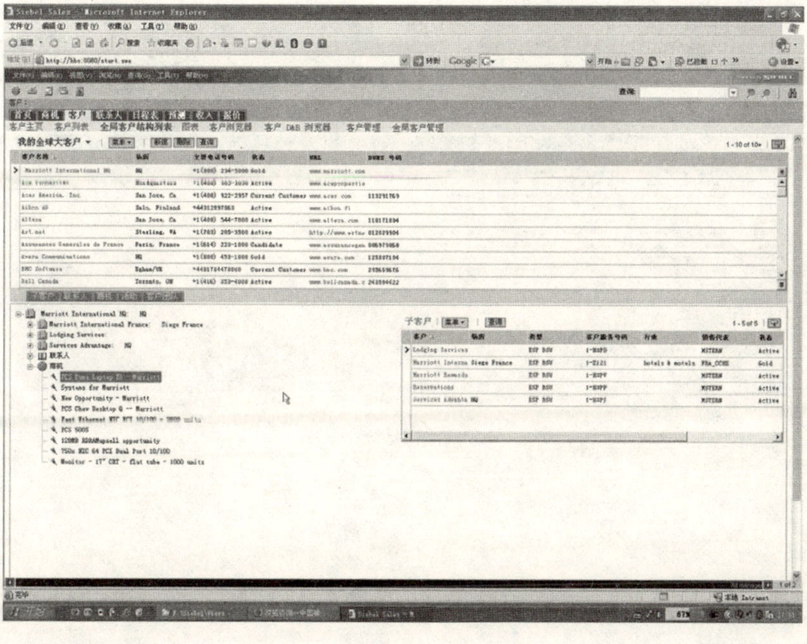

（4）联系人管理

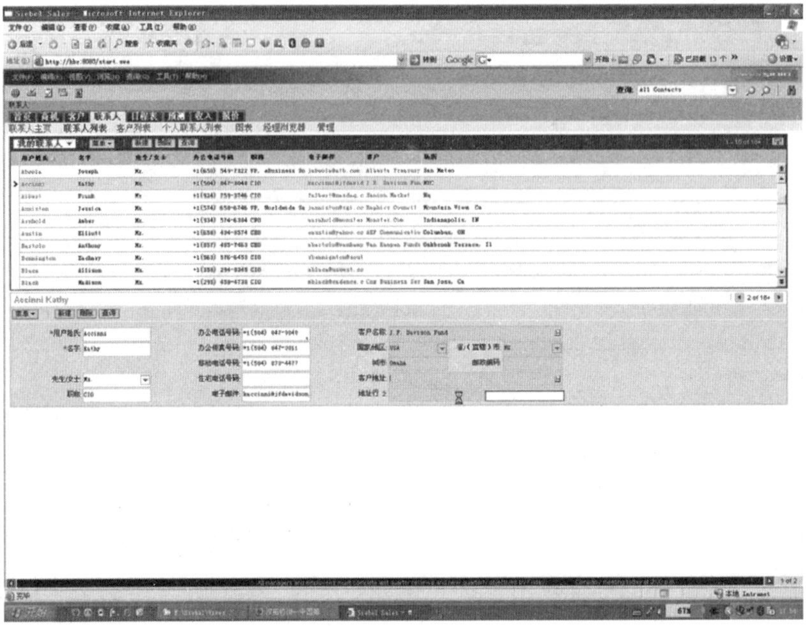

（5）预测

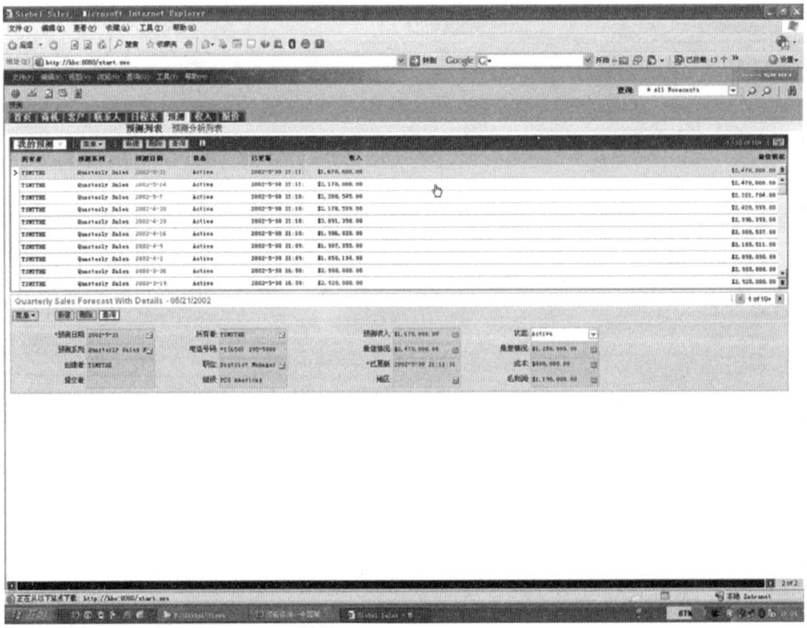

(6) 销售报价

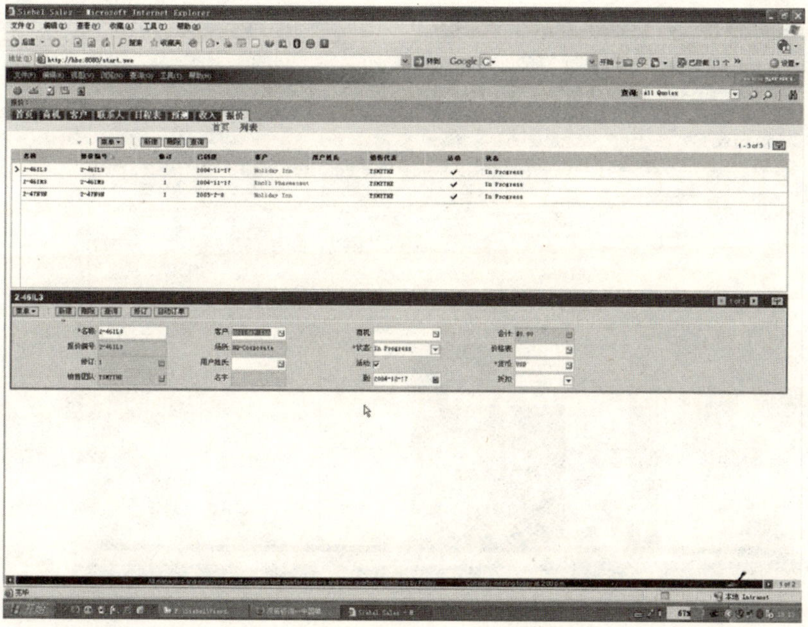

3) Service 模块

(1) 服务请求

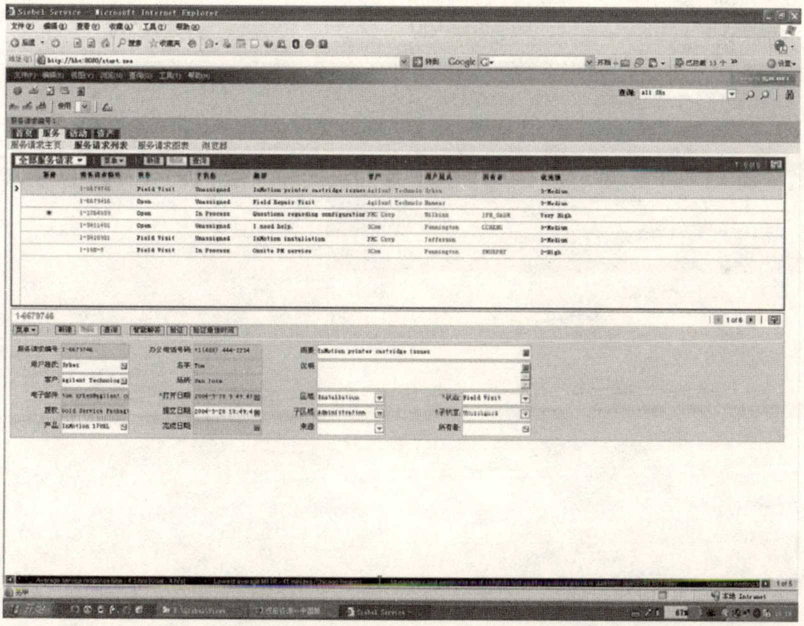

(2) 服务请求图表

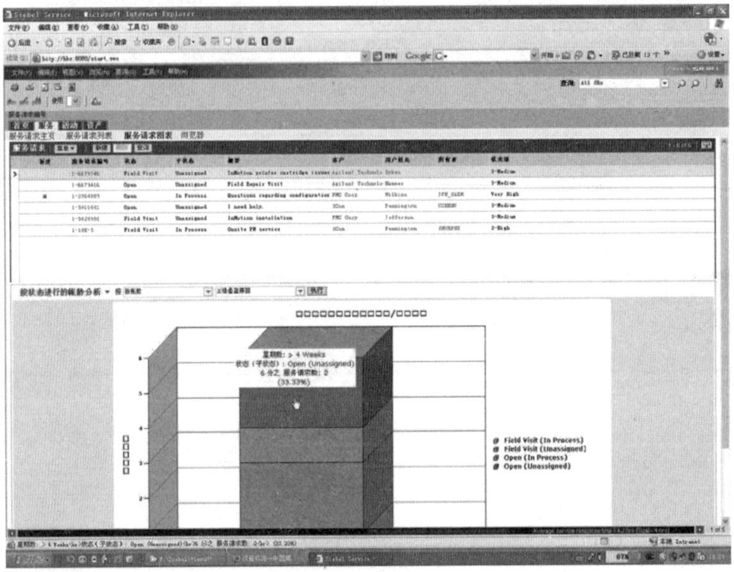


4) Partner 模块

(1) 伙伴管理首页

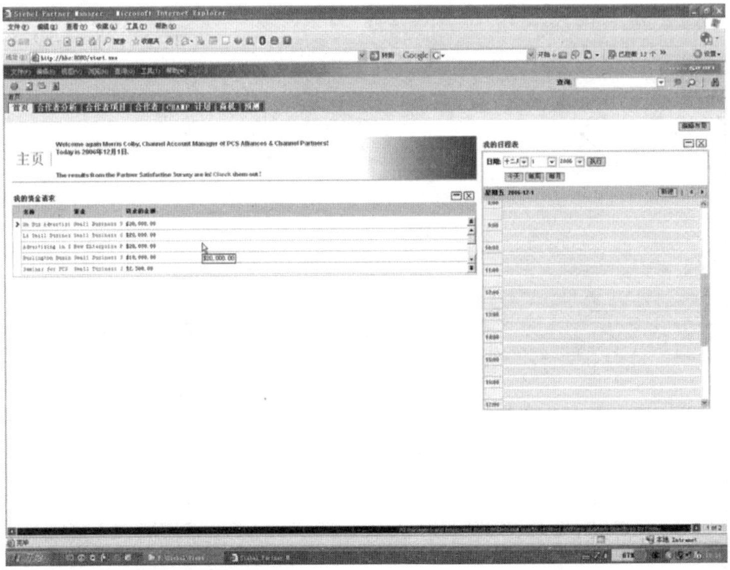

(2) 合作伙伴列表

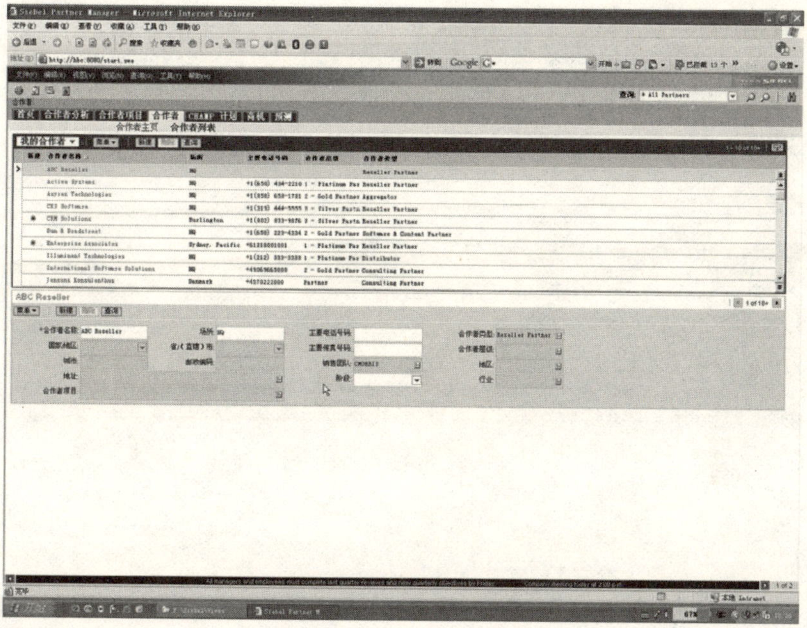

5）Employee Portal 模块

(1) 员工门户

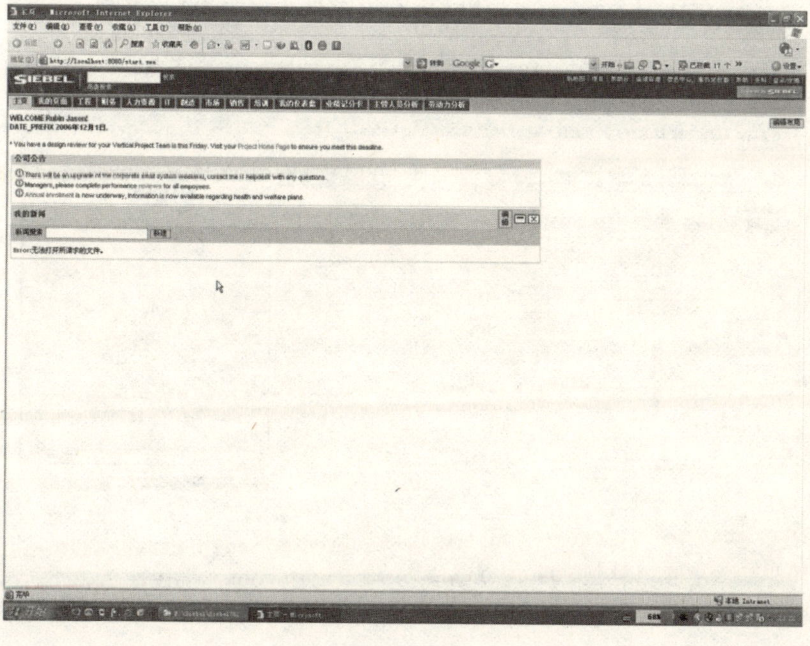

（2）员工业绩

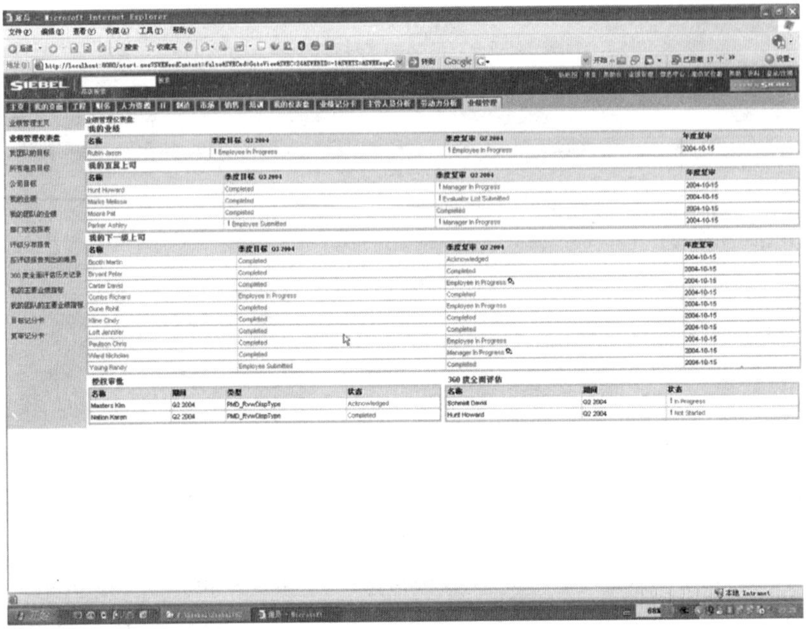

6）Call Center 模块

（1）呼叫中心管理首页

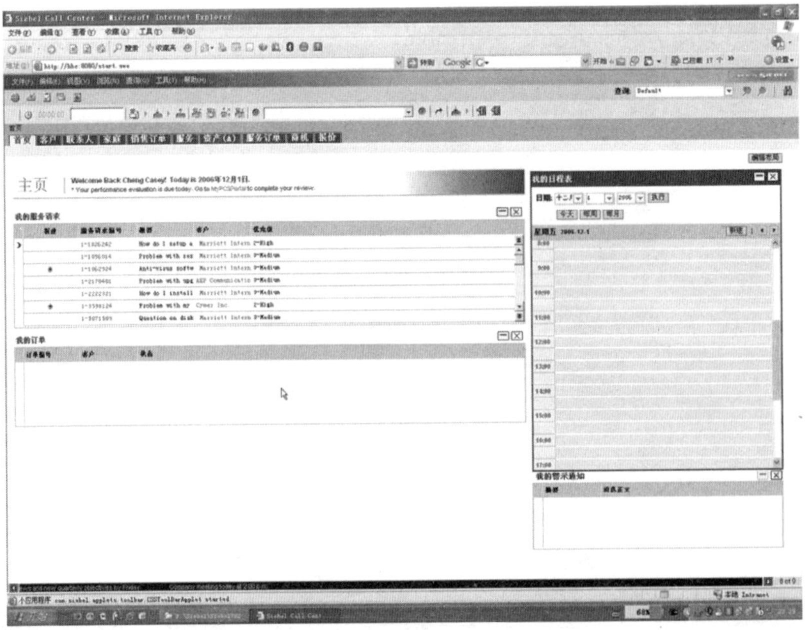

（2）服务订单

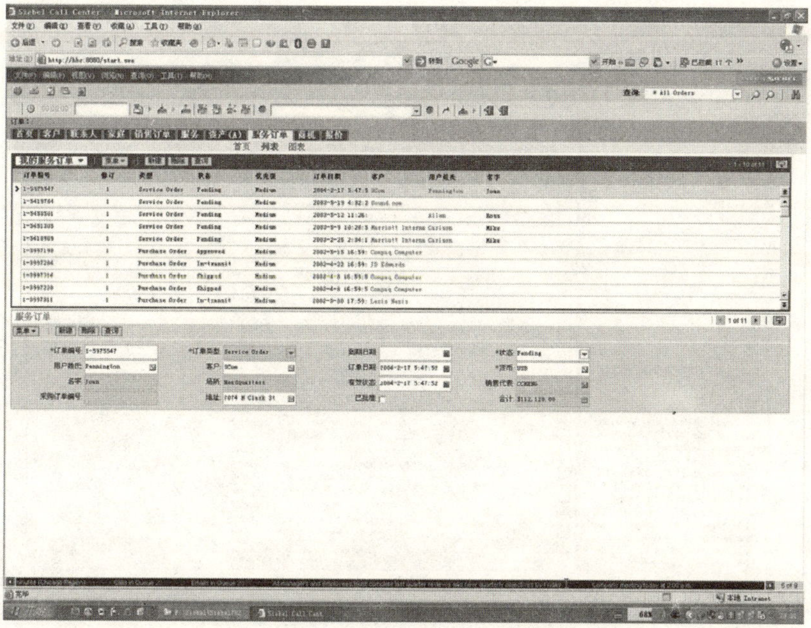

7）Siebel Tools 平台

（1）Applet

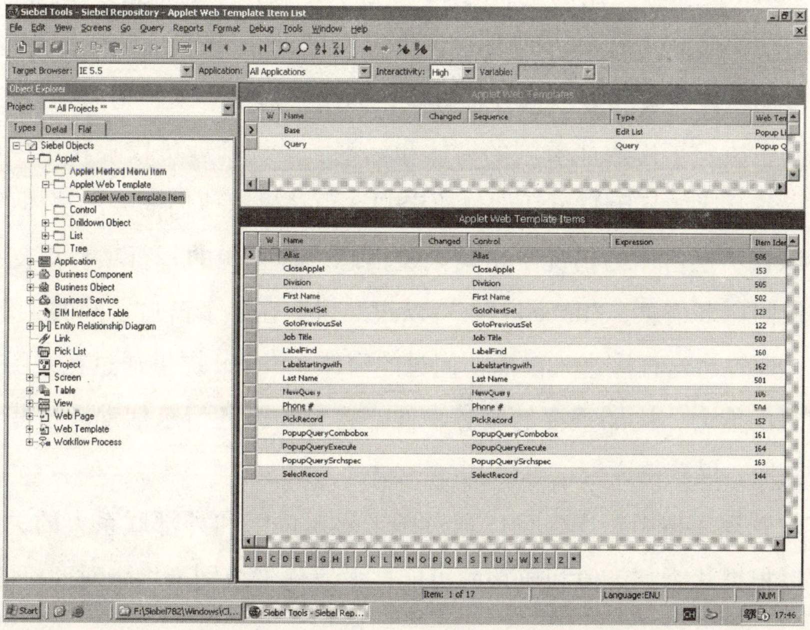

(2) 工作流

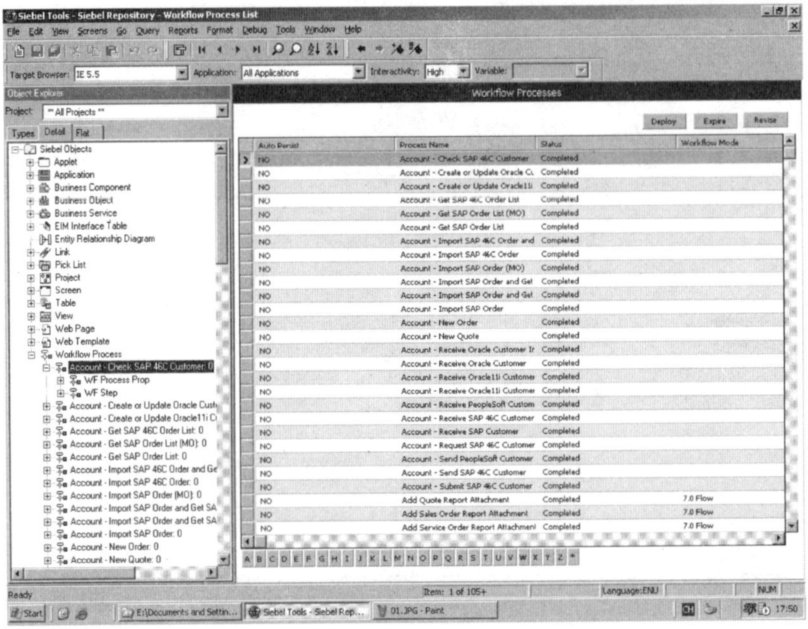

### 5.2.4 总体评价

Siebel7.8 是企业应用的全面的 CRM 解决方案，除电子业务和供应链管理外的所有功能都很强大，电子业务被评级为“好”，供应链管理被评价为“有限”。Siebel7.8 的窗体设置和导航设计很直观，为用户提供了多种访问信息的方式。用户的角色决定了用户能看到的窗体和标签。系统管理员权限和用户可以通过选择标签（比如日历）灵活地修改定制选项，显示他们需要的窗体。这样，用户可以在不换窗体的情况下访问大量信息。标签内的每行项目都支持超链接，以访问更多信息。“thread”条可以跟踪用户在多个窗口之间的工作历史，用户可以通过点击直接进入前面访问过的窗体。Siebel 提供通过在线图像显示实施信息的能力，比如重要的服务事件、趋势和服务请求活动。这些在线图形支持钻取，以获得详细信息。

客户管理支持组织图，可以通过图形显示内部和外部联系人的关系。用户还可以根据状态、价值和成功的可能性设置优先级别来增强对商机的管理。

Siebel 模块支持的客户管理功能包括分析订单历史（跟踪交货时间、返修材料的数量等）、线索跟踪（比如跟踪一个或一组线索的销售周期）和销售周期分析（报价和业绩分析）。客户管理功能帮助当前和新的团队成员跟踪有关的客户历史并更新描述，所以用户的建议书和陈述总是最新的。表述是通过 MS-Powerpoint 实现的。

有 Sales Assistant 作为销售指导工具支持销售管理，Sales Assistant 使销售代表可以实时访问交易信息。Fulcrum search tool 可以通过关键字和问题搜索整个数据库。在跟踪商机时销售团队成员可以跟踪相关的活动(开始和关闭的)信息。可以通过简单的标记有费用的活动和金额，然后点击 auto-expense 按钮生成费用报表。费用可以用不同的货币表示并转化成一种本币。用户可以手工添加项目、察看详细的费用并提交费用报表。可以自动地转给经理，他可以批准费用并且转到应付账户。费用报表的状态可以随时跟踪。

支持客户进行自助服务的 Siebe eservice、“call me now”结构、提供虚拟网络会议的 Siebel eCollaboration 和分派与升级事件的 Siebel Assignment Manager，增强了客户接触中心的功能。还有智能呼叫传输支持工作力量管理。应用软件服务器自动将客户服务事件分配给有最适合的技术员工。这些功能可以与多媒体门户集成，使客户可以提出服务请求和参与约会。

用户通过客户服务可以分派、跟踪和升级分配，以及在销售和客户服务部门之间共享信息，在事件生命周期管理过程中为基于团队的事件解决提供支持。用户还可以访问服务请求概况和交互日历，核对计划好的拜访或更新服务日历以满足客户的需求。Siebel7.8 可以根据预定义的业务规则将客户事件分派给合适的销售代表、团队或空闲的坐席代表，使得客户事件由有最合适技巧、培训和认证的代表完成。Siebel 进一步跟踪事件并在事件得不到解决的时候进行报告，Siebel7.8 不仅将事件升级到公司内的上级，还通报客户事件已经被升级。同样，客户可以通过网络访问个人信息、跟踪服务的状态。

现场服务功能有计划呼叫、跟踪存货和供应解决方案、交互历史和现场的详细操作情况。存货管理通过 Siebel Service Inventory 实时跟踪存货。最大和最小数量可以用于自动补给库存。客户服务代表、现场服务工程师或物流经理使用 part locator feature，可以实时访问零件信息（比如，可用性、零件）。返修材料和授权(RMA)、服务订单可以在 Siebel Field Service 应用软件中处理。

电话营销 / 电话销售支持脚本功能，脚本在易于读和易于导航的窗体中显示已解答和未解答的进行快速分析。另一个强大的功能是生成呼叫报表，基于预定义标准附加到多个营销活动中。

市场营销功能支持营销百科全书，使用服务器或网络实时更新文件。还有管理和跟踪特定事件的功能，比如新闻发布会和研讨会。可以为特定事件(比如研讨会)增加调查，辅助分类和定制研讨会的内容和有效性。

线索管理中有称作 Siebel Data Quality 工具进行数据清理，自动进行企业名称、缩写、邮政编码等的标准化。与 Dun & Bradstreet 是信息数据库集成自动的附加与线索记录相关的数据。附加的信息帮助确认线索，以分配销售代表的时间和分配不同能力的销售代表完成销售。

Siebel7.8 是十分全面和功能强大的企业 CRM 解决方案套件。Siebel7.8 主要是为大型公司开发的，因此有的功能可能超出了有些公司的需要。产品分为不同的独立功能，共同使用构成客户接触中心或市场营销。虽然 Siebel eChannel 中没有销售帮助和智能脚本，但在 Siebel 瘦客户端上可用，可以供渠道合作伙伴、客户等使用。

## 附录

总客户数：大于 4000 家公司

可用语言：美国英语、丹麦语、荷兰语、法语（标注）、德语、意大利语、日语、葡萄牙语（巴西）、瑞典语、西班牙语（现代）、简体中文、繁体中文、捷克语、芬兰语、希腊语、希伯来语、韩语、葡萄牙语（欧洲）

# 5.3 Saleslogix

## 5.3.1 概述

来自 Sage software 的 Sage CRM Saleslogix6.2.3 是一个企业客户管理解决方案套件，主要功能包括联系人、客户、销售、时间管理、客户服务、市场营销、电话营销 / 销售、线索管理、PRM、电子业务、业务分析、实时功能和项目管理。Saleslogix 软件有基于 WEB 或支持 WEB 的版本。

Sage CRM Salesloix 6.2.3 客户端软件（瘦客户端和胖客户端）运行在 MS-Windows2000 或 NT 环境中。服务器层运行在 MS-Sever 操作系统上，可与 MS-SQLSever 或 Oracle 数据库连接。WEB Client 提供基于浏览器访问 Saleslogix 的功能。Saleslogix 与 Sage 的姐妹软件集成获得财务 / 后台系统功能，例如 MAS90/200/500。Saleslogix 还可以与 SAP 之类的后台系统集成。使用附加软件可以实现手持设备的访问。

Sage 软件的 Saleslogix6.2.3 产品线致力于中等企业市场。Saleslogix 定位于年收入在 1000 万到 2.5 亿的中小企业市场和大型企业的分支机构，大概为 5 到 75 个用户。这些包括很多大公司的名字，但实际上是企业的一个部门在使用，他们和中小企业一样运作，而且有类似的需求。同样，Saleslogix 还定义了第二个市场，年收入在 2.5 亿到 5 亿的中型企业和大企业的部门。员工在 250 ~ 1000 人左右。使用大概 200 个用户。可能包括大型企业，而实际上是部门级别的应用，与中型企业有类似的运营方式和需求。

Sage 软件的客户包括咨询、财务服务、健康、高科技、制造、出版、房地产、服务和物流行业。( 表见下页 )

## 5.3.2 评估表

| 编号 | 标准 | 评估 | 备注 |
| --- | --- | --- | --- |
| 1 | 业务功能 | | |
| 1.1 | 联系人管理 | 强 | |
| 1.1.1 | 联系人概况 | 输入并跟踪标准联系人信息，比如姓名、地址、多个电话、客户ID、等级、状态等。通过鼠标点击即可打开WEB浏览器/电子邮件。标签格式允许用户访问联系人的相关信息，比如活动、会计账目、销售历史、备注/历史、商机、线索资源、可配置的树形结构支持的附属关系人和在系统登陆时加载的附件，这些标签支持向下钻取功能，使用户可以在一个列中访问记录的详细信息。可以修改数据输入视图，增加字段。 | |
| 1.1.2 | 组织图 | 察看层级结构的联系人的详细信息，如：姓名、职务、电话。 | |
| 1.1.3 | 联系历史 | 可以访问备注和历史记录，详细显示完成的活动、发送的宣传材料、线索资源、商机等。一些信息标签可以轻松定制。通过一个浏览列表显示活动的相关信息，如：日期、时间、描述、结果、备注和分派给的销售代表。用户可以钻取每行的详细信息，通过活动窗体用户可以为商机、联系人和/或客户附加一个待完成事项，可以设置优先级、备注、所需资源和闹钟。通过点击可将字段分类。 | |
| 1.2 | 客户管理 | | |
| 1.2.1 | 客户信息 | 使用预定义和无限制用户定义字段跟踪所有客户信息，比如名称、多个地址、多个电话号码、类型、状态、区域、行业、信用等级、SIC码、员工人数、产品和产生收入等。有记录并跟踪多个联系人、商机、活动、备注/历史、会计信息（比如发票、状态、信用额度和未付余额等）、销售历史、关联人员和附件的标签。通过屏幕左边的导航条或工具栏上的按钮进行访问。查询工具支持对数据中客户资料多标准的轻松查询。用户可以配置屏幕标签的显示格式。标签可以通过拖拉重新排列。客户办公室的地图和方向可以通过与MapQuest.com.直接链接获得。 | |
| 1.2.2 | 业务关系 | 可以显示父子关系，并可以通过新的层级结构视图显示。视图可以形象地显示客户间和所有联系人之间的关系。双击链接就会显示该客户或联系人的信息，客户和联系人之间的业务关系还可以通过关联标签进行跟踪。默认选项有父子、供应商/客户关系。但是用户可以定义任何正式或非正式的关系。双击关联标签就会显示客户或联系人的超链接。 | |
| 1.2.3 | 活动管理 | 备注/历史标签显示完整的已完成的活动。活动标签则显示未完成、待完成的活动。可以计划电话、事务、会议或事件，计划之后就会显示在活动菜单下。未完成项目标识成红色，将来和未完成项目也可以在日程表中显示。 | |
| 1.2.4 | 订单输入 | 通过商机中的订单/报价功能生成订单价格报价。报价信息通过预定义的信息流链传送，最终记录到销售历史和账户标签上（如果实现了销售）。订单信息也可以为用户提供运费、税、折扣和各种各样的费用。产品/服务定价可以通过与Sage的后台软件产品（比如MAS90）以及第三方软件像Great Plains连接实现集成。可以进行审批并输入客户与订单相关的详细信息，销售订单是高级销售模块的一部分。 | |

续表

| 编号 | 标准 | 评估 | 备注 |
|---|---|---|---|
| 1.2.5 | 订单历史 | 用销售历史和标签可以察看订单历史，订单历史中显示状态、账户余额、信用信息等。订单历史需要与Sage的后台软件产品（如MAS90）、Great Plains或其他外部程序连接。完成的订单保留在销售订单和历史记录中。 | |
| 1.2.6 | 销售合同生成 | 可以使用模板生成销售合同，模板可以设计来自会计功能的字段并且可以通过内部邮件合并执行，通过报价单引擎或与MS-Word集成或与其他第三方软件集成生成特定的报价单。 | |
| 1.2.7 | 报价单/建议书生成 | 在高级销售模块中通过预定义的报价单、建议书模板生成建议书，报价信息映射到客户概况中，与Pragmatech集成以获得其他的建议书功能。 | |
| 1.3 | 销售管理 | 强 | |
| 1.3.1 | 商机管理 | 可以通过产品、潜力、关闭的可能性、某日打开、机会状态、竞争对手、赢得或失去率和销售团队来跟踪商机。也可以获得其他的信息包括：潜在价值、赢利的价值、相关销售团队、角色、产品、价格水平、替代品、购买计划以及特定价格策略的日期、开始日期和评估的关闭日期。对机会级别的竞争性信息同样进行跟踪（比如优/劣势、等级、竞争者的产品、竞争策略、竞争者的现有客户、灵活格式的附件以及竞争者的销售情况）。销售解决方案作为一个附加模块，有帮助用户增加产品，了解竞争对手、联系人、销售团队和销售潜力的向导。机会信息传递到销售管道，并且可以通过报表进行分析。国外的商机可以用外币进行分析。电子邮件选项使用户可以将商机导入邮件模板中。 | |
| 1.3.2 | 销售周期管理/销售指标 | 使用高级销售模块可以设置销售流程，包括销售流程的阶段（比如线索、考察、认证），图形漏斗显示商机的各个阶段，每个阶段都包含不同的步骤以跟踪销售中特定的活动和目标，用户可以察看根据线索来源、客户经理、实际关闭以及其他标准显示的漏斗图、饼形图和柱状图。可以保存漏斗视图（视图可以保存为文件），可以在未来进行机会分析，机会组可以直接导入ExceL进行快速分析。 | |
| 1.3.3 | 区域联盟/分派 | 通过拖拉列表将销售人员或团队针对一个客户或客户群进行联盟或分派。区域的重新分派由工作组管理员完成，客户化脚本可以使分派按照不同的需要自动地进行。分派的内容可以包括：私有客户、活动。用户可以改变活动而不需要移动客户。 | |
| 1.3.4 | 活动报告 | 用水晶报表访问所有活动的报告，比如，计划并完成呼叫、约会、事务、宣传材料发送以及事件。日程报告也可以访问。 | |
| 1.3.5 | 地图工具 | Windows和web客户端界面上都有与Map Quest on-line的链接，联系人信息从saleslogix传递到Map Quest。 | |
| 1.3.6 | 费用报告 | 当前版本不可用。可与Sage软件MAS 90/200/500集成，厂家声称可与Great Plains之类的财务软件包进行双向集成。 | |
| 1.3.7 | 宣传材料/样品管理 | 可以在联系记录中计划一个发送活动，可以跟踪请求的日期、回复人、发送日期、描述、状态和状态日期和发送人。SalesLogix Library可以包括任何电子文件、文件夹或网站内容链接。可以附加到个人邮件或邮件合并中。物理文件和样品的请求可以由用户提出申请由指定的人员完成。 | |

续表

| 编号 | 标准 | 评估 | 备注 |
|---|---|---|---|
| 1.3.8 | 租借管理 | 当前版本不可用。 | |
| 1.4 | 时间管理 | 强 | |
| 1.4.1 | 日历 | 察看天/周/月/年格式的日历。根据访问权限和视图设置将要在日历中显示的用户。鼠标滑过时显示联系人的附加信息，比如活动。可以生成日历报表，通过 Pumatech的PumatechIntelliSync可以与MS-OutLook、lotusNote和GroupWise进行联系人、活动、约会和事件的双向同步。日历中的项目可以同步到移动设备和任何可以与MS-OutLook进行同步的设备。与MS-OutLook的集成可以计划不涉及系统用户和资源的客户事件。 | |
| 1.4.2 | 任务列表 | 活动列表中的to-do标签可以显示未完成的待办事项，可以完全打开、呼叫、会议、待办事项、闹钟和事件等等。未完成事项标记为红色。其他用户的事件由其他颜色标明。 | |
| 1.4.3 | 电子邮件 | 可以使用内建的邮件客户端（类似MS-OUTLOOK）或直接与MS-OutLook集成或是第三方软件（比如GroupWise、Lotus Notes、POP3 Internet mail等）集成。接收到的邮件可以链接到历史记录中。软件允许在MS-OutLook中以地址簿的形式察看saleslogix中的客户和联系人。电子邮件客户端直接将邮件记录到saleslogix的历史记录中。 | |
| 1.4.4 | 传真 | 可以与第三方传真软件集成进行桌面传真。与OmniRush集成可以提供服务器无缝集成到传真解决方案。用户可以计划给联系人或联系人组发送传真，以及通过SalesLogix Sync Engine的自动流程。 | |
| 1.4.5 | 备注 | 可以记录并访问联系人、客户、商机活动的自由格式的附件。 | |
| 1.4.6 | 交易记录和追踪审计 | 系统会记录新记录的新增时间和修改时间。每个字段都包含记录属性，字段改变时将自动激活。 | |
| 1.5 | 客户交互中心 | | |
| 1.5.1 | 客户自助服务 | 客户通过网络输入用户名和密码，可以提交、跟踪、更新票签、寻找解决方案以及在salelogix知识库中寻找信息或问题。客户可以通过web票签输入问题的描述，客户代表可以提供问题的解决方案。票签做出任何的修改时都将用电子邮件通知客户。使用saleslogix集成服务报警问题的改变通过传真、电子邮件、webcast将自动更新客户或分派给销售人员，并取决于谁做的改变。使用MAS500和Saleslogix客户可以浏览产品目录、建立和管理订单以及察看客户活动。 | |
| 1.5.2 | 自动电子邮件回复 | saleslogix集成服务报警邮件回复系统将自动对收到的邮件做出反应，建立新事件、更新已有事件、要求更多信息或者是可以配置的回复。给客户发送确认邮件，满足客户的期望和问题的解决方案。被分派任务的销售代表在客户提供新信息时将被自动通知。 | |
| 1.5.3 | 客户概况屏幕弹出 | 客户的电话系统、ACD、 预拨号可以通过intelli-CTI与saleslogix进行集成。提供屏幕呼叫操作，管理呼叫和收集用户端打入、打出和未接的呼叫。支持电话打入时显示客户信息和呼叫历史记录以及未接记录。 | |

续表

| 编号 | 标准 | 评估 | 备注 |
| --- | --- | --- | --- |
| 1.5.4 | 交互式日程表 | 通过web客户门户可以选择事件的紧急程度，以确定完成的日期和时间。 | |
| 1.5.5 | 交互式支持/多媒体门户管理 | 当前版本不可用。 | |
| 1.5.6 | 工作力量管理 | 当前版本不可用。可以与第三方软件集成进行工作力量管理。 | |
| 1.6 | 客户服务 | 强 | |
| 1.6.1 | 客户事件分派 | 可以基于技术水平、组等设置自动分派事件给客户或销售代表的规则。可以手动根据专业和组路由呼叫票签。可以通过任务、票签ID、用户等进行查询。事件可以在员工web界面和/或电子邮件的web票签中实现接收、分派和路由。web票签同样可以用来记录一个事件。可以基于技术问题和客户偏好设置事件自动分派给特定用户或团队的规则。打开的事件可以监控并可以根据工作量、专业、客户、紧急程度等进行重新分派。saleslogix集成服务报警如果在一定时间段后事件仍未解决，事件可以自动升级并重新分派给其他人员或团队。 | |
| 1.6.2 | 事件升级 | 可以定义管理呼叫票签队列和分派任务的规则，可以设定触发器和闹钟（使用saleslogix集成服务报警）等。升级基于需求或/和业务规则。在必须解决的日期将要到达和仍未解决时发送提醒。如果超过了最后期限，事件可以自动地重新分派给其他用户或团队。 | |
| 1.6.3 | 事件生命周期管理 | 通过ID、优先权、类别、权重等跟踪事件，可以在历史记录、RMA、合同、产品、账单等中察看呼叫票签的队列。可以在水晶报表中用图形进行显示。用户可以在周/月/年的格式下察看不同状态的票签（比如未完成、开启等）。事件可以加入事件问题/解决方案知识库，可以使用集成的Verity自然语言搜索引擎进行查询，员工界面的web票签可以通过跟踪、未完成、punched in和已分派/未分派等状态跟踪事件。 | |
| 1.6.4 | 问题解决方案数据库/查询 | 在呼叫票签概况的解决方案字段中输入问题的解决方案，解决方案可以使用SpeedSearch功能通过多个字段进行查询。 | |
| 1.6.5 | 事件报告 | 使用附加的水晶报表访问或建立呼叫回呼、回应时间、呼叫票签时间等的报表。 | |
| 1.6.6 | 订单管理 | 订单标签在机会和客户级别中都显示状态和详细信息。可以察看状态、订单总额、送货信息和条款等内容，信息可以来自后台比如ERP。 | |
| 1.6.7 | 返修授权管理和分析 | 在support模块中有返修授权管理。可以跟踪产品名称、产品代码、RMAID号、返修人、交付给、票签ID、返修信息、运输信息、运输注意事项、缺陷、附件、收到日期、评估和评论。与MAS90、MAS500以及其他的财务系统集成可以提供更加详细的信息。 | |
| 1.6.8 | 服务水平协议/售后服务管理 | 可以将事件关联到预定义的服务合同中，可以跟踪剩余的小时数、事件数或钱数。合同包括合同ID、客户、开始和结束日期、购买日期、服务描述、类型和级别以及涵盖的产品。可以察看合同信息和到期日期，以及根据服务级别设置升级提醒和工作流。根据服务协议、客户、相关产品跟踪事件的能力有限。 | |

续表

| 编号 | 标准 | 评估 | 备注 |
| --- | --- | --- | --- |
| 1.7 | 现场服务管理 | 有限 | |
| 1.7.1 | 呼叫处理/分派/计划/工作力量管理 | 可以使用手持设备记录支持事件并分派给现场服务人员。客户也可以通过web票签记录事件并将事件和联系信息（手持设备的不能使用电子邮件）转发给远程用户进行分派。 | |
| 1.7.2 | 存货管理 | 可以跟踪客户的产品包括制造者、类型、序列号和服务范围。服务返回的零件和产品同样可以跟踪。通过与MAS90、MAS500和其他的会计系统集成可以提供现有存货、位置、可用存货、后台订单等详细信息。 | |
| 1.7.3 | 问题解决管理 | 将有限的事件信息包括问题、日期、时间、状态和优先权，转给服务技师。可以通过web（没有支持web的手持设备）或电子邮件给saleslogix集成服务报警提供解决方案。 | |
| 1.7.4 | 时间和费用报表 | 当前版本不可用。可以与sage软件的MAS90/200/500集成。厂家声称可以与Great Plains之类的财务软件双向集成。 | |
| 1.7.5 | 远程知识管理 | 当前版本不可用。 | |
| 1.7.6 | E服务 | 客户可以通过saleslogix客户的密码保护访问获得客户服务信息和帮助。使用在线知识库的关键词和高级搜索方法可以找到自己问题的答案。客户同样可以将自己的问题或请求进行提交、设置紧急程度（决定了时间的目标完成日期和时间）、跟踪并添加附加信息以及与销售代表和支持人员进行沟通。使用Saleslogix集成服务报警问题的变化可以自动通过传真、电子邮件、页面或webcast（手持设备不支持电子邮件）通知客户或员工，并取决于谁做出的改变。 | |
| 1.7.7 | 无线应用能力 | Saleslogix for web phones包括给所有指定用户的无线能力。使用任何支持web的移动电话或PDA都可以访问无线应用服务组件。 | |
| 1.7.8 | 无线应用能力模式 | 无线应用的部署选择包括：<br>数据源同步到远程笔记本<br>数据源直接同步到主机数据库<br>无线同步到主机数据库<br>实时无线访问主机数据库 | |
| 1.8 | 电话营销/销售 | 强 | |
| 1.8.1 | 呼叫管理 | 可以在活动窗体内察看未完成呼叫并且可以钻取联系记录。呼叫列表可以通过鼠标点击进行升序和降序排列。通过建立组来生成呼叫列表，组可以通过层级图进行维护并且通过鼠标点击进行访问。可以基于包括线索来源、区域和销售代表的任何标准建立组。可以使用查询功能建立定制呼叫列表。通过日期、时间、时间段、优先权、种类、分派给的销售代表、客户和机会计划一个呼叫。同时用户对于特定电话的备注可以用自由格式文本框记录。 | |
| 1.8.2 | 脚本 | 通过图形流程建立器建立定制脚本，给用户提示问题和答案。脚本功能支持分支和基本脚本。通过日期、时间、时间段、优先权、种类、分派给的销售代表、客户和机会计划一个呼叫。同时用户对于特定电话的备注可以用自由格式文本框记录。 | |
| 1.8.3 | 呼叫记录 | 可以记录不同的呼叫内容比如日期、时间、结果、下一步、客户、联系人、种类和无限制的附件。 | |

续表

| 编号 | 标准 | 评估 | 备注 |
|---|---|---|---|
| 1.8.4 | 呼叫统计/报告 | 可以通过图形和列表报告进行呼叫统计，使用户可以输入分析的标准，包括每周的呼叫、每个销售代表的呼叫以及其他的信息。通过与intelli-CTI的集成，可以提供基于定制用户参数的呼叫和未接呼叫记录。 | |
| 1.8.5 | 自动拨号 | 可以通过点击选择联系人多个电话号码中的一个，并点击黄色的电话图表进行自动拨号。可以与TAPI或TSAPI编译的第三方产品进行集成（比如PhoneMax，Xantel）。Intelli-CTIsaleslogix与电话系统集成提供销售和支持功能的无缝集成，使用屏幕上的向外单行动呼叫处理。 | |
| 1.9 | 市场营销 | 强 | |
| 1.9.1 | 市场营销活动管理 | 市场营销活动管理的对话框允许跟踪所有类型的市场营销活动。然后可以在联系人、客户、商机级别中进行跟踪以效力和ROI评估。流程引擎也可以通过图形建立自动的营销活动，间接地由电子邮件、传真或时间表完成。可以跟踪的信息包括营销活动的描述、方式（直接营销、电子邮件营销等）、类型、编码、预计执行日期、目标受众群体、联系流程、自由格式备注、实际执行日期（日程表）、状态、预计预算、结果和实际销售额。选择方式类型后会生成一个代码字段，将帮助跟踪和报告。目标受众群体可以是saleslogix中的组或是导入的名单。实际的回应、结果和销售额等字段由销售人员输入结果时产生。任务在独立的窗口中建立，有预算和实际费用等的独立字段。可以钻取到营销活动级的费用。电子邮件设置和电子邮件行动标签使用户可以建立电子邮件营销活动。使用预定义的水晶报表可以提供报表元素的钻取详细信息。可以使用Seagate Analysis察看立体数据和进行后台数据的高级分析。在营销活动详细信息中可以选择Do Not Solicit按钮。有些功能只有营销模块中有。使用saleskogix预测模块的同时可以获得项目销售、营销活动的收入和ROI。 | |
| 1.9.2 | 市场营销细分工具 | 没有正式的营销细分工具。 | |
| 1.9.3 | 市场营销（媒体）百科全书 | 可以访问叫做Sales Library的营销百科全书，Sales Library包括电子文件、文件夹以及与营销、销售活动相关的材料的链接。Library中包含各种各样的文档，包括竞争对手信息、陈述、价格表、产品信息和其他用户定义的附件。这些信息可以通过电子邮件或邮件合并直接发送给潜在客户和客户。 | |
| 1.9.4 | 预测模型工具 | 使用高级销售模块提供基于潜在总量和可能性预测功能。 | |
| 1.9.5 | 产品价格配置器 | 使用eConfigurations管理产品描述、价格水平（比如零售、批发等）和产品目录。可以通过产品位置、数量、用户定义字段等访问产品/价格信息，并且可以建立产品组，可以共享价格信息。还提供诸如存货状态、代用产品和送货地址/方法的细节信息。可以与财务和ERP系统集成。SalesLogix Smart Catalog可以配置对产品和服务应用规则，即使很复杂的报价也可以很准确，并且确保订单的完成。可以生成一致的、客户中心的报价单和建议书。Smart Catalog可以在线使用和离线同步产品、规则并指导现场销售改变销售，并且跟踪所有的报价和对报价的修改以进行准确预测。 | |
| 1.9.6 | 客户生命周期价值 | 当前版本不可用。与MAS90、MAS500和其他会计系统集成提供详细信息。 | |

续表

| 编号 | 标准 | 评估 | 备注 |
|---|---|---|---|
| 1.9.7 | 客户调查管理 | 可以提供附加的叫做“客户调查”的模块，用户可以建立客户调查，在管理员界面内建立调查，所有的在线和离线用户都可以使用。 | |
| 1.9.8 | 宣传资料提供 | 用户可以为指定客户、客户组或商机计划宣传资料要求，可以选择宣传材料的封面。没有发送的宣传材料用红色标出。 | |
| 1.9.9 | 文字处理能力 | 使用MS-Word或自带的文字处理器书写信件、传真封面或任何定制模板，文件自动地记录并附加到联系人。自带的文字处理器能插入图形、进行拼写检查等。用户可以直接合并邮件进行打印、传真和发送电子邮件。用邮件合并可以直接建立信封和标签，可以与MS-Word集成获得更多功能。 | |
| 1.10 | 线索管理 | 强 | |
| 1.10.1 | 优化 | 可以从外部服务处将相关线索信息导入客户或联系人记录，增加线索的价值。还可以设置线索获取从网上获取线索信息。 | |
| 1.10.2 | 培育 | 可以通过脚本、SalesLogix KnowledgeSync或将线索在输入系统时分派给一个流程，可以实现线索的培养，可以通过图形建立流程，流程引擎将执行工作流，有资格的线索可以放入合适的跟踪过程进行培养（比如，流程可以设置发送电子邮件或计划其他类型的联系活动）。 | |
| 1.10.3 | 资格确认/设置优先权 | 可以通过脚本功能自动进行线索确认，不管线索来自网络、导入数据还是手工输入。在确认后，线索可以转化到商机状态，线索可以根据确定的标准设置优先级别和评分。 | |
| 1.10.4 | 路由 | 通过脚本将线索在输入系统时分派给一个流程就可以实现线索的路由。可以图形化地建立流程，流程引擎将执行流程。比如，一个浏览网页的客户将地址输入一个窗体，脚本会将窗体内的信息路由到相关的职能部门（呼叫中心、销售团队等）。 | |
| 1.10.5 | 跟踪 | 可以将线索资源看做营销活动，并且可以在联系人、商机和客户级别内进行跟踪。在营销活动中显示的响应信息可以显示对于营销活动的响应的历史记录，所以多个线索资源可以通过这三个级别来进行跟踪，可以基于状态、响应时间、响应方式跟踪线索，线索可以被锁定，没有联系过的线索将重新分配进行跟踪。 | |
| 1.11 | 合作伙伴关系管理 | 好 | |
| 1.11.1 | 渠道计划管理 | 当前版本不可用。 | |
| 1.11.2 | 商机管理 | Web Partner包含一套完整的商机管理工具，比如跟踪产品、竞争对手和商机的关闭率。合作伙伴客户端其实是网络客户端产品的客户化，但隐藏了一些字段。这些字段可以通过定制让合作伙伴应用。可以用过滤器过滤目标的数量（比如线索、客户等）。现成的产品中不包括计划功能。可以使合作伙伴通过输入客户、状态、关闭的可能性和评估的关闭日期注册一个商机。 | |
| 1.11.3 | 报表能力 | Web Partner产品实际上没有报表工具，所有合作伙伴输入的商机自动地上升到公司预测中，可以通过报表或其他图形工具显示。 | |

续表

| 编号 | 标准 | 评估 | 备注 |
|---|---|---|---|
| 1.11.4 | 销售管理 | 用户可以通过Web Partner使用宣传材料计划功能选择类型、数量和投递方式申请宣传材料。使用脚本工具进行定制可以为渠道销售策略增加业务规则。“What's New”显示所有新增的客户、联系人、商机、备注等的简单信息。用户可以为现有客户增加联系人，或者可以将新客户信息填写完整，包括名称、地址、联系人信息等字段。线索资源标签可以通过去掉隐藏的overrides实现定制，用户根据自己的权限对数据库的信息进行访问。 | |
| 1.11.5 | 市场营销 | 所有的合作伙伴可以通过查询获得竞争对手信息和定价信息。竞争对手信息在商机详细列表、产品向导和Sales Library（附加陈述文件、小册子、产品说明书等）中显示。Web Partner的现成产品中没有合作活动管理功能，可以通过定制增加。 | |
| 1.11.6 | 线索管理 | 线索可以通过Web Partner、手工或脚本规则分派给合作伙伴。如果线索对营销活动做出了反应就可以对线索进行评分。在营销详细信息中可以显示评分信息。 | |
| 1.11.7 | E服务 | 客户通过使用ID和密码访问Web Ticket的网络界面。用户可以用周/月/年视图通过状态察看不同的票签。事件可以加入事件问题/问题的知识库，可以使用集成Verity自然语言查询引擎进行查询。Web Ticket允许用户根据follow-up、overdue、 punched in、assigned 或unassigned 状态进行跟踪所有的事件。 | |
| 1.11.8 | 合作伙伴协议 | 在将客户和相关事件联系到相关预定义服务的能力非常有限，跟踪剩余的小时、事件或钱数，这包括联系人的ID、客户、开始和结束日期、购买日期、服务描述、类型和水平、涵盖产品、以及正式协议的附件。 | |
| 1.12 | 知识管理 | 有限 | |
| 1.12.1 | 信息来源 | 可以在SalesLogix 屏幕内访问网站，这些链接可以是静态或动态信息显示。 | |
| 1.12.2 | 信息附件 | 客户、联系人、商机详细视图中有附件标签，可以使用任何windows支持的格式。 | |
| 1.12.3 | 搜索引擎 | 用户通过SalesLogix Query Builder可以进行字段名、字段类型和价值（比如=、>、<等）的查询。 | |
| 1.12.4 | 界面引擎 | 可以使用Saleslogix自带的数据库驱动查询系统，agent系统可以自动地发送报表和执行任务。此外，Saleslogix还提供Saleslogix KnowledgeSync ，一个根据企业规则提供自动报警、报表和其他通知的报警引擎。 | |
| 1.12.5 | 文件管理 | 访问和跟踪文件的版本，Saleslogix允许员工、客户和合作伙伴通过多个接触点更新附件，包括LAN和WEB客户。将自动记录谁在什么时候修改了记录。 | |
| 1.13 | 业务分析 | 强 | |
| 1.13.1 | 预定义报表 | 能建立无约束的报表并且可以保存报表以备将来使用。产品中包含很多水晶报表模板，Saleslogix有对于每个对象（客户、联系人、商机、票签、缺陷、RMA）动态的预定义列表（查询组）。每组只显示符合特定标准的记录。这些信息可以通过点击直接导入到Excel中进行快速分析。报表中的信息以图形显示在一个Ireport中，以图形、类似仪表盘的设置显示信息。 | |

续表

| 编号 | 标准 | 评估 | 备注 |
|---|---|---|---|
| 1.13.2 | 用户定义报表 | 使用水晶报表建立定制报表。可以开发基于HTML的报表提供对数据库信息的实时浏览。 | |
| 1.13.3 | 预定义查询 | 可以访问对于客户、商机、联系人的预定义查询。用户可以用动态查询管理组、复制组以及创建组。 | |
| 1.13.4 | Ad hoc查询（案例查询） | 使用拖拉功能可以建立定制查询。用户可以通过搜索引擎浏览数据库。用户使用speed search功能可以在用户网络、Saleslogix数据库或特定的网站中的MS-Word、MS-Excel和PDF格式的文件中查询关键字和信息。客户还可以分组并在组中进行查询。 | |
| 1.13.5 | 自动向上/向下钻取能力 | 自动钻取商机中关于一个客户的产品和数量信息。 | |
| 1.13.6 | 预测/规划工具 | 能根据任何数据库查询结果进行预测，并用列表和图形形式显示结果。在同一个图形钻取时可以显示不同的图形（饼状、柱状和线条等）。可以通过在图形上右击鼠标获得其他的视图（销售代表、阶段、竞争对手、开启日期、关闭日期、客户经理等）。可以将预测和其他报表发送到经理的电子邮件收件箱进行察看。使用SalesLogix BI OLAP/ROLAP product（Orenburg的OEM产品）可以获得其他功能。 | |
| 1.13.7 | 图表或统计建模工具 | 使用水晶报表、Seagate Analysis内置的统计功能进行报表。或与Cognos之类的第三方软件集成。 | |
| 1.13.8 | 仪表盘/显示主要指标的门户界面 | 与Q4bis Analysis for SalesLogix和MAS500集成提供多维分析能力，通过积分卡仪表盘显示当前的业绩、历史、预算或预测业绩。钻取多层信息识别潜在的问题。经理可以察看YTD收入、利润和其他的标准。通过内建的图形发现趋势。用户可以用Time Intelligence选择每天、每周、每月、每季度、每年的时间阶段来显示。仪表盘可以为部门定制以显示部门相关的信息。 | |
| 1.13.9 | 门户集成到CRM应用软件 | SalesLogix提供独立于应用软件之外的应用层，并且可以使用OLEDB和ADO与任何环境进行集成。SalesLogix应用层将维护用户安全、登陆和连接池。 | |
| 1.13.10 | 网站更新变化提醒 | 使用SalesLogix KnowledgeSync notification提供有限的内部网站更新提醒。 | |
| 1.13.11 | 提醒/闹钟功能 | 提供计划的与活动相关的未完成、已完成和升级问题的有限的报警/闹钟功能。不能基于例外（比如存货水平低、特定销售代表收入达到某一水平）而开始设置闹钟。闹钟可以初始化为带或不带声音的弹出窗口，用户可以选择延迟、忘记或完成选项。 | |
| 1.13.12 | 实时分析能力 | 可以使用由SalesLogix KnowledgeSync的支持和分析，并且可以每分钟分析和报表。 | |
| 1.14 | 电子业务 | 有限 | |
| 1.14.1 | 定制 | 建立客户概况和用户偏好，允许使用override功能进行访问和安全控制。 | |
| 1.14.2 | 门户能力 | 用户可以在SalesLogix WebTicket中输入用户名和密码，搜索他们的销售、客户服务和支持问题的答案。客户可以提交、跟踪并且附加事件信息，并通过附件和评论与支持部门进行沟通。事件的更新可以通过电子邮件通知客户。 | |

续表

| 编号 | 标准 | 评估 | 备注 |
|---|---|---|---|
| 1.14.3 | 门户合成应用软件 | 门户合成软件可以提供：<br>报价状态<br>合同状态<br>客户概况<br>公共订阅管理<br>及时信息<br>企业报表访问<br>信用账户状态<br>RMA<br>销售历史<br>集成订单状态<br>访问网络工具的安全模式 | |
| 1.14.4 | 内容管理 | 当前版本不可用。 | |
| 1.14.5 | 前台商店 | 与MAS90/200/500和MS Commerce Server集成实现前台商店功能。 | |
| 1.14.6. | 订单/交易处理 | 与MAS90/200/500和MS Commerce Server集成实现订单/交易处理功能。 | |
| 1.14.7 | 交叉销售 | 与MAS90/200/500和MS Commerce Server集成实现交叉销售功能。 | |
| 1.14.8 | 在线客户行为分析和报告 | 能够与NetTracker集成跟踪存储在NetTracker Web数据仓库的网站交易数据和其他的saleslogix 的销售联系信息，扩大潜在客户和增进对客户的了解。 | |
| 1.15 | 供应链管理 | 有限 | |
| 1.15.1 | 电子采购 | 使用eCustomer和MAS500和Saleslogix,可以浏览产品目录，建立并管理订单，察看客户活动。 | |
| 1.15.2 | B2B界面/软件包 | 当前版本不可用。 | |
| 1.15.3 | 物流管理 | 当前版本不可用。 | |
| 1.15.4 | 产品生命周期管理 | 当前版本不可用。 | |
| 1.16 | 项目管理 | 好 | |
| 1.16.1 | 项目任务/交付情况管理 | 与TimeLinx集成支持建立项目，可以更新并链接到商机。合同信息记录在TimeLinx中，可以根据6种不同的定价策略，设置项目跟踪费用和付款，可以导出数据，在sage软件产品或第三方后台支付和接收系统使用。特定查询还可以识别那些没有开据发票的服务记录和费用。 | |
| 1.16.2 | 承包商/子承包商关系 | 在系统中管理承包商和子承包商，通过堆积的成本和费用的单据。 | |
| 1.16.3 | 项目资源定位 | 察看天/周/月/年格式的日历。根据访问权限和视图，设置将要在日历中显示的用户。鼠标滑过时显示联系人的附加信息比如活动。可以生成日历报表，通过PumatechIntelliSync可以与MS-OutLook、lotusNote和GroupWise进行联系人、活动、约会和事件的双向同步。日程表中的项目可以同步到移动设备和任何可以与MS-OutLook进行同步的设备。 | |

续表

| 编号 | 标准 | 评估 | 备注 |
| --- | --- | --- | --- |
| 1.16.4 | 时间/费用管理 | 可以访问TimeLinx的安全模式，显示任何期间、应用和实现分析的工作业绩。可以在TimeLinx中跟踪开始/结束日期、工作业绩、中断、旅行时间。在Saleslogix同步后同步所有数据。经理可以轻松地监控和分析所有的工作业绩，包括售后服务。并且在发票开出前需要多部门审批。 | |
| 1.17 | 员工关系管理 | 当前版本不可用。 | |
| 1.17.1 | 工作定位/<br>申请者认证 | 当前版本不可用。 | |
| 1.17.2 | 员工业绩 | 当前版本不可用。 | |
| 1.17.3 | 员工培训、技巧 | 当前版本不可用。 | |
| 1.17.4 | 佣金管理 | 当前版本不可用。 | |
| 1.17.5 | 设备管理 | 当前版本不可用。 | |
| 2 | 技术特征 | | |
| 2.1 | 工作流 | | |
| 2.1.1 | 流程配置能力 | 联系流程在Architect内通过拖拉方式建立，通过基本脚本可以定制流程和脚本。 | |
| 2.1.2 | 警报/通知 | 报警对于所有的活动以警报的形式出现，此外，流程运行时，销售和联系流程通过警报提示完成不同的步骤，KnowledgeSync工具提供上述功能包括获取电子邮件、在数据库中插入记录和正确的分派警报。 | |
| 2.1.3 | 任务分派 | 活动可以基于日历的安全性重新分派给其他用户。应用于由联系流程和正常风格计划的活动触发的活动。销售流程中的开放步骤，可以在个人基础上进行重新分派。 | |
| 2.1.4 | 工作流定制 | 按照例子进行查询，Query Builder建立定制查询、重复记录查询都可以进行定制。同样，联系流程可以释放给个人或用户组进行定制。 | |
| 2.2 | 结构一致性 | | |
| 2.2.1 | 是否所有软件模块采用同一种结构？ | 是的，所有的Saleslogix模块建立在相同的数据库上并且共享相同的Salelogix OLEDB Provider进行数据访问。Windows和Web界面使用相同的核心架构和数据库。 | |
| 2.2.2 | 是否所有的软件模块无缝的集成？ | 是的，所有的Saleslogix模块自动识别其他的模块不需要其他级别的集成，用户界面因用户角色不同而不同，但数据是公用的。 | |
| 2.3 | 技术细节 | | |
| 2.3.1 | 支持的台式机/笔记本操作系统 | MS-Windows NT/2000/XP | |
| 2.3.2 | 支持的手持设备操作系统 | 使用Pumatech Intellisync的SaleslogixOEM产品与Palm、Pocket-PC和 MS-Windows CE 设备集成，同样Vaultus制造的SalesLogix Pocket PC 和SalesLogix for RIM是Saleslogix 在Pocket PC和RIM\Blackberry 平台上的微型版本。 | |

续表

| 编号 | 标准 | 评估 | 备注 |
|---|---|---|---|
| 2.3.3 | 应用服务器支持的操作系统 | MS-Windows NT、Novell，支持Oracle 数据库的Solaris、Linux、 Unix和Windows。 | |
| 2.3.4 | 支持的无线技术 | WAP (HDML 和 WML 界面) | |
| 2.3.5 | 容量 | 没有最小，3000个最大（实际实施中有超过2800个用户的）容量取决于Oracle数据库和MS-SQL sever的容量。 | |
| 2.3.6 | 每个应用服务器支持的用户数 | 每个服务器有250～500个用户。取决于用户的类型。 | |
| 2.3.7 | WEB服务能力 | 支持带有SOAP Client control的SOAP Web服务，在通用开发环境中构建Web服务可以使用SalesLogix data而不需要proprietary APIs。 | |
| 2.3.8 | XML集成 | XML应用于内部的数据标识、邮件合并、Web日程表和其他领域，也可以用于其他集成。 | |
| 2.3.9 | SOAP集成点 | SOAP控制是标准的Saleslogix Architect定制环境中的一部分。 | |
| 2.3.10 | XSLT和CSS支持 | CSS支持是Web Client界面的一部分，XSLT是XMLsupport的一部分。 | |
| 2.3.11 | ERP集成 | Saleslogix可以使用Saleslogix Architect、API或ADO数据访问进行定制和集成。Saleslogix 通过Saleslogix产品的动态链接实现集成，其他的解决方案也可以使用。<br>本地的：<br>Best MAS90/MAS200/MAS500, Best Platinum for Windows, Microsoft Great Plains SQL 6.5,7.0,7.5。<br>第三方软件：<br>ccPac by Inaport, eBridge<br>Solomon IV by Scribe, eBridge<br>SAP by WRQ Verastream<br>BAAN by WRQ Verastream<br>Best MAS500 by eBridge<br>Macola by Inaport, eBridge<br>Expandable II - custom by vendor<br>QuickBooks by Leatherberry & Assoc (使用 Visual basic), Inaport, eBridge<br>Made2Manage by Leatherberry & Assoc (使用Visual basic)<br>Mapics Pointman & iSeries by Leatherberry & Assoc (使用Visual basic) | |
| 2.3.12 | 点解决方案集成 | Xantel for CTI、 SalesPath Pivot Reporter、Qgate、 Z-Firm、Eventix、 Control F-1、eGrabber。 | |
| 2.3.13 | 大量邮件分派 | 通过邮件合并功能向联系人进行电子邮件分派。<br>E1与营销活动的紧密集成提供大量邮件分派。<br>SalesLogix Tech 合作伙伴可以使用第三方提供的大量邮件分派软件。 | |
| 2.3.14 | 电话交换和/或PBX集成 | SalesLogix包括一个与多个CTI API专门的CTI集成的COM层。能进行呼入、呼出电话的识别，屏幕弹出等的API有Xantel、Apropos、i3、Avaya、Toshiba、Siemens。Xantel、Apropos、i3、Avaya、Toshiba、Siemens。 | |
| 2.3.15 | 开发使用的编程语言 | Delphi、C++、Java script、 Microsoft Visual Basic、VB Scripting、HTML、WML、HDML。客户能使用自带的Architect 工具（使用VB脚本），或选用任何支持OLEDB 和\或 ADO (包括Visual Studio.NET、C#、 VB.Net、C++、 Java等)的开发工具。 | |

续表

| 编号 | 标准 | 评估 | 备注 |
|---|---|---|---|
| 2.3.16 | 软件结构 | N层结构，取决于实施（数据库服务器、应用软件服务器、客户端、Web服务器）。 | |
| 2.3.17 | 当前结构发布日期 | 2002年10月28日。 | |
| 2.3.18 | 第一款软件发布日期和平台 | 1997年4月，MS-Windows 95和 MS-Windows NT v. 4.0。 | |
| 2.3.19 | 最后的软件发布日期和平台 | 2004年8月，Sage CRM SalesLogix v. 6.2.3 。 | |
| 2.3.20 | 安全结构 | 数据的记录级别、字段级别和用户级别安全。通过用户名和密码实现系统访问安全。应用结构和功能可以将安全控制在用户级别。管理功能可以根据用户级别分配。 | |
| 2.3.21 | LDAP编译 | Saleslogix 可以与LDAP和活动目录集成实现单点登陆能力，同时支持其他第三方的单点登陆软件。 | |
| 2.3.22 | 支持目录 | MS Active Directory。 | |
| 2.3.23 | 台式机/笔记本客户端最低硬件配置要求 | MS-Windows 2000 ， 128 MB RAM，Pentium 450 MHz处理器，2 GB 硬盘安装数据库。 | |
| 2.3.24 | 应用服务器最低硬件配置要求 | MS-Windows 2000 Server 当前Service Pack模块，256 MB RAM,, Single/Dual 800 MHz 处理器 ，2 GB硬盘空间安装数据库。 | |
| 2.3.25 | 手持设备最低硬件要求 | 没有，数据量只受设备存储能力限制， 支持 MS-Outlook、Notes、或Groupware的MS-Windows CE， PocketPC或Palm 设备。 | |
| 2.3.26 | 软件开发和定制使用的工具包 | 局域网应用软件（功能和界面）的定制在SalesLogix Architect进行，包括类VB工具和基本/SQL脚本。WEB应用软件的定制使用HTML编辑器和VB脚本，水晶报表用来提供报表，saleslogix管理员的数据库管理用来进行数据库定制。 | |
| 2.3.27 | 支持的数据库服务器 | MS-SQL Server，Oracle。 | |
| 2.3.28 | 应用服务器软件 | SalesLogix Application Server。 | |
| 2.3.29 | COM/CORBA编译 | SalesLogix软件开发工具包中包括一个 COM+layer ，在Web Technology也包含COM+\DCOM layer 。 | |
| 2.3.30 | 软件包提供的桌面数据库 | MSDE。 | |
| 2.3.31 | 软件提供的手持数据库 | 没有。 | |
| 2.3.32 | 数据库协议 | 有的组件使用OLE DB、 ODBC，SalesLogix OLE DB service provider为标准的SQL Server 和Oracle OLE DB provider增加了字段级别安全和数据同步能力。 | |
| 2.3.33 | 连接模式 | LAN、Remote with Sync、 Web、handheld non-browser、Wireless phone、Wireless handheld 连接。 | |

| 编号 | 标准 | 评估 | 备注 |
|---|---|---|---|
| 2.3.34 | 服务器客户端同步 | 供应商开发了字段级别和多层冲突解决方案。 | |
| 2.3.35 | 服务器到服务器数据同步支持 | 是，SalesLogix Synchronization engine或使用Scribe Integrate、BizTalk或其他第三方解决方案。Saleslogix应用软件可以与任何的支持标准ADO数据访问的工具集成。 | |
| 2.3.36 | 支持的门户<br>技术工具 | 软件可以与任何的支持标准ADO数据访问的工具集成。 | |
| 2.3.37 | 多数据源门户界面EII解决方案 | 通过与Biztalk、 Dynalink和Webmessage的集成提供EII解决方案。 | |
| 2.3.38 | 直接信息能力 | 没有直接信息能力。 | |
| 2.3.39 | 语音识别支持 | 不支持语音识别软件。 | |
| 2.3.40 | 对瘦客户端的支持 | 基于DHTML的真正瘦客户端（没有下载），Citrix、 MS Terminal 、Services。 | |
| 2.3.41 | 源代码可用和包括 | 应用软件提供源代码并且可以使用SalesLogix Architect进行定制。 | |
| 2.3.42 | Office 产品集成 | MS-Office套件。 | |
| 2.3.43 | 组件软件的<br>双向集成 | 与Lotus Notes和 MS-Exchange进行双向同步。<br>也可以与vCard 集成。 | |
| 3 | 实施 | | |
| 3.1 | 集成 | | |
| 3.1.1 | EAI工具 | Saleslogix动态链接、简单的集成工具、图形化向导和用户界面。 | |
| 3.1.2 | EAI供应商<br>合作关系 | Scribe Integrate、WRQ。 | |
| 3.1.3 | OTLP集成能力 | 是，可以通过SalesLogix OLE DB provider进行实时集成。 | |
| 3.1.4 | 批集成能力 | 是，Saleslogix支持使用SalesLogix Architect进行集成和扩展。Saleslogix的动态链接可以使用批处理模式，可以计划实现近似及时。 | |
| 3.1.5 | 例子和模板集成 | 是，Saleslogix装载了与配置集成或模板，此外，还有一个子级别的业务映射（35个左右），使得集成、打开和关闭功能更加容易。 | |
| 3.1.6 | 预定义集成点 | 是，Saleslogix的动态链接可以进行成品集成。这些预定义的集成点连接客户、联系人、订单、发票、发票历史、产品/项目、仓库、供应商和有些时候的退换货管理（RMA）。 | |
| 3.1.7 | 系统基础配置工具 | 没有系统基础配置工具。 | |
| 3.1.8 | 配置工具标准 | 没有配置工具标准。 | |
| 3.1.9 | 反向工程工具 | ERWIN。 | |
| 3.2 | 实施团队 | | |
| 3.2.1 | 实施的内部<br>顾问服务 | 是。 | |

续表

| 编号 | 标准 | 评估 | 备注 |
|---|---|---|---|
| 3.2.2 | 内部咨询服务的规模 | 12个顾问。 | |
| 3.2.3 | 实施合作网络 | 是。 | |
| 3.2.4 | 合作伙伴网络的规模 | 超过450个合作伙伴。 | |
| 3.2.5 | 合作伙伴认证流程 | 是。 | |
| 3.2.6 | 认证课程和平均的课程时间 | 全面认证需要四个课程，每个4天。 | |
| 3.2.7 | 认证考试 | 全面认证需要4次考试。 | |
| 3.2.8 | 管理认证考试 | 在教室或在线。 | |
| 3.2.9 | 再培训/再认证流程 | 合作伙伴每年需要重新认证并学习新版本，同样需要认证和考试。 | |
| 3.3 | 时间和成本 | | |
| 3.3.1 | 50个用户的最小客户化实施时间段 | 最小客户化小于30天。 | |
| 3.3.2 | 典型的实施费用和软件许可费用的比率 | 1:1或更少，最小客户化。 | |
| 3.4 | 配置 | 强 | |
| 3.4.1 | 增加特定的业务字段类型 | 在SalesLogix Architect环境中简单拖拉。 | |
| 3.4.2 | 修改表单内容 | 简单管理任务。 | |
| 3.4.3 | 预定义表单对输入数据的限制 | 简单控制设置。 | |
| 3.4.4 | 识别必须输入字段和非必须输入字段 | 简单控制设置。 | |
| 3.4.5 | 修改窗体 | 在SalesLogix Architect环境中简单拖拉。 | |
| 3.4.6 | 对不同用户组的窗体级许可 | 在SalesLogix Administrator 定义用户和团队的字段和窗体级访问权限。 | |
| 3.4.7 | 不同用户组的记录级别的许可 | 在SalesLogix Administrator定义基于记录和客户所有权团队。 | |
| 3.4.8 | 设置工作流流程 | 通过基本脚本可以定制流程和脚本。 | |
| 3.5 | 定制 | | |
| 3.5.1 | 对外部业务软件的调用 | 在Saleslogix中任何的窗体和动作使用VB脚本，外部应用软件通过标准ADO而不用proprietary APIs可以直接访问Saleslogix的数据。 | |
| 3.5.2 | 附属表单 | 使用VB脚本进行编译。 | |
| 3.5.3 | 基于特定字段输入值创建软件活动 | 在Saleslogix中任何的窗体和动作使用VB脚本。 | |

续表

| 编号 | 标准 | 评估 | 备注 |
|---|---|---|---|
| 3.5.4 | 建立与客户应用软件和数据库集成的业务窗体和表 | SalesLogix Architect是一个类VB环境，可以用来建立任何需要的窗体和表。此外，很多标准的窗体和脚本在定制中可以看到。 | |
| 3.6 | 数据转化 | | |
| 3.6.1 | 使用数据导入工具导入多源记录 | 是。 | |
| 3.6.2 | 可用的数据转化格式 | 有ACT和 Goldmine的数据导入映射字段，可以建立其他映射。 | |
| 3.6.3 | 用户界面的动态字段映射 | 映射可以全面配置。 | |
| 3.6.4 | 通过导入工具建立字段之间的关系 | 可以建立标准映射。 | |
| 3.7 | 实时功能 | | |
| 3.7.1 | 实时仪表盘 | 可以在saleslogix仪表盘中实时访问saleslogix数据库中的数据。可以通过定制的ODBC连接显示外部财务系统的数据。 | |
| 3.7.2 | 快速申请开发工具 | 使用SalesLogix Form Designer的点和点击动作可以配置dashboard上的新元素和业务对象。 | |
| 3.7.3 | 工作流建立工具 | 通过基本的SQL脚本可以定制工作流和脚本。图形流程图表也可以用来建立营销相关流程。 | |
| 3.7.4 | 业务对象配置 | 可以通过SQL脚本为特定用户配置业务对象，可以访问业务对象的用户可以在SalesLogix Form DesignerSalesLogix Form Designer通过对业务对象的所有权和将业务对象释放给特定的员工实现。 | |
| 3.7.5 | 移动设备实施 | 可以在黑莓设备上作修改并将修改复制到Saleslogix应用软件，厂商声称可以在Saleslogix应用软件上作修改并将修改复制到黑莓设备上。 | |
| 4 | 用户友好/支持 | | |
| 4.1 | 帮助功能 | 强 | |
| 4.1.1. | 帮助菜单 | 可以通过链接访问在线的帮助支持、MS-Windows风格的帮助菜单。WEB客户端包含一个HTML帮助系统，通过服务器进行索引。 | |
| 4.1.2 | 内容敏感帮助 | 在使用特定功能时点击屏幕的帮助菜单可以获得内容敏感的在线帮助。 | |
| 4.1.3 | 详细的错误信息 | 软件提供详细的错误信息。 | |
| 4.2 | 国际化 | | |
| 4.2.1 | 多货币 | 标准版不具备，SalesLogix EMEA Professional Services Group 开发了一个客户化解决方案。 | |
| 4.2.2 | 多语言模式支持 | 有德语、西班牙语、意大利语和法语的本地化版本。 | |

续表

| 编号 | 标准 | 评估 | 备注 |
| --- | --- | --- | --- |
| 4.2.3 | 翻译能力/集成 | 所有翻译都使用一个语言词典。 | |
| 4.2.4 | 驻外办公室位置 | 澳洲、西班牙、新加坡、北美、英国和德国。 | |
| 4.2.5 | 国际支持 | 日间的支持。 | |
| 4.3 | 培训 | | |
| 4.3.1 | 可选的培训方式 | 总部有培训教室，在线由Saleslogix合作伙伴和员工完成，培训类型包括终端用户、管理员和培训师。还有网络培训。 | |
| 4.3.2 | 培训费用 | 在线，1250 美元一天（15个用户为一个培训班）。 | |
| 4.4 | 支持 | | |
| 4.4.1 | 在线支持 | 业务合作伙伴和Saleslogix专业内服务组。 | |
| 4.4.2 | 电话支持 | 是。 | |
| 4.4.3 | 免费电话号码 | 是。 | |
| 4.4.4 | 技术和用户文件 | 有文本和在线形式的实施指南、系统管理员指南和规划指南。 | |
| 4.4.5 | 网站、公告板和在线论坛 | 网络支持通过Saleslogix 网站上的问题/事件解决方案知识库实现。在线窗体提供寻求支持的问题提交或产品管理的技术要求。 | |
| 4.4.6 | 维护和支持费用 | 10%的软件费用用于维护，10%用于支持许可。 | |
| 4.4.7 | 软件售后服务期 | 60天。 | |

### 5.3.3 系统演示

1）销售模块

（1）客户管理

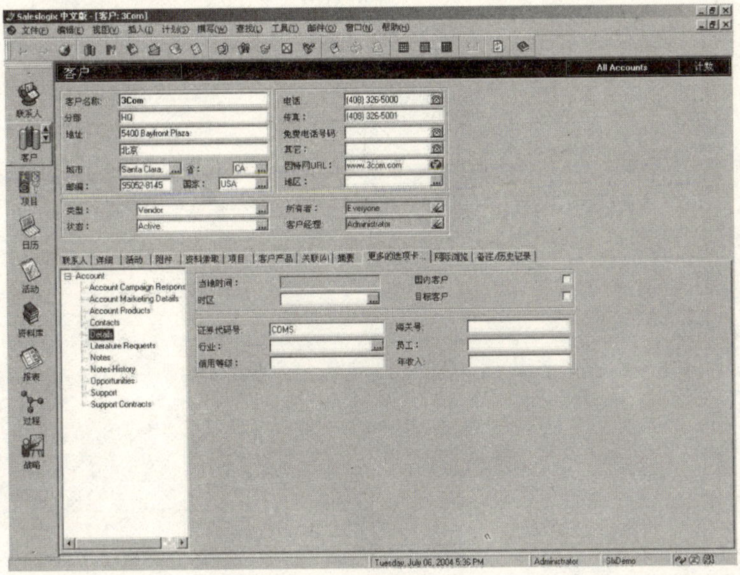


（2）联系人管理

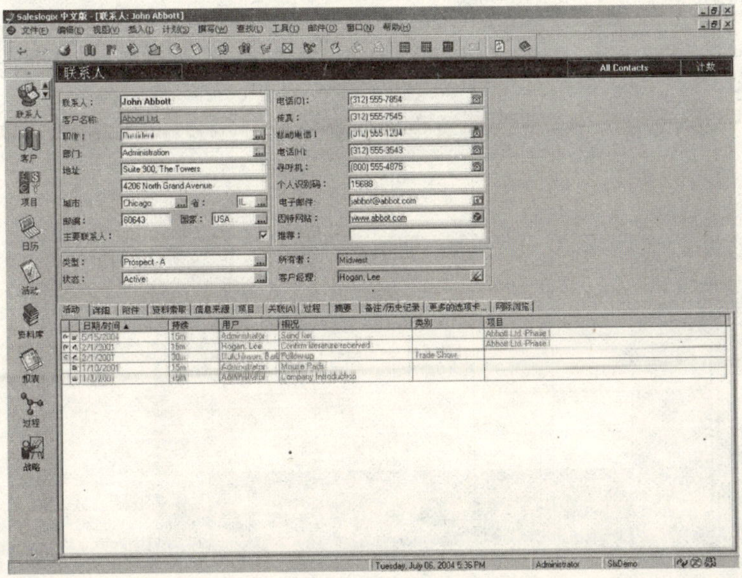

（3）活动管理

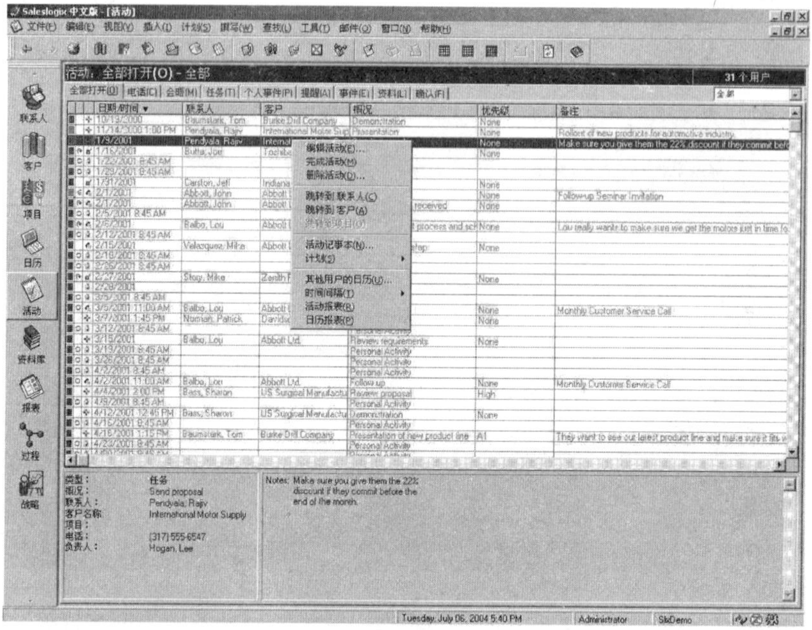

（4）时间管理

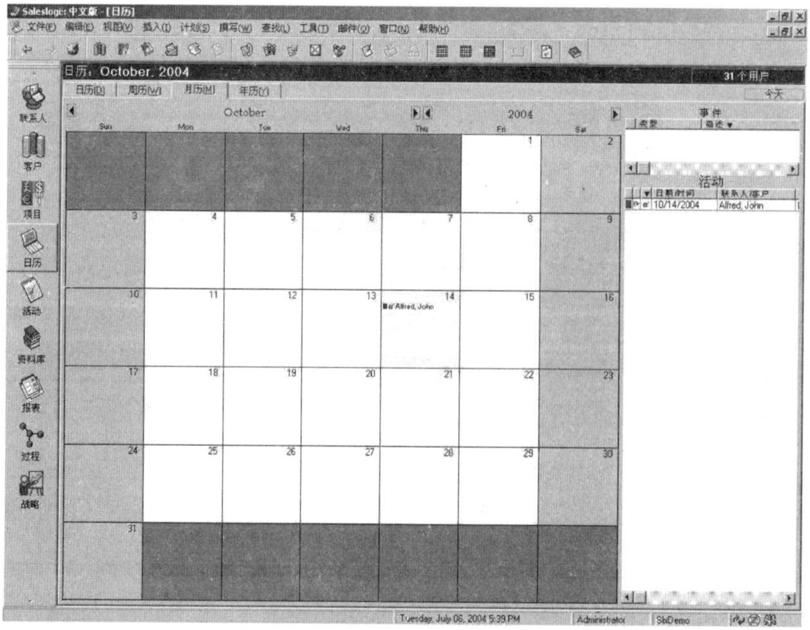

(5) 销售机会管理

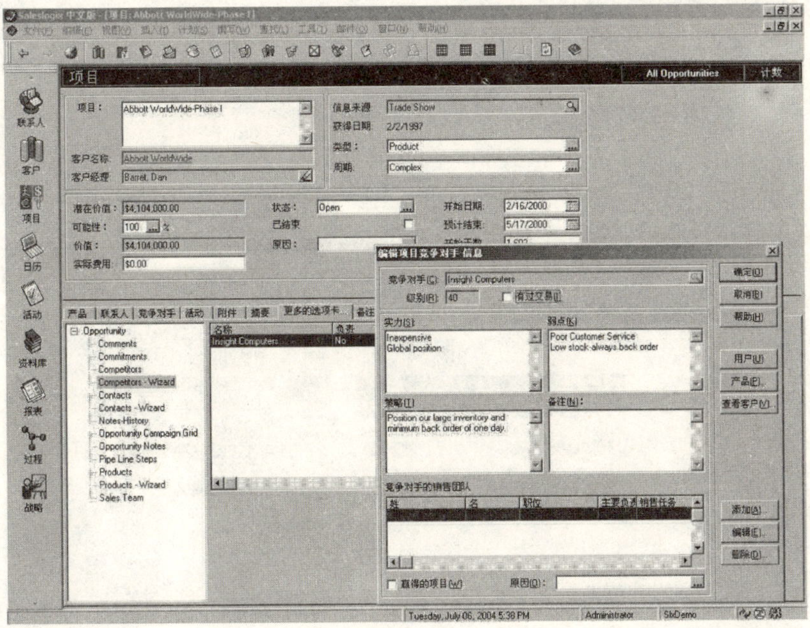


(6) 销售进程

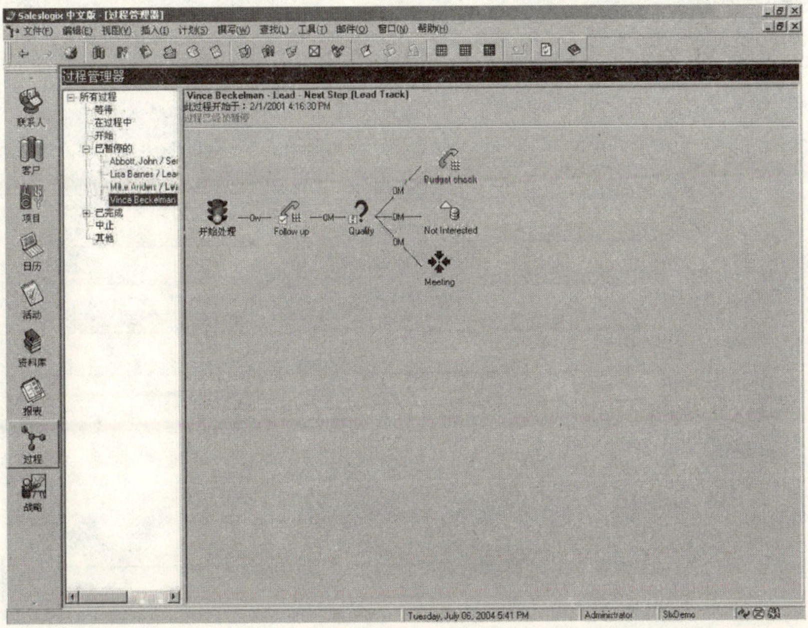

（7）产品管理

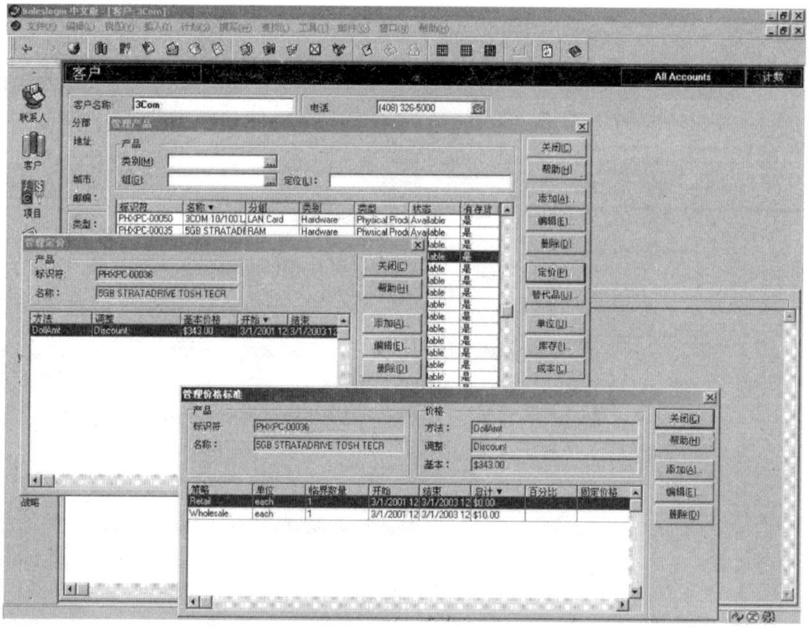
客户
All Accounts
客户名称
3Com
电话
(408) 326-5000
管理产品
产品
类别(M)
组(G)
定位(L)：
关闭(C)
帮助(H)
添加(A)...
编辑(E)...
删除(D)
定价(P)...
替代品(U)...
单位(U)...
库存(I)...
成本(C)...
PHXPC-00050
3COM 10/100 L
LAN Card
Hardware
Physical Prod
Available
PHXPC-00035
5GB STRATADI
RAM
管理定价
标识符
PHXPC-00036
名称：
5GB STRATADRIVE TOSH TECR
DollAmt
Discount
$343.00
管理价格标准
价格
方法：
调整
基本：
Retail
each
Wholesale
$0.00
$10.00

（8）任务

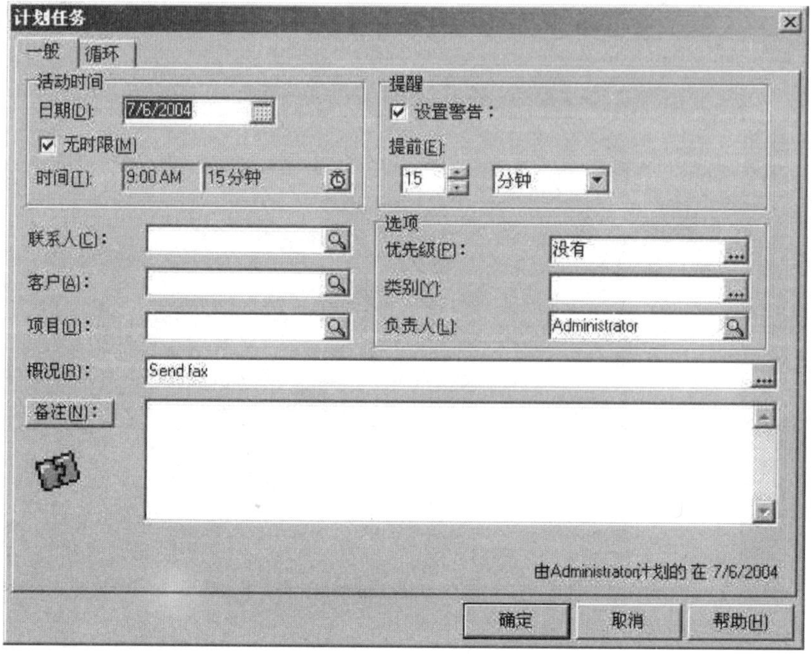
计划任务
一般
循环
活动时间
日期(D)：
7/6/2004
无时限(M)
时间(T)：
9:00 AM
15分钟
提醒
设置警告：
提前(E)：
15
分钟
联系人(C)：
客户(A)：
项目(O)：
选项
优先级(P)：
没有
类别(Y)：
负责人(L)：
Administrator
概况(R)：
Send fax
备注(N)：
由Administrator计划的 在 7/6/2004
确定
取消
帮助(H)

(9) 邮件合并群发

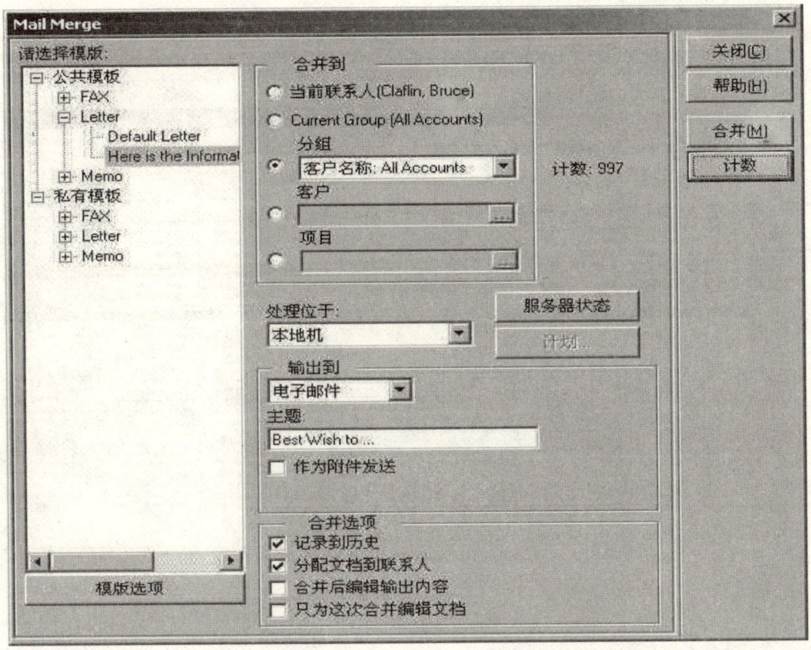


(10) 市场活动管理

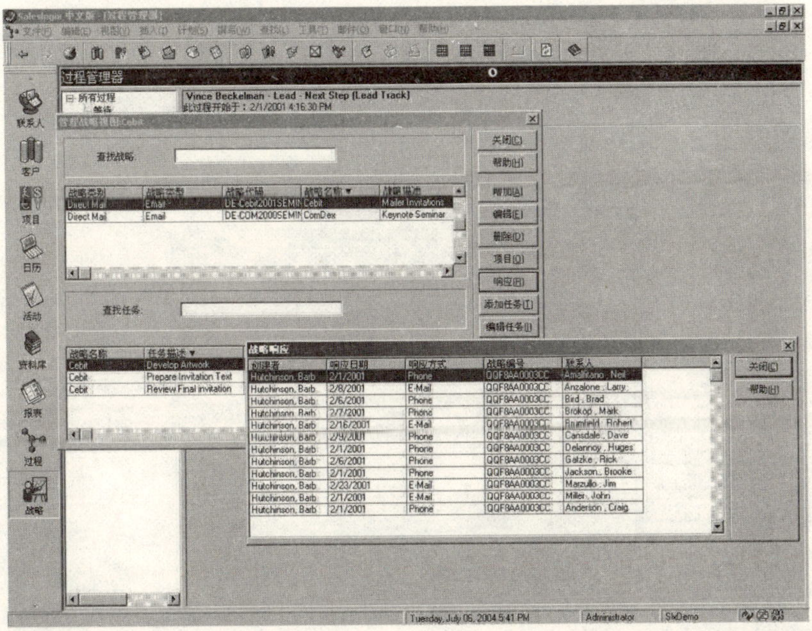

## 2）后台管理

### （1）系统管理员平台

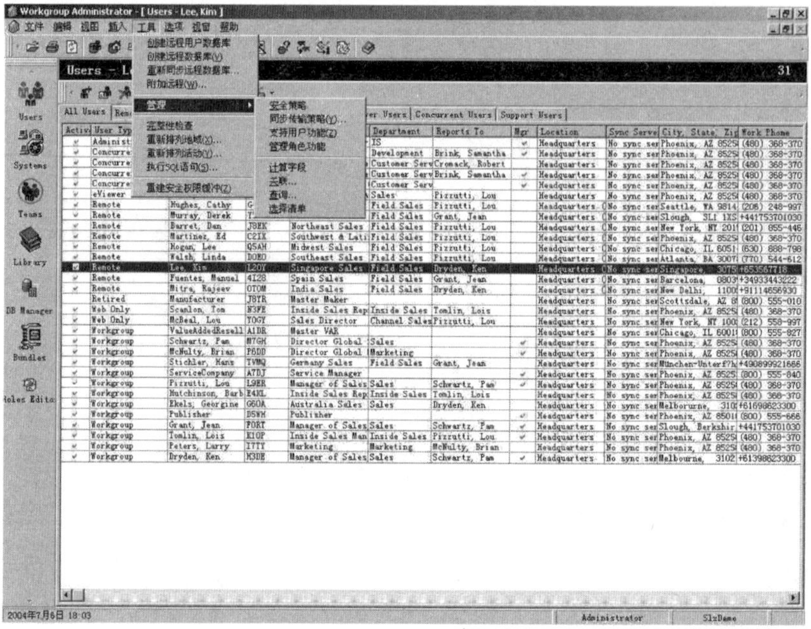


### （2）数据库管理

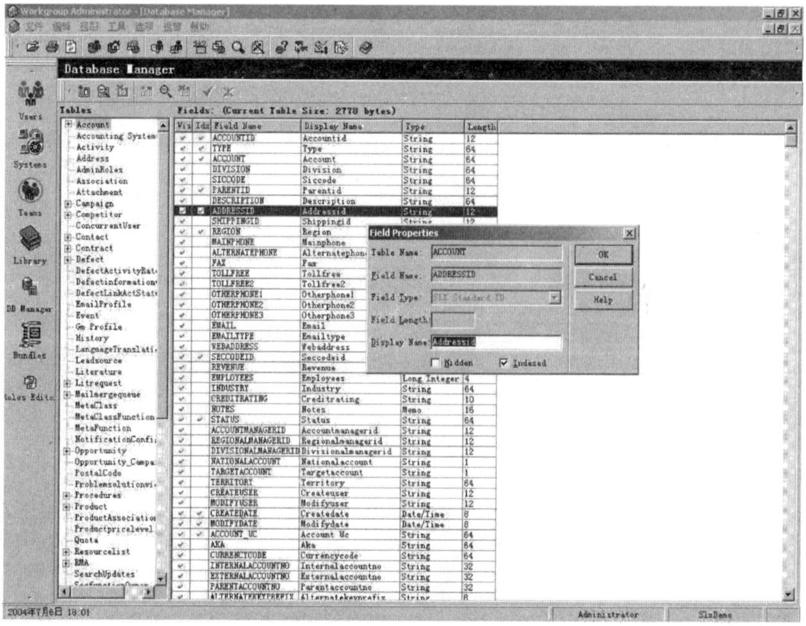

（3）视图（UI）定制

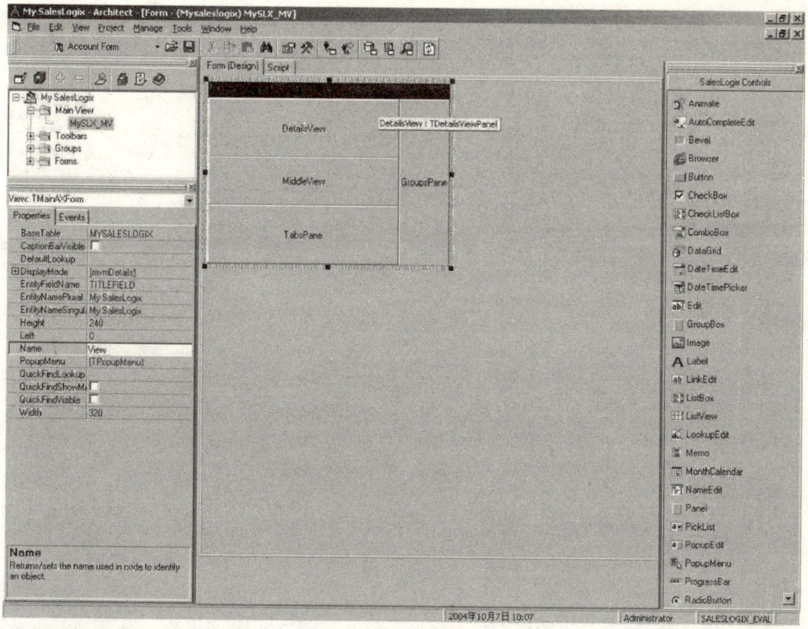


（4）编码开放与定制

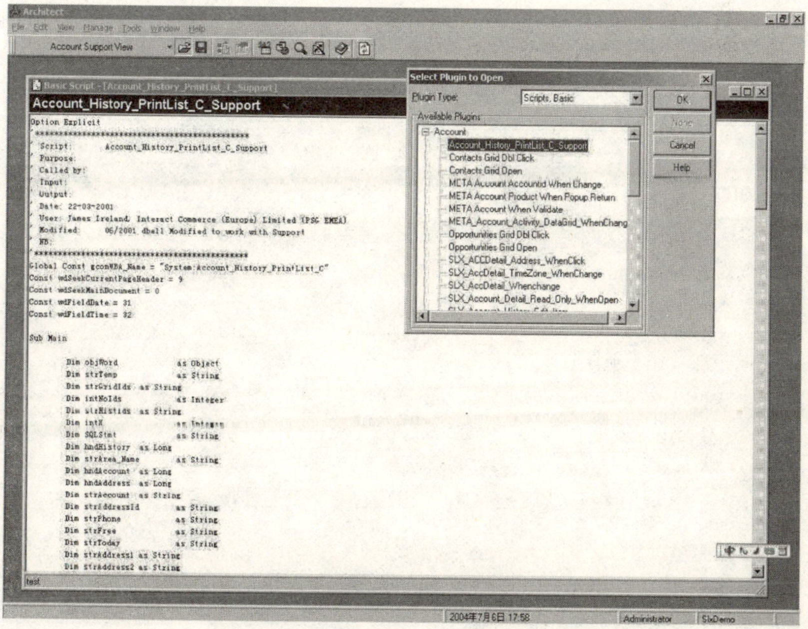

3）Web 模式

（1）客户管理

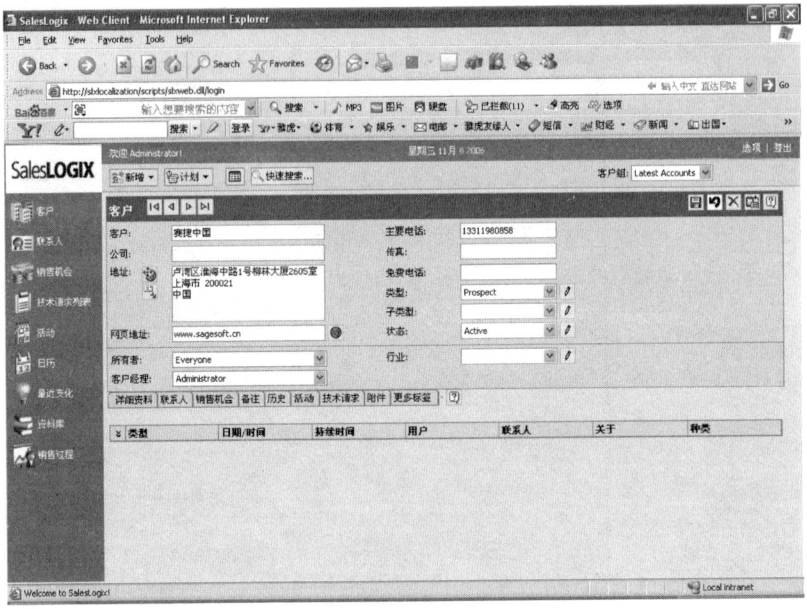


（2）联系人管理

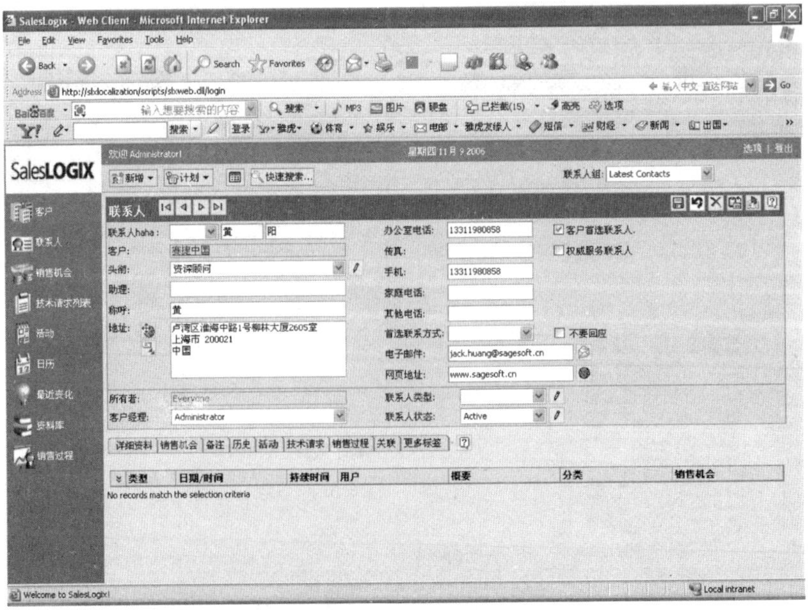

（3）销售机会

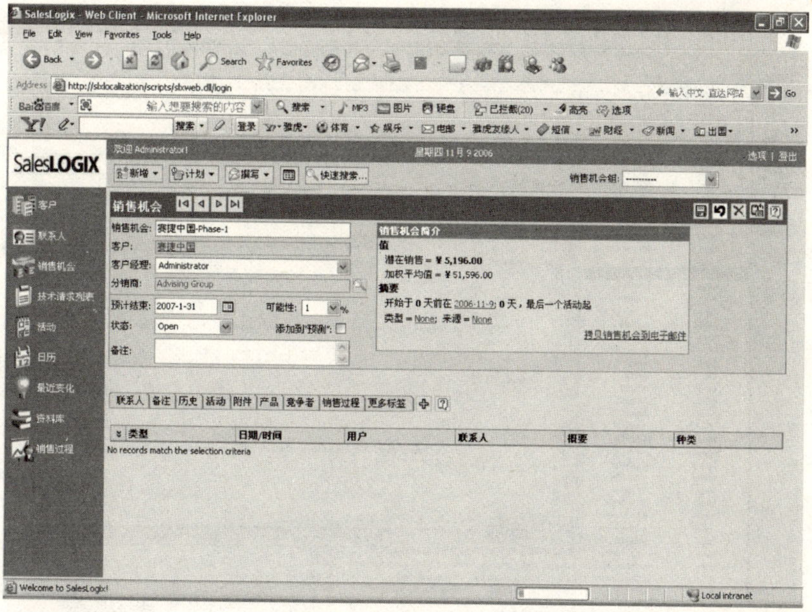
SalesLogix - Web Client - Microsoft Internet Explorer
SalesLOGIX
欢迎 Administrator!
星期四 11 月 9 2006
客户
联系人
销售机会
技术请求列表
活动
日历
最近变化
资料库
销售过程
销售机会
销售机会: 赛捷中国-Phase-1
客户: 赛捷中国
客户经理: Administrator
分销商: Advising Group
预计结束: 2007-1-31
可能性: 1
状态: Open
添加到"预测":
备注:
销售机会简介
值
潜在销售 = ¥5,196.00
加权平均值 = ¥51,596.00
摘要
类型
日期/时间
用户
联系人
概要
种类
No records match the selection criteria
Welcome to SalesLogix!
Local intranet

（4）服务请求

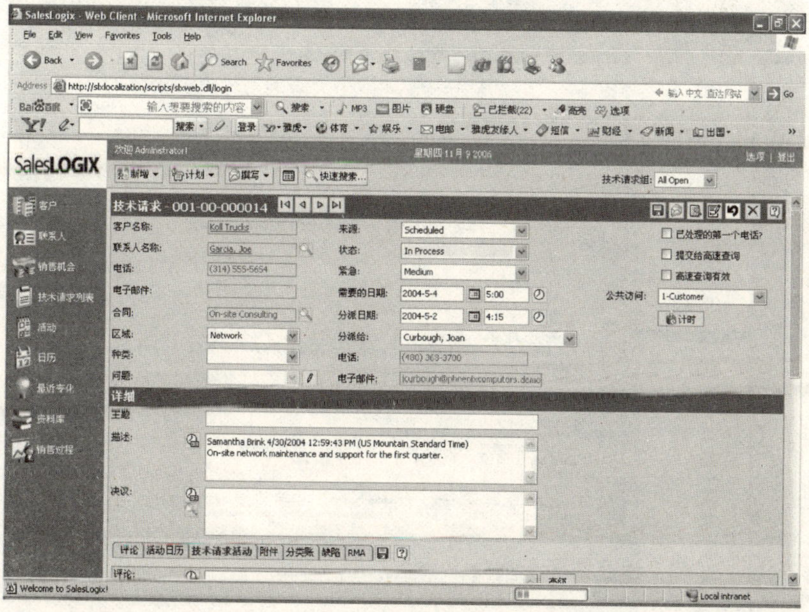
SalesLogix - Web Client - Microsoft Internet Explorer
SalesLOGIX
欢迎 Administrator!
星期四 11 月 9 2006
技术请求组: All Open
技术请求 - 001-00-000014
客户名称: Koll Trucks
联系人名称: Garcia, Joe
电话: (314) 555-5654
电子邮件:
合同: On-site Consulting
区域: Network
种类:
问题:
来源: Scheduled
状态: In Process
紧急: Medium
需要的日期: 2004-5-4 5:00
分派日期: 2004-5-2 4:15
分派给: Curbough, Joan
已处理的第一个电话?
提交给高速查询
高速查询有效
公共访问: 1-Customer
计时
详细
主题
描述:
Samantha Brink 4/30/2004 12:59:43 PM (US Mountain Standard Time)
On-site network maintenance and support for the first quarter.
决议:
评论:
Welcome to SalesLogix!
Local intranet

Web 页面模板定制

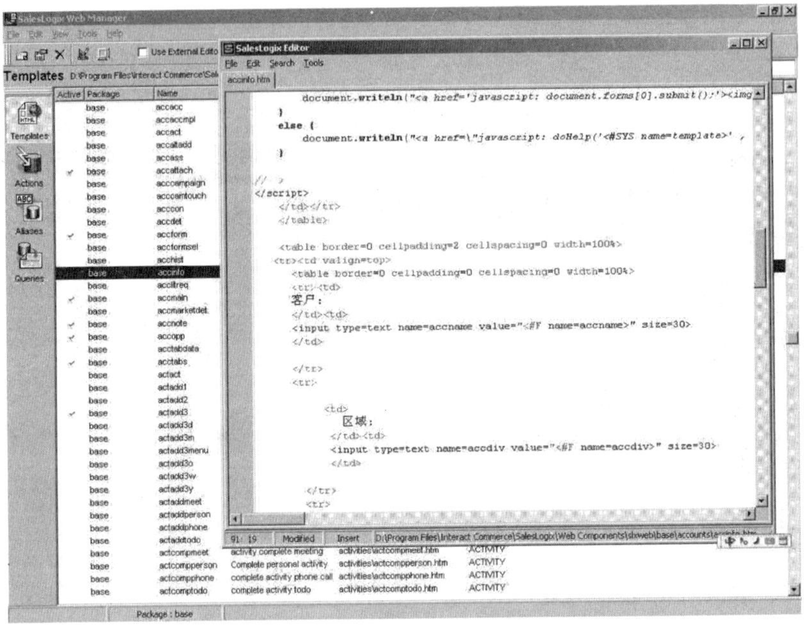

Web 编码（脚本）定制

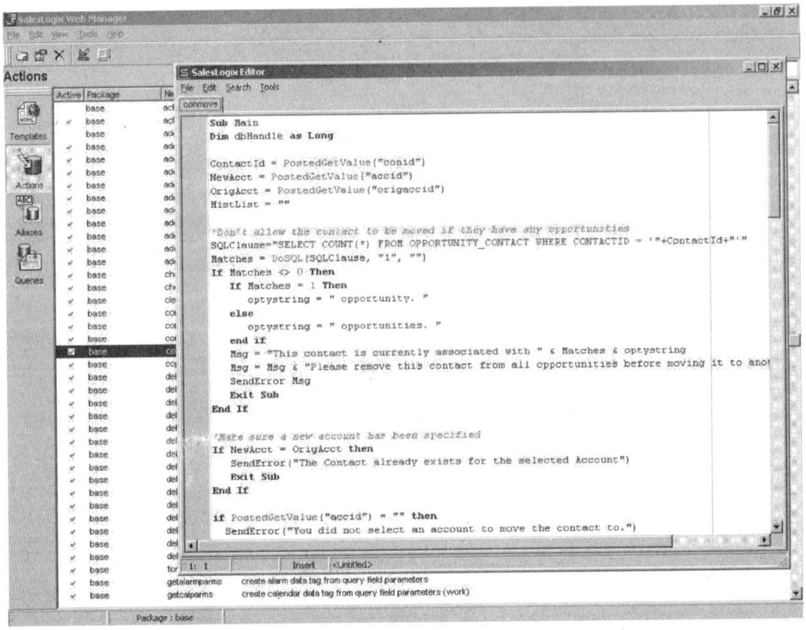

### 5.3.4 总体评价

续表

Sage CRM saleslogix v 6.2.3 包 括 saleslogix Sales、Support 和 Markting。有强大的联系人管理、客户管理、时间管理、销售管理、市场营销、线索管理、电话营销、客户服务和业务分析功能。并且提供好的合作伙伴关系管理、客户接触中心、实时功能和项目管理功能。利用 saleslogix web client 可以实现基于 Web 的版本。上述功能是不同的产品和模块中共同拥有的功能。

每个界面上显示的信息都是全面和可以定制的。比如，联系人和客户窗体的上半部分显示包括所有基础的联系信息（地址、电话号码、传真、电子邮件地址等）。在窗体的中部显示会计、销售历史、活动等等。整个软件的窗体都支持拖拉列表功能。在指针滑过活动列表时用户可以通过弹出的窗体察看活动的详细信息。导航条包括大的易于连接的标签,用户通过点击访问联系人、客户、预测以及其他信息。选择 WebPhone 可以从 saleslogix 数据库中获得信息并自动呼叫或给联系人发送电子邮件。

时间管理中的计划、代办事项等可以与 MS-outlook 集成，可以与其他的组软件例如 Lotus Notes 进行双向集成。由 Saleslogix 版的 Pumatech’s IntelliSync 提供小组智能。电子邮件和传真功能可以在内部实现，也可以与流行的第三方软件集成。备注字段包含可以放入知识库的信息，可以通过关键字进行自然语言查询。集成的 Verity 的搜索引擎支持这种功能。

通过与 Sage 软件的财务产品 MAS90/200/500 集成实现订单输入和历史查询。Saleslogix 还可以与 SAP、JD Edwards 和 Great Plains 之类的 ERP/ 后台系统集成。通过集成订单输入屏幕，可以自动填入合适的价格和其他已经由会计部门更新过的会计 / 财务相关信息。可以使用水晶报表之类的工具进行报价和建议书模板的设计。

通过图形表达（比如漏斗图、饼型图、柞状图等），增强销售周期分析和商机管理。销售漏斗图包括阶段、收入数字和商机的关闭几率。可以使用 Miller Heiman 策略销售模型，用户也可以使用流程工具开发自己的销售模型。Saleslogix library 中材料可以链接到商机记录中，实现对材料的快速访问。Sage CRM saleslogix v 6.2.3 支持 CTI，可以与电话设备集成。动态分支脚本的使用增强了电话销售和电话营销功能。

Saleslogix support 提供全功能的客户服务模块。Saleslogix support 可以输入和跟踪客户服务事件，实现事件到解决的传递。与 Saleslogix sales 的集成，可以在客户事件记录屏幕中输入标准的客户和联系人信息。还有支持自助服务的模块。WEB 票签可以让客户、合作伙伴、员工访问事件信息，比如状态、解决方案。

合作伙伴关系管理功能实际上是 WEB Client 产品的定制版本，叫做 WEBPARTNER。合作伙伴可以访问整体功能的一部分。合作伙伴不需要的一些表和对象被隐藏了（比如计划）。What' s new 屏幕显示新的客户、联系人、商机、备注等。另一个选项（附加的），来自 Endeavor Commerce 的灵活目录，可以实现复杂的产品 / 价格配置功能。使用附加的 Saleslogix BI OLAP/ROLAP 产品（Orenburg 的 OEM 产品），增强了报表和分析能力。使用 SaleslogixBI 用户可以选择任意的数据钻取所有视图并且进行切片，此外，用户可以通过设置 BI 功能得到显示主要指标的仪表盘。

费用报告功能有限。如果使用附加模块，则没有高级预测工具。此外，知识管理的功能也有限。Saleslogix 的容量取决于使用的数据库。

总之，Sage 软件的 Saleslogix6.2.3 是一个全面的 CRM 解决方案。软件有良好的界面感觉，有很多可以定制的界面元素。此外，软件可以轻易地进行定制。

## 附录

客户数：7000

可用语言：中文、法语、葡萄牙语、德语、西班牙语、英语

## 5.4 MSCRM

### 5.4.1 概述

MS CRM3.0 解决方案有以下两个版本：Microsoft CRM 3.0 Professional Edition，针对大型企业应用的全面解决方案，无用户应用规模的最大数限制；Microsoft CRM 3.0 Small Business Edition 是针对中小型企业或大型企业业务部门应用的基于 SBS 平台的解决方案，在应用规模上有 75 个用户的限制。

MS CRM3.0 提供客户和联系人管理客户汇总日历、注释和附件、电子直邮、活动和任务管理、可配置的活动、搜索和高级查找、合并、打印增强功能（与 Microsoft CRM v1.2 相比）、报表、参数化报表、商机管理、潜在顾客管理、通信 / 邮件合并、区域管理、Microsoft CRM Client for Outlook（两个版本：联机版本和脱机版本）、配额、报价单、订单和发票、服务的报价单、工作流程、产品目录、竞争对手跟踪、销售宣传资料、市场活动和报表、合同、潜在顾客路由、案例管理、知识库管理、知识库增强功能（与 Microsoft CRM 1.2 相比）、活动和案例队列、电子邮件管理，包括自动响应、市场营销自动化、服务管理增强功能（与 Microsoft CRM 1.2 相比）、服务约会、工作日历、工作管理、计划通知、案例路由等全面功能。

MS CRM3.0 是基于微软 .NET 技术开发的多层应用软件。服务器运行在 MS windows 2000 server\advanced server、Microsoft Windows Server 2003 Standard Edition/Enterprise Edition/Web Edition。客户端分为两种：Microsoft CRM 3.0 Desktop Client for Microsoft Office Outlook 和 Microsoft CRM 3.0 Laptop 。支持的数据库包括 MS-SQLServer2000/2005。（表见下页）

## 5.4.2 评估表

| 编号 | 标准 | 评估 | 备注 |
| --- | --- | --- | --- |
| 1 | 业务功能 | | |
| 1.1 | 联系人管理 | 强 | |
| 1.1.1 | 联系人概况 | 在联系人窗体中可以察看联系人的四类信息：详细信息、销售信息、服务信息和营销信息。详细信息中通用信息标签包括联系人称谓、姓名、职务、所属客户、商务电话、家庭电话、移动电话、传真、电子邮件和地址信息。可以在备注标签下为联系人添加备注和自由格式附件。通过导航图中的联系人标签察看联系人列表，可以显示的信息包括联系人全名、电话、所属客户等。列表和窗体上的标签、字段可以进行定制。可以与MS-Outlook集成进行联系人双向同步。 | |
| 1.1.2 | 组织图 | 在详细信息标签下的关系标签中可以建立客户之间的关系（比如竞争对手、合作伙伴等），此外详细信息标签还包括子联系人标签，可以察看联系人的子联系人。 | |
| 1.1.3 | 联系历史 | 在详细信息标签下的历史标签中可以察看与联系人相关的联系历史列表，显示包括主题、活动类型、活动状态、相关客户、优先级、应完成日期、实际完成日期、录入人等信息。可以钻取每条联系记录的详细信息。可以对联系记录进行过滤，条件包括最近7/30/90天、最近6/12个月、今天、昨天和所有的条件。过滤条件可以定制。 | |
| 1.2 | 客户管理 | 好 | |
| 1.2.1 | 客户信息 | 客户标签下可以察看客户的通用信息、详细信息、管理信息和备注信息。通用信息中包括客户名称、电话、客户编号、上级客户、传真、主要联系人、网址关系类型、电子邮件和地址信息等。管理信息中包括客户财务信息（所有者、线索来源、信用额度、支付周期）、联系信息（最佳联系方式，是否允许电子邮件、电话、传真和邮件联系等）和营销信息（是否发送营销材料、最近参与的营销活动等）。可以访问预定义的客户信息列表，包括客户名称、电话、地址等信息。这些字段可以定制。可以钻取客户的详细信息。所有联系人在联系人标签下显示。 | |
| 1.2.2 | 业务关系 | 通过详细信息标签下的关系标签显示客户之间的业务关系，子客户标签显示下级客户。 | |
| 1.2.3 | 活动管理 | 在详细信息标签下的历史记录标签中可以察看与客户相关的所有活动列表，显示的字段包括主题、活动类型、活动状态、相关客户、优先级、应完成日期等。可以钻取每条记录的详细信息。可以通过最近7/30/90天、最近6/12个月、今天、昨天和所有的条件进行过滤。 | |
| 1.2.4 | 订单输入 | 通过客户信息窗体中的销售标签下的订单标签可以访问订单列表，显示的信息包括订单名、状态、总额等，可以通过新增按钮输入新订单。 | |
| 1.2.5 | 订单历史 | 通过客户信息窗体中的销售标签下的订单标签可以访问订单列表，显示的信息包括订单名、状态、总额等，获得订单的历史信息。可以导出为EXCEL格式的文件。 | |
| 1.2.6 | 销售合同生成 | 没有现成的销售合同生成功能，通过定制可以实现。 | |
| 1.2.7 | 报价单/建议书生成 | 在客户信息窗体中的销售标签下可以访问报价列表，显示的信息包括报价名称、状态、总额等。可以根据状态（草稿、活跃、成功、完成、所有的）进行过滤。 | |

续表

| 编号 | 标准 | 评估 | 备注 |
|---|---|---|---|
| 1.3 | 销售管理 | | |
| 1.3.1 | 销售机会管理 | 通过销售模块中的商机标签察看商机的详细信息，预定义的字段包括主题、潜在客户、状态、实际收入、实际完成日期。通过分派图标可以将商机分派给销售人员或销售团队。可以进行商机的共享。可以将业务规则和工作流应用到商机中，二者可以在工作流管理器中进行定制。 | |
| 1.3.2 | 销售周期管理/销售指标 | 可以在工作流管理器中定义销售流程，可以将销售分为不同的阶段，为每个阶段建立不同的动作（活动、备注、发送电子邮件、更新实体、改变状态、分派、传递URL、运行子流程、调用集合等）和条件（某项活动完成、取消或二者都不是）。 | |
| 1.3.3 | 区域联盟/分派 | 在工作流管理器中通过不同标准设置地区联盟和分派。可以将一个区域内一个员工的全部工作移交给其他区域或本区域的员工。 | |
| 1.3.4 | 活动报告 | 报表标签中提供关于营销活动和服务活动的报表，其他活动的报表可以新建。 | |
| 1.3.5 | 地图工具 | | |
| 1.3.6 | 费用报告 | 在报表标签中提供营销活动业绩报表，可以进行费用报表，也可以根据用户需要进行定制。 | |
| 1.3.7 | 宣传材料/样品管理 | 销售模块中的宣传材料标签中提供对宣传材料的管理。预定义的列表显示宣传材料的名称、主题、类型等信息。显示的字段可以进行定制。可以钻取每条记录的详细信息。 | |
| 1.3.8 | 租借管理 | 当前版本不可用。 | |
| 1.4 | 时间管理 | | |
| 1.4.1 | 日历 | 可以访问日/周/月视图的日历。在设置约会或会议时为不通时区的客户设置服务器时区和用户时区。还可以通过Palm Pilot、 Pocket PC或支持WAP的设备访问日历，可以通过plugin直接地管理Outlook中的日历。与Outlook双向集成，包括自动同步任务、日历项目和联系人。用户还可以增加很多用户需要的项目进行同步。MS-CRM 3.0有Outlook脱机版。 | |
| 1.4.2 | 任务列表 | 在活动标签中可以察看任务的列表，包括各种类型的任务，预定义列表显示活动类型、主题、相关客户、开始时间、应完成时间等字段。可以根据任务主题进行查找并按照类型进行分类显示。 | |
| 1.4.3 | 电子邮件 | 可以群发电子邮件，WEB客户端不支持邮件合并，使用CRM Client For Outlook可以进行邮件合并。可以使用预定义和自定义的邮件模板。可以添加附件。 | |
| 1.4.4 | 传真 | 可以直接发送传真。 | |
| 1.4.5 | 备注 | 可以使用自由格式的备注。 | |
| 1.4.6 | 交易记录和追踪审计 | 为活动记录自动设置时间戳，可以自动记录做记录的用户，也可以通过设置进行修改。 | |
| 1.5 | 客户交互中心 | 当前版本不可用。 | |
| 1.5.1 | 客户自助服务 | 当前版本不可用。 | |

续表

| 编号 | 标准 | 评估 | 备注 |
|---|---|---|---|
| 1.5.2 | 自动电子邮件回复 | 当前版本不可用。 | |
| 15.3 | 客户概况屏幕弹出 | 与电话系统集成。支持来电客户信息弹出。 | |
| 1.5.4 | 交互式日历表 | 当前版本不可用。 | |
| 1.5.5 | 交互式支持/多媒体门户管理 | 当前版本不可用。 | |
| 1.5.6 | 工作力量管理 | 当前版本不可用。 | |
| 1.6 | 客户服务 | | |
| 1.6.1 | 客户事件分派 | 通过工作流管理器设置工作流，可以根据预定义和自定义标准对客户事件进行分派。客户事件信息中的预定义字段有标题、所属客户、主题、服务类型、来源、状态、跟进日期、优先等级等。 | |
| 1.6.2 | 事件升级 | 可以在工作流管理器中设置事件升级的条件，服务的升级条件比如：在建立 4 天后仍未关闭则进行升级。 | |
| 1.6.3 | 事件生命周期管理 | 可以在服务模块中跟踪服务事件开始的时间、责任人和处理进展。 | |
| 1.6.4 | 问题解决方案数据库/查询 | 服务模块中有知识库功能，可以使用知识库中内置的模板建立相关的文章，查询方式包括全文查询、关键字查询、 标题查询、编号查询和主题浏览等，并且可以选择精确和模糊两种查找方式。可以在设置模块中对模板的类型进行定制。可以为任何服务事件添加备注和自由格式附件。 | |
| 1.6.5 | 事件报告 | 可以在服务模块中察看事件列表，预定义报表中的字段包括标题、状态、服务编号、优先级、建立日期等，显示的字段可以在设置中进行定制，也可以利用高级查询功能建立并保存新的查询视图。 | |
| 1.6.6 | 订单管理 | | |
| 1.6.7 | 返修授权管理和分析 | 使用SRS (SQL Server Reporting Services)。 | |
| 1.6.8 | 服务水平协议/售后服务管理 | 服务模块有合同管理。 | |
| 1.7 | 现场服务管理 | | |
| 1.7.1 | 呼叫处理/分派/计划/工作力量管理 | | |
| 1.7.2 | 存货管理 | 可以管理产品种类但不能管理存货，可以通过定制实现。 | |
| 1.7.3 | 问题解决管理 | 服务模块中的知识库功能可以进行问题解决方案管理。 | |

续表

| 编号 | 标准 | 评估 | 备注 |
|---|---|---|---|
| 1.7.4 | 时间和费用报表 | 可以定制时间和费用的报表。 | |
| 1.7.5 | 远程知识管理 | | |
| 1.7.5 | E服务 | 与E服务软件集成。 | |
| 1.7.6 | 无线应用能力 | 支持无线应用。 | |
| 1.7.7 | 无线应用能力模式 | | |
| 1.8 | 电话营销/销售 | | |
| 1.8.1 | 呼叫管理 | 与CTI集成实现呼叫管理。 | |
| 1.8.2 | 脚本 | 与CTI集成实现呼叫管理。 | |
| 1.8.3 | 呼叫记录 | 与CTI集成实现呼叫管理。 | |
| 1.8.4 | 呼叫统计/报告 | 与CTI集成实现呼叫管理。 | |
| 1.8.5 | 自动拨号 | 与CTI集成实现呼叫管理。 | |
| 1.9 | 市场营销 | | |
| 1.9.1 | 市场营销管理 | 可以访问营销名册、营销活动的列表，在营销活动标签中可以设置营销活动的名称、状态、活动编号、活动类型、期望的响应、价格列表、计划开始日期、计划结束日期、实际开始日期、实际结束日期以及活动预算、杂费、实际费用。估计收入和总体费用等财务信息。可以计划活动任务。 | |
| 1.9.2 | 市场营销细分工具 | 可以建立不同的营销列表实现营销的细分。 | |
| 1.9.3 | 市场营销（媒体）百科全书 | 使用文章管理功能可以存储并查询营销相关的文件。 | |
| 1.9.4 | 预测模型工具 | 当前版本不可用。使用SRS (SQL Server Reporting Services)可以定制。 | |
| 1.9.5 | 产品价格配置器 | 在销售模块中为特定的产品设置价格策略。可以将产品分为大类。 | |
| 1.9.6 | 客户生命周期价值 | 当前版本不可用。可以通过定制实现。 | |
| 1.9.7 | 客户调查管理 | 当前版本不可用。 | |
| 1.9.8 | 宣传资料提供 | 销售模块中的销售资料标签管理宣传资料。可以用文本或附件的形式提供宣传材料。在流程管理器中可以设置宣传材料的相关计划。 | |

续表

| 编号 | 标准 | 评估 | 备注 |
|---|---|---|---|
| 1.9.9 | 文字处理能力 | 可以与MS-Word无缝集成。 | |
| 1.10 | 线索管理 | | |
| 1.10.1 | 优化 | 使用数据移植脚本把企业各种形式的数据(如Excel/SQL/Access)导入CRM系统。可以直接导入的数据格式有TXT、CSV。 | |
| 1.10.2 | 培育 | 在工作流管理器中可以设置线索建立后到执行相应活动的等待时间。 | |
| 1.10.3 | 资格确认/设置优先权 | 可以在工作流管理器中设置。 | |
| 1.10.4 | 路由 | 通过工作流管理器设置线索的自动路由或手动进行线索分派。 | |
| 1.10.5 | 跟踪 | | |
| 1.11 | 合作伙伴关系管理 | | |
| 1.11.1 | 渠道计划管理 | 合作伙伴使用标准浏览器，使用系统管理员提供的账号和密码可以访问CRM系统。可以定制相应的渠道计划管理功能。 | |
| 1.11.2 | 商机管理 | 合作伙伴使用标准浏览器和系统管理员提供的账号和密码可以访问CRM系统，并获得所在区域的商机信息。 | |
| 1.11.3 | 报表能力 | 合作伙伴使用标准浏览器和系统管理员提供的账号和密码可以访问CRM系统，根据自己的权限具有不同的报表能力。 | |
| 1.11.4 | 销售管理 | 合作伙伴使用标准浏览器和系统管理员提供的账号和密码可以访问CRM系统，访问本区域或团队的相关销售信息。 | |
| 1.11.5 | 市场营销 | 合作伙伴使用标准浏览器和系统管理员提供的账号和密码可以访问CRM系统，访问本区域或团队的相关营销信息。 | |
| 1.11.6 | 线索管理 | 合作伙伴使用标准浏览器和系统管理员提供的账号和密码可以访问CRM系统，访问本区域或团队的相关线索信息。 | |
| 1.11.7 | E服务 | 合作伙伴使用标准浏览器和系统管理员提供的账号和密码可以访问CRM系统，访问本区域或团队的相关服务信息。 | |
| 1.11.8 | 合作伙伴协议 | | |
| 1.12 | 知识管理 | | |
| 1.12.1 | 信息来源 | | |
| 1.12.2 | 信息附件 | 可以为系统中所有实体添加附件。 | |
| 1.12.3 | 搜索引擎 | 用户可以使用查询和高级查询功能，可以对实体进行多标准查询。 | |

续表

| 编号 | 标准 | 评估 | 备注 |
| --- | --- | --- | --- |
| 1.12.4 | 推理引擎 | 知识库中可以将文章进行分类，用户可以使用查询和高级查询功能对任何实体进行查询，并可以选择查询精确匹配和模糊匹配。 | |
| 1.12.5 | 文件管理 | 知识库功能可以实现对文件管理。 | |
| 1.13 | 业务分析 | | |
| 1.13.1 | 预定义报表 | 报表标签中内置2 1个预定义报表模板，报表可以直接打印或导出为带有Office Web组件的HTML、EXCEL 、Web Archive、PDF、Tiff文件、CSV或带有报表数据的XML格式文件。报表可以使用不同的格式察看，比如饼状图、柱状图、线图等。 | |
| 1.13.2 | 用户定义报表 | 使用SRS (SQL Server Reporting Services)用户可以任意新增报表。 | |
| 1.13.3 | 预定义查询 | 使用高级查找功能查找CRM数据库中的信息，并将查找结果保存为视图。 | |
| 1.13.4 | Ad hoc 查 询(案例查询) | 可以建立并保存Ad hoc查询，使用户可以再次使用。另外可以选择允许其他用户使用，以供其他用户使用。 | |
| 1.13.5 | 自动向上/向下钻取能力 | 支持。 | |
| 1.13.6 | 预测/规划工具 | 使用SRS (SQL Server Reporting Services)可以进行预测和规划。 | |
| 1.13.7 | 图表或统计建模工具 | 可以与MS-SharePoint和Excel集成。 | |
| 1.13.8 | 仪表板/显示主要指标的门户界面 | 有多种不同的方法可以实现仪表盘功能。 | |
| 1.13.9 | 门户集成到CRM应用软件 | 可以与多种门户应用软件集成。 | |
| 1.13.10 | 网站更新变化提醒 | 当前版本不可用。 | |
| 1.13.11 | 提醒/闹钟功能 | | |
| 1.13.12 | 实时分析能力 | 通过 SRS (SQL Server Reporting Services) 实现的强大报表功能。 | |
| 1.14 | 电子业务 | | |
| 1.14.1 | 定制 | 当前版本不可用。可以通过与其他解决方案集成实现。 | |
| 1.14.2 | 门户能力 | 当前版本不可用。可以通过与门户解决方案集成。 | |
| 1.14.3 | 门户合成应用软件 | 当前版本不可用。 | |
| 1.14.4 | 内容管理 | 当前版本不可用。 | |

续表

| 编号 | 标准 | 评估 | 备注 |
|---|---|---|---|
| 1.14.5 | 前台商店 | 当前版本不可用。 | |
| 1.14.6. | 订单/交易处理 | 当前版本不可用。 | |
| 1.14.7 | 交叉销售 | 当前版本不可用。 | |
| 1.14.8 | 在线客户行为分析和报告 | 当前版本不可用。 | |
| 1.15 | 供应链管理 | 当前版本不可用。 | |
| 1.15.1 | 电子采购 | 当前版本不可用。 | |
| 1.15.2 | B2B界面/软件包 | 当前版本不可用。 | |
| 1.15.3 | 物流管理 | 当前版本不可用。 | |
| 1.15.4 | 产品生命周期管理 | 当前版本不可用。 | |
| 1.16 | 项目管理 | | |
| 1.16.1 | 项目任务/交付情况管理 | | |
| 1.16.2 | 承包商/子承包商关系 | | |
| 1.16.3 | 项目资源定位 | 当前版本不可用，可以通过定制实现。 | |
| 1.16.4 | 时间/费用管理 | 当前版本不可用，可以通过定制实现。 | |
| 1.17 | 员工关系管理 | 当前版本不可用。 | |
| 1.17.1 | 工作定位/申请者认证 | 当前版本不可用。可以通过定制实现。 | |
| 1.17.2 | 员工业绩 | 当前版本不可用。可以通过定制实现。 | |
| 1.17.3 | 员工培训、技巧 | 当前版本不可用。可以通过定制实现。 | |
| 1.17.4 | 佣金管理 | 当前版本不可用。可以通过定制实现。 | |
| 1.17.5 | 设备管理 | | |
| 2 | 技术特征 | | |
| 2.1 | 工作流 | | |

续表

| 编号 | 标准 | 评估 | 备注 |
|---|---|---|---|
| 2.1.1 | 流程配置能力 | 使用工作流管理器可以进行工作流的配置。可以对不同的实体建立工作流，通过规则和动作实现相应的功能。 | |
| 2.1.2 | 警报/通知 | 公告功能可以实现全局的通知。 | |
| 2.1.3 | 任务分派 | 使用工作流管理器设置相应的条件或手动实现任务分派。 | |
| 2.1.4 | 工作流定制 | 使用工作流管理器可以进行工作流的定制。 | |
| 2.2 | 结构一致性 | | |
| 2.2.1 | 是否所有软件模块采用同一种结构? | 是。 | |
| 2.2.2 | 是否所有的软件模块无缝的集成? | 是。 | |
| 2.3 | 技术细节 | | |
| 2.3.1 | 支持的台式机/笔记本操作系统 | Web客户端无要求。<br>Microsoft CRM 3.0 Desktop / Laptop Client for Microsoft Office Outlook 客户端要求：带有 SP4 的 Windows 2000 Professional 或带有 SP1 的 Windows XP Professional（支持 Service Pack 2，但并非必需的组件），带有 SP1 的 Microsoft Office 2003 Edition或带有 SP3 的 Microsoft Office XP (2002)，Microsoft Internet Explorer 6 SP1，Microsoft .NET Framework 1.1，Windows 索引服务（仅用于 Microsoft CRM Laptop Client for Outlook），Microsoft SQL Server 2000 Desktop Engine (MSDE)（仅用于 Microsoft CRM Laptop Client for Outlook）。 | |
| 2.3.2 | 支持的手持设备操作系统 | Windows Mobile 2003/2005。 | |
| 2.3.3 | 应用服务器支持的操作系统 | Microsoft Windows 2000 Server， Microsoft Windows 2000 Advanced Server 的所有软件都必须安装最新的 Service Pack。<br>Microsoft Windows Server 2003 Standard Edition， Microsoft Windows Server 2003 Enterprise Edition； Microsoft Windows Server 2003 Web Edition的所有软件都必须安装最新的 Service Pack。 | |
| 2.3.4 | 支持的无线技术 | GPRS。 | |
| 2.3.5 | 容量 | Microsoft CRM 3.0 Professional Edition无用户数限制。<br>Microsoft CRM 3.0 Small Business Edition限制用户数为75个。 | |
| 2.3.6 | 每个应用服务器支持的用户数 | 厂商称测试过2000个用户可以同时正常操作。 | |

续表

| 编号 | 标准 | 评估 | 备注 |
|---|---|---|---|
| 2.3.7 | WEB服务能力 | 是。 | |
| 2.3.8 | XML集成 | 是。 | |
| 2.3.9 | SOAP集成点 | 是。 | |
| 2.3.10 | XSLT和CSS支持 | 是。 | |
| 2.3.11 | ERP集成 | SAP、GreatPlain、JDE、QAD等。 | |
| 2.3.12 | 点解决方案集成 | | |
| 2.3.13 | 大量邮件分派 | 与MS-Exchange集成。 | |
| 2.3.14 | 电话交换和/或PBX集成 | 可以与思科、avaya等的产品进行集成。 | |
| 2.3.15 | 开发使用的编程语言 | .net。 | |
| 2.3.16 | 软件结构 | N层。 | |
| 2.3.17 | 当前结构发布日期 | 2005年11月。 | |
| 2.3.18 | 第一款软件发布日期和平台 | MSCRM1.2，2003年12月。 | |
| 2.3.19 | 最后的软件发布日期和平台 | MS CRM 3.0 .Windows 2000 Server \Advanced Server\ 2003 Standard Edition \ 2003 Enterprise Edition \ Web Edition。 | |
| 2.3.20 | 安全结构 | 操作系统、增强的应用软件和数据库级别的安全。 | |
| 2.3.21 | LDAP编译 | 是，在活动目录环境中可以实现LDAP查询。 | |
| 2.3.22 | 支持目录 | 是，服务器必须升级为活动目录。 | |
| 2.3.23 | 台式机/笔记本客户端最低硬件配置要求 | 任何支持WEB浏览器的系统。 | |
| 2.3.24 | 应用服务器最低硬件配置要求 | MS Dynamic CRM Professional Sever要求以下硬件配置：<br>计算机/处理器——两个 700 MHz 或更高频率的 Intel Pentium (Xeon PIII) 处理器或其他兼容的 CPU。推荐使用两个 1.8 GHz Pentium (Xeon P4) 处理器。<br>内存——512 MB 的内存。<br>硬盘——8GB,具有硬件 RAID 5 的 SCSI。<br>网卡——10/100 兆比特。 | |

续表

| 编号 | 标准 | 评估 | 备注 |
| --- | --- | --- | --- |
| 2.3.25 | 手持设备最低硬件要求 | Microsoft CRM intranet和Microsoft Small Business Server intranet:<br>基于Windows Mobile® 2003/2005的Pocket PC 或 Pocket PC Phone Edition (ARM 或Xscale 处理器)。最低64 MB RAM ,推荐使用128 MB RAM。处理器最低要求: 400 MHz minimum<br>Microsoft Small Business Server 2003 Internet 和所有 perimeter network Internet :基于Windows Mobile 2005的Pocket PC 或Pocket PC Phone Edition （ARM或Xscale 处理器）。使用Intel CPU的设备, 最低要求526 MHz ，使用Texas Instruments architecture CPU的设备, 最低要求206MHz。<br>GPRS解决方案使用的设备必须支持GPRS3.5” 屏幕, 最低240 x 320 像素。推荐: secure digital card slot 和 asecure digital card, 或 CompactFlash card slot 和 a CompactFlash card。Microsoft CRM Mobile 不能安装在任何存储设备上，包括NAND 和flash 存储器。 | |
| 2.3.26 | 软件开发和定制使用的工具包 | Microsoft Dynamics CRM 软件开发工具包 (SDK)。 | |
| 2.3.27 | 支持的数据库服务器 | MS-SQL server2000/2005。 | |
| 2.3.28 | 应用服务器软件 | MS CRM server。 | |
| 2.3.29 | COM/CORBA编译 | 是。 | |
| 2.3.30 | 软件包提供的桌面数据库 | MSDE 2000 。 | |
| 2.3.31 | 软件提供的手持数据库 | | |
| 2.3.32 | 数据库协议 | ODBC。 | |
| 2.3.33 | 连接模式 | LAN、browser。 | |
| 2.3.34 | 服务器客户端同步 | Microsoft CRM 3.0 Desktop / Laptop Client for Microsoft Office Outlook 客户端与服务进行双向同步。 | |
| 2.3.35 | 服务器到服务器数据同步支持 | 是。 | |
| 2.3.36 | 支持的门户技术工具 | | |
| 2.3.37 | 多数据源门户界面EII解决方案 | | |
| 2.3.38 | 即时信息能力 | | |
| 2.3.39 | 语音识别支持 | 厂家声称移动用户可以直接用声音查询资料并将查到的资料以语音方式传回用户。 | |

续表

| 编号 | 标准 | 评估 | 备注 |
| --- | --- | --- | --- |
| 2.3.40 | 对瘦客户端的支持 | 是，基于web 浏览器。 | |
| 2.3.41 | 源代码可用和包括 | 不包括源代码。 | |
| 2.3.42 | Office 产品集成 | 可以与MS-Office 套件无缝集成。 | |
| 2.3.43 | 组件软件的双向集成 | MS-Exchange2000。 | |
| 3 | 实施 | | |
| 3.1 | 集成 | | |
| 3.1.1 | EAI工具 | MS-Biztalk。 | |
| 3.1.2 | EAI供应商合作关系 | | |
| 3.1.3 | OTLP集成能力 | 是。 | |
| 3.1.4 | 批集成能力 | | |
| 3.1.5 | 例子和模板集成 | 是，在微软的网站上可以获得各种例子和模板。 | |
| 3.1.6 | 预定义集成点 | 是,内置与微软其他解决方案的集成点,比如GreatPlain。 | |
| 3.1.7 | 系统基础配置工具 | 使用CRM应用服务器可以进行系统的基础配置。 | |
| 3.1.8 | 配置工具标准 | | |
| 3.1.9 | 反向工程工具 | | |
| 3.2 | 实施团队 | | |
| 3.2.1 | 实施的内部顾问服务 | | |
| 3.2.2 | 内部咨询服务的规模 | | |
| 3.2.3 | 实施合作网络 | | |
| 3.2.4 | 合作伙伴网络的规模 | | |
| 3.2.5 | 合作伙伴认证流程 | | |

续表

| 编号 | 标准 | 评估 | 备注 |
|---|---|---|---|
| 3.2.6 | 认证课程和平均的课程时间 | | |
| 3.2.7 | 认证考试 | 是。 | |
| 3.2.8 | 管理认证考试 | | |
| 3.2.9 | 再培训/再认证流程 | | |
| 3.3 | 时间和成本 | | |
| 3.3.1 | 50个用户的最小客户化实施时间段 | | |
| 3.3.2 | 典型的实施费用和软件许可费用的比率 | | |
| 3.4 | 配置 | | |
| 3.4.1 | 增加特定的业务字段类型 | 在设置中的定制标签下可以为系统中的任何实体增加新的业务字段。 | |
| 3.4.2 | 修改表单内容 | 在设置中的定制标签下可以为系统中的表单增加和修改其中的业务字段。 | |
| 3.4.3 | 预定义表单对输入数据的限制 | | |
| 3.4.4 | 识别必须输入字段和非必须输入字段 | 将必须输入字段的名称用红色显示，以提示用户必须输入该字段。 | |
| 3.4.5 | 修改窗体 | 在设置中的定制标签下可以为系统中的所有实体修改窗体。 | |
| 3.4.6 | 对不同用户组的窗体级许可 | 是。 | |
| 3.4.7 | 不同用户组的记录级别的许可 | 是。 | |
| 3.4.8 | 设置工作流流程 | 在工作流管理器中设置工作流的流程。 | |
| 3.5 | 定制 | | |
| 3.5.1 | 对外部业务软件的调用 | | |

续表

| 编号 | 标准 | 评估 | 备注 |
| --- | --- | --- | --- |
| 3.5.2 | 附属表单 | | |
| 3.5.3 | 基于特定字段输入值创建软件活动 | 在工作流管理器中通过设定条件可以实现基于特定的输入值创建软件活动。 | |
| 3.5.4 | 建立与客户应用软件和数据库集成的业务窗体和表 | | |
| 3.6 | 数据转化 | | |
| 3.6.1 | 使用数据导入工具导入多源记录 | 是。 | |
| 3.6.2 | 可用的数据转化格式 | TXT，CSV。 | |
| 3.6.3 | 用户界面的动态字段映射 | 在导入时建立源数据字段与CRM中数据字段的映射。 | |
| 3.6.4 | 通过导入工具建立字段之间的关系 | 可以在导入时建立数据之间的映射关系。 | |
| 3.7 | 实时功能 | | |
| 3.7.1 | 实时仪表盘 | 与MS-SharePoint集成实现实时仪表盘或在CRM内部定制。 | |
| 3.7.2 | 快速应用软件开发工具 | Microsoft Dynamics CRM 软件开发工具包 (SDK)可以快速地创建适合企业需求的解决方案。 | |
| 3.7.3 | 工作流建立工具 | 工作流管理器。并可以导入、导出工作流。 | |
| 3.7.4 | 业务目标配置 | | |
| 3.7.5 | 移动设备实施 | | |
| 4 | 用户友好/支持 | | |
| 4.1 | 帮助功能 | | |
| 4.1.1. | 帮助菜单 | 可以访问支持帮助主题和关键字查询的在线帮助。 | |
| 4.1.2 | 上下文帮助 | 是，提供上下文帮助。 | |
| 4.1.3 | 详细的错误信息 | 是。 | |
| 4.2 | 国际化 | | |

续表

| 编号 | 标准 | 评估 | 备注 |
| --- | --- | --- | --- |
| 4.2.1 | 多货币 | 通过与第三方软件集成支持多种货币。 | |
| 4.2.2 | 多语言模式支持 | 支持的语言包括阿拉伯语、丹麦语、芬兰语、希腊语、意大利语、波兰语、葡萄牙语、西班牙语、中文、荷兰语、法语、希伯来语、日语、瑞典语、捷克语、英语（国际）、德语、匈牙利语、挪威语（巴西语）、俄语、土耳其语。 | |
| 4.2.3 | 翻译能力/集成 | | |
| 4.2.4 | 驻外办公室位置 | | |
| 4.2.5 | 国际支持 | | |
| 4.3 | 培训 | | |
| 4.3.1 | 可选的培训方式 | | |
| 4.3.2 | 培训费用 | | |
| 4.4 | 支持 | | |
| 4.4.1 | 在线支持 | | |
| 4.4.2 | 电话支持 | 为黄金认证合作伙伴提供全天候支持。 | |
| 4.4.3 | 免费电话号码 | 8008203800 | |
| 4.4.4 | 技术和用户文件 | 实施工具包、规划工具包。网站上可以免费下载。 | |
| 4.4.5 | 网站、公告板和在线论坛 | http://www.microsoft.com/dynamics/crm/using/default.mspx | |
| 4.4.6 | 维护和支持费用 | | |
| 4.4.7 | 软件售后服务期 | | |

### 5.4.3 系统演示

1）首页

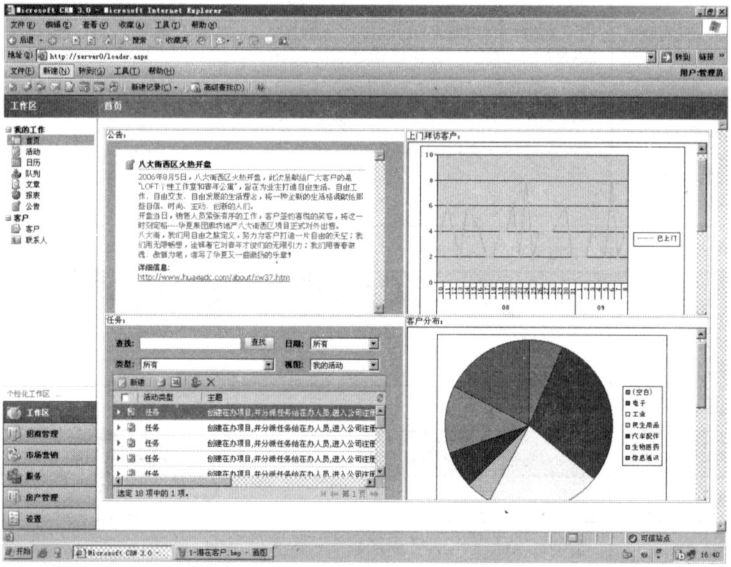


2）任务

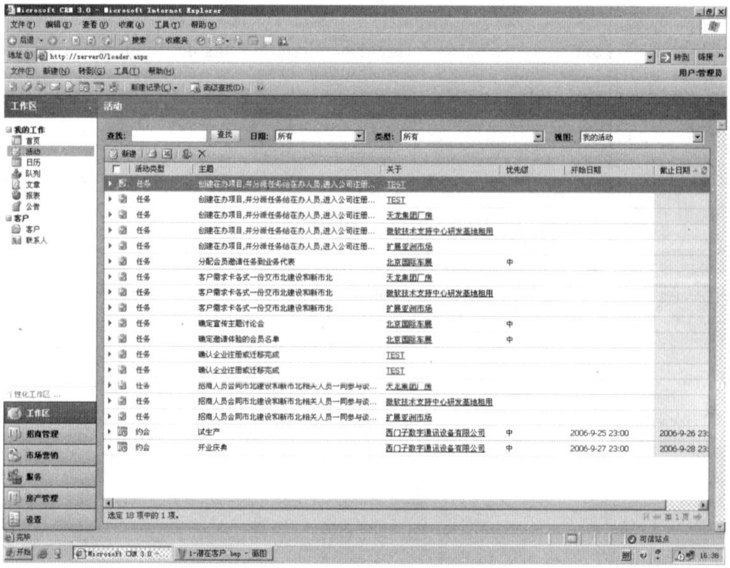

3）日历

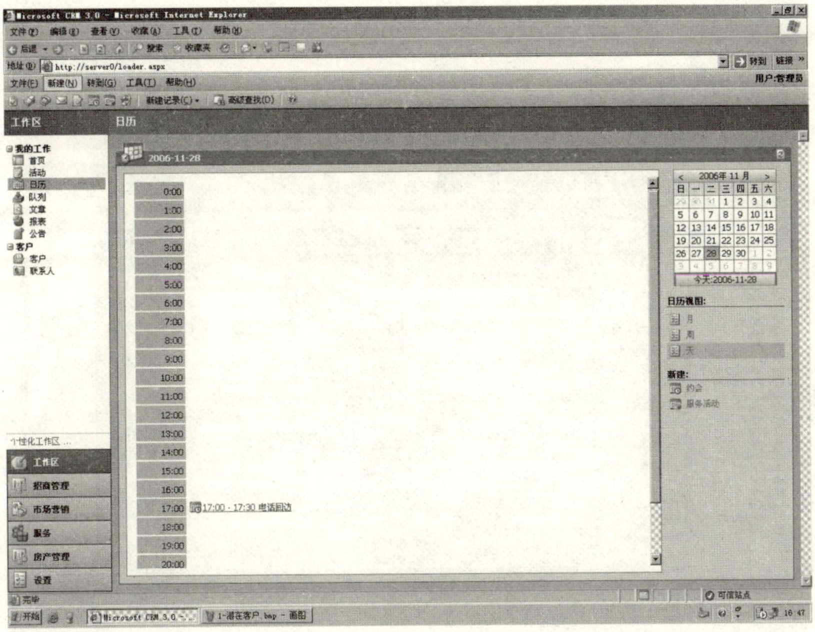
Microsoft CRM 3.0 - Microsoft Internet Explorer
http://server0/loader.aspx
用户:管理员
工作区
日历
我的工作
首页
活动
日历
队列
文章
报表
公告
客户
客户
联系人
2006-11-28
17:00 - 17:30 电话回访
2006年 11 月
今天:2006-11-28
日历视图:
月
周
天
新建:
约会
服务活动
工作区
招商管理
市场营销
服务
房产管理
设置

4）潜在客户

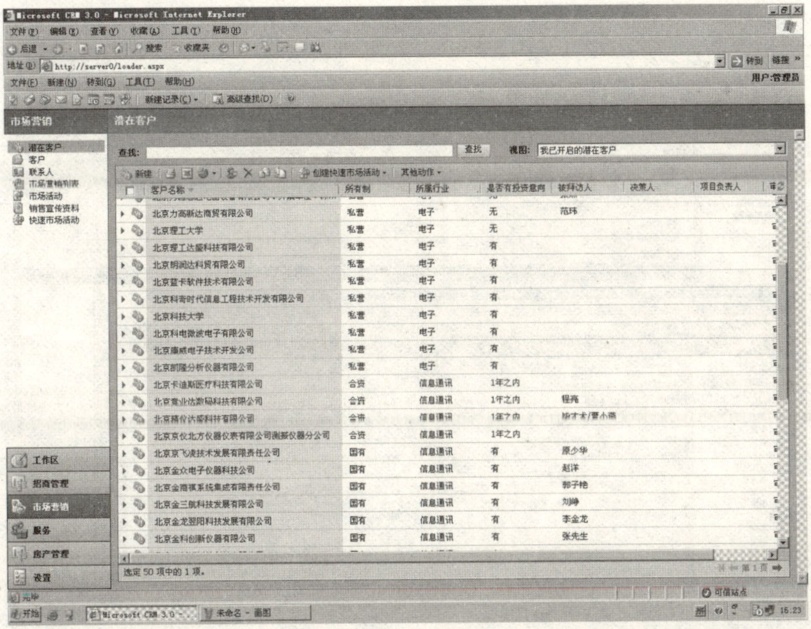
Microsoft CRM 3.0 - Microsoft Internet Explorer
http://server0/loader.aspx
用户:管理员
市场营销
潜在客户
查找:
视图:我已开启的潜在客户
客户名称
所有制
所属行业
是否有投资意向
被拜访人
决策人
项目负责人
北京力高新达商贸有限公司
北京理工大学
北京科技大学
北京金科创新仪器有限公司
选定 50 项中的 1 项。
工作区
招商管理
市场营销
服务
房产管理
设置

## 5）客户

市场营销
客户
潜在客户
客户
联系人
查找:
视图:
我的活动客户
客户: 爱立信通讯
详细信息:
信息
更多地址
活动
历史
下级单位
联系人
关系
企业月度统计数据
客户占用房产情况
企业年度税收数据
销售:
在谈项目
报价单
订单
发票
在办项目
服务:
案例
合同
市场营销:
市场营销列表
市场活动
常规
管理
注释
客户名称
企业性质
外资
注册资金(万美元)
注册资金(万元)
客户等级
一般客户
母公司
股东构成
注册时间
税务电脑编号
经营范围
备注
行业类型
信息通讯
详细性质
其它外资
预计年区税(万元)
预计年销售额(万元)
主要联系人
ttt
法人代表
gm
股东及股份比例
认定时间
关系类型
地址
经营地址
经营地所在区
电话
ttt
注册地
邮政编码
电子邮件
状态: 活动
1,000

## 6）联系人

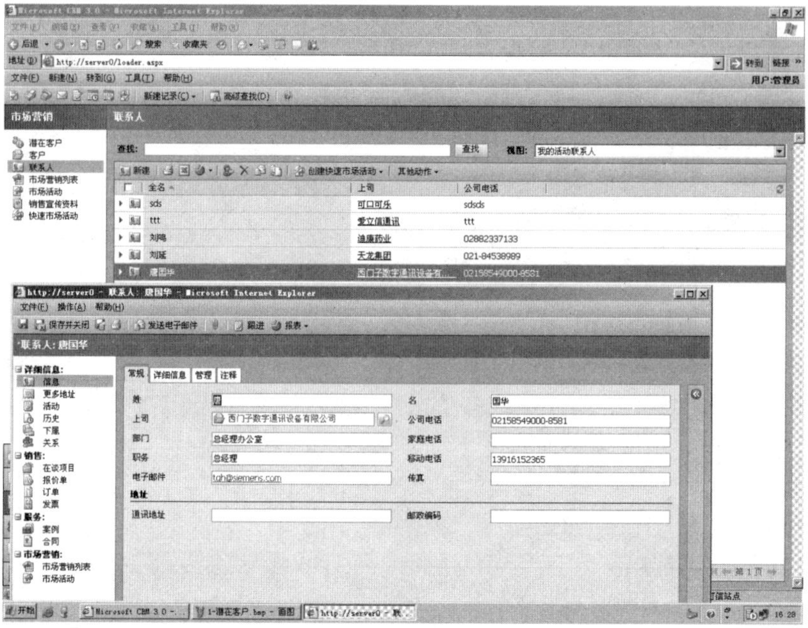
市场营销
联系人
潜在客户
客户
联系人
市场营销列表
市场活动
销售宣传资料
快速市场活动
查找:
视图:
我的活动联系人
全名
上司
公司电话
sds
可口可乐
sdsds
ttt
爱立信通讯
ttt
刘鸣
迪康药业
02882337133
刘延
天龙集团
021-84538989
联系人: 唐国华
常规
详细信息
管理
注释
姓
名
国华
上司
西门子数字通讯设备有限公司
公司电话
02158549000-8581
部门
总经理办公室
家庭电话
职务
总经理
移动电话
13916152365
电子邮件
tgh@siemens.com
传真
地址
通讯地址
邮政编码

7）市场营销列表

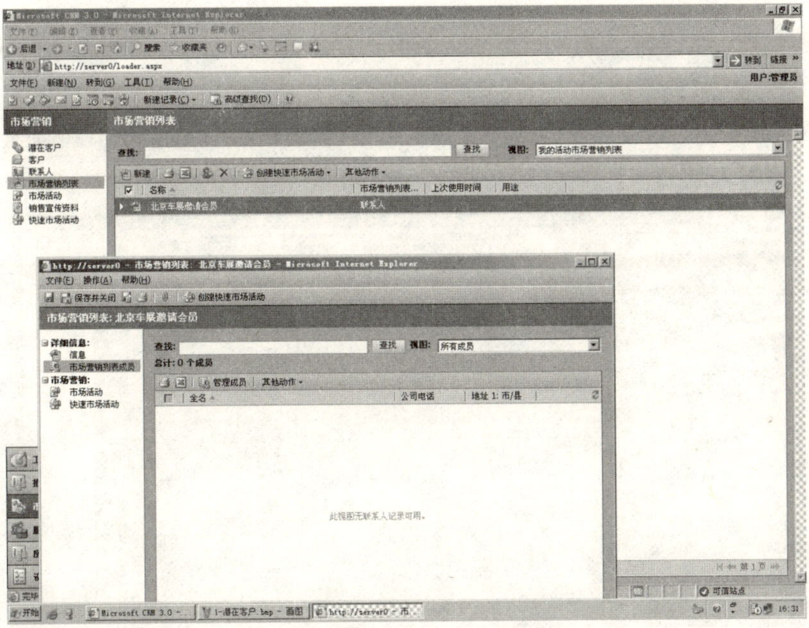


8）市场活动

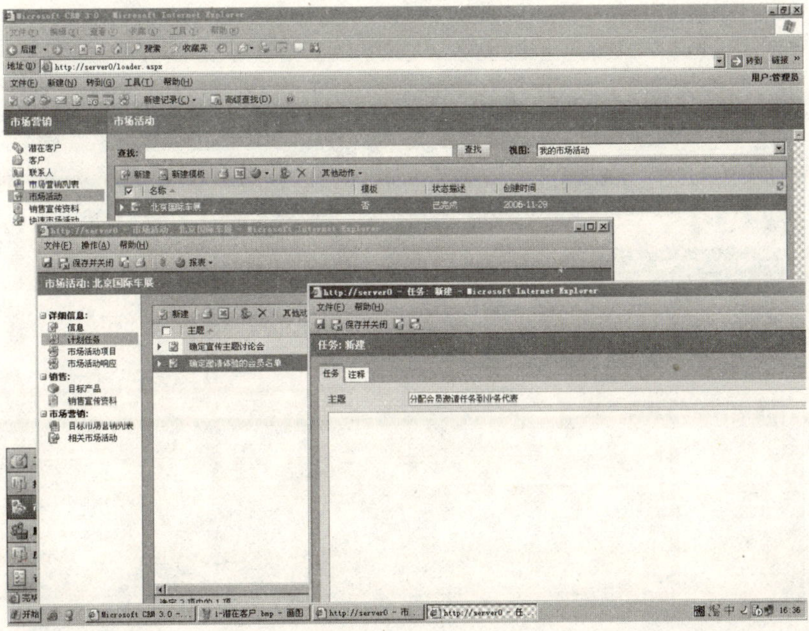

9）销售机会

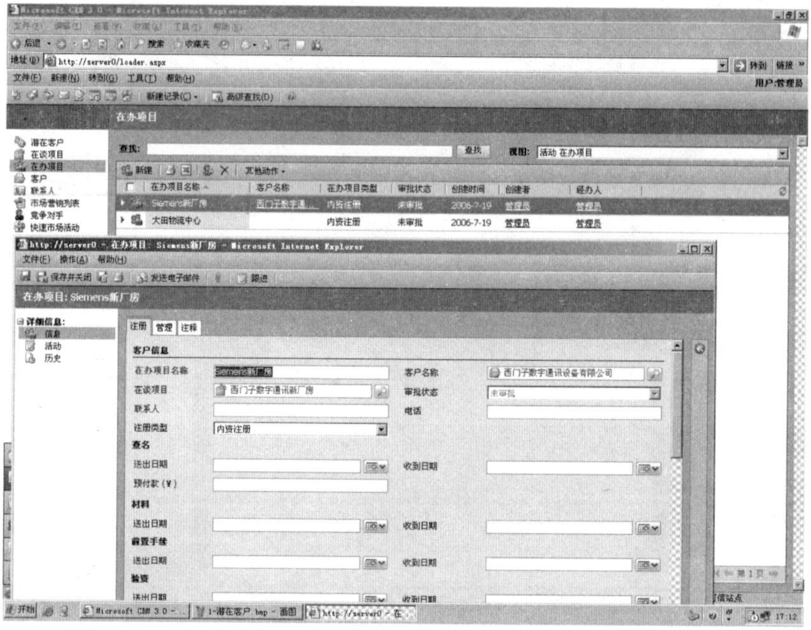


10）竞争对手

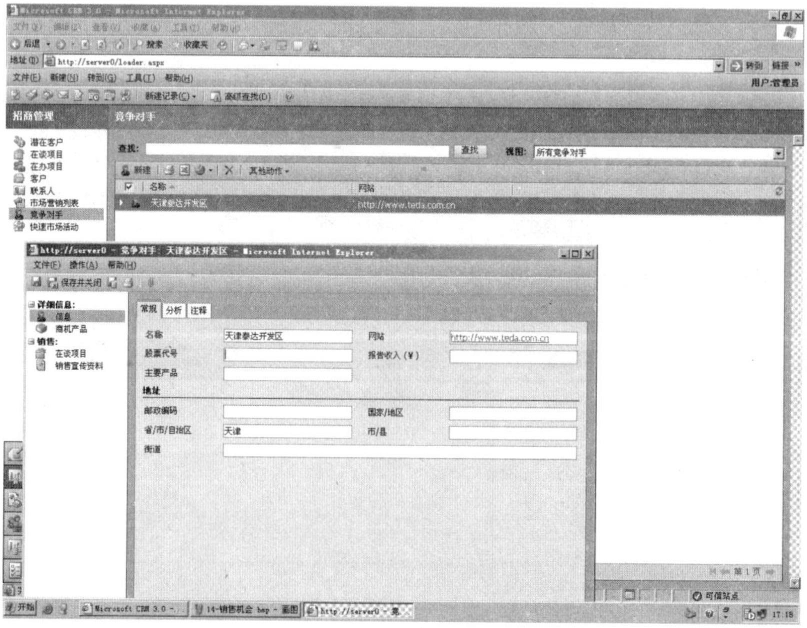

11）服务计划日历

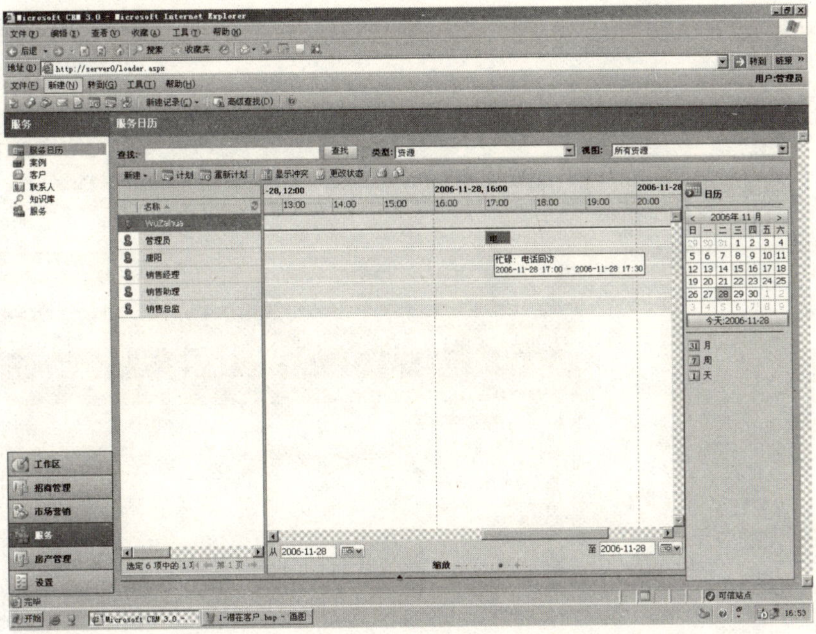

12）案例

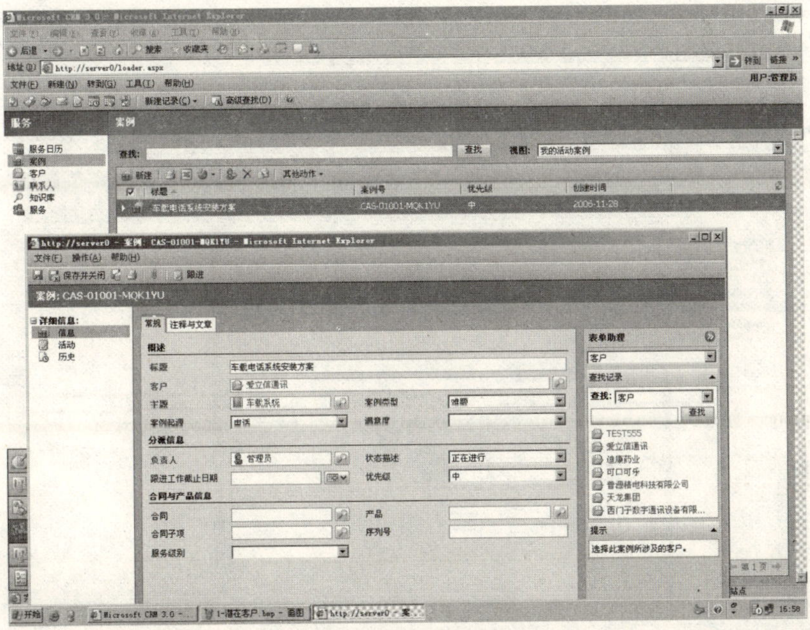

13）知识库

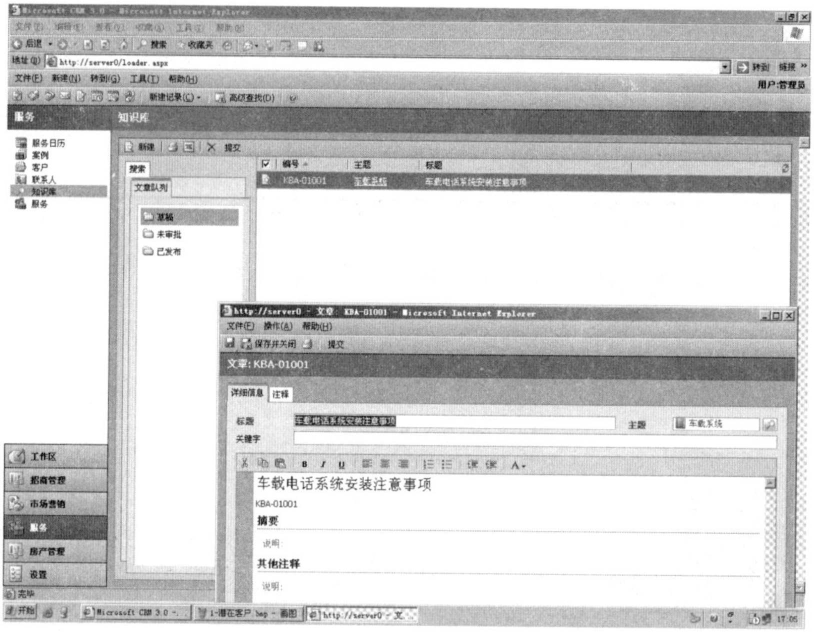


14）服务活动

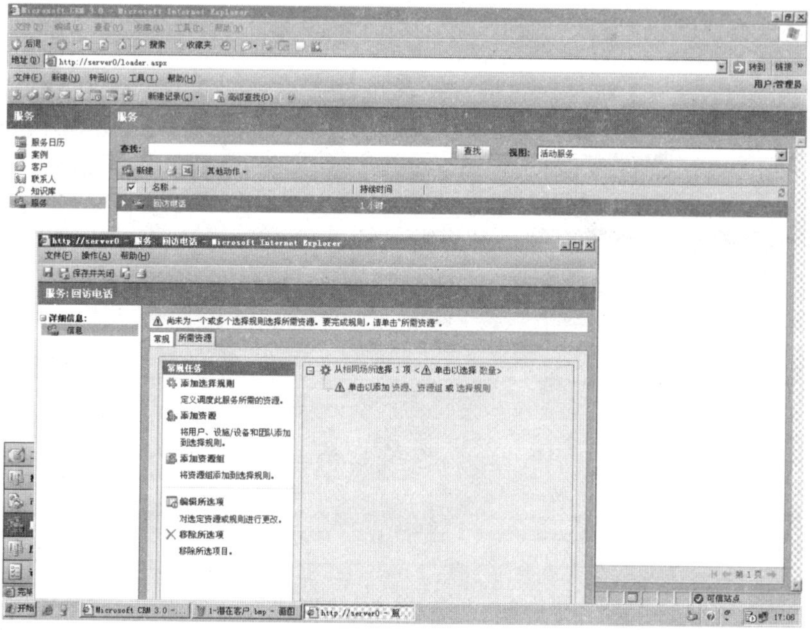

15）设置

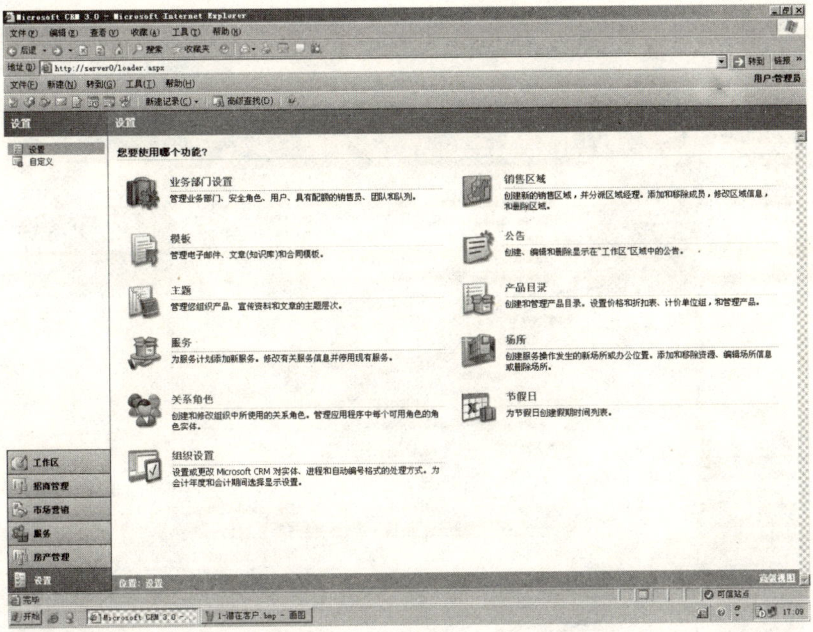


16）客户化定制

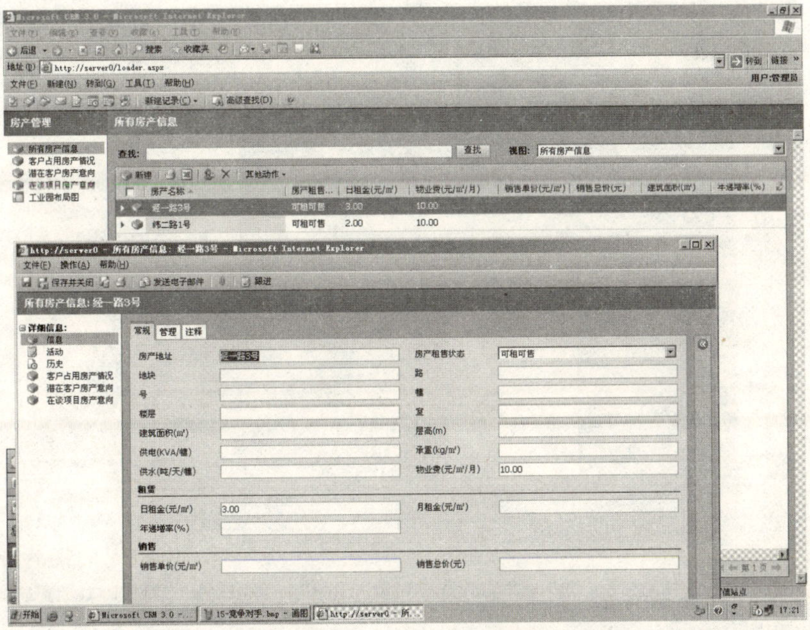

17）电子直邮

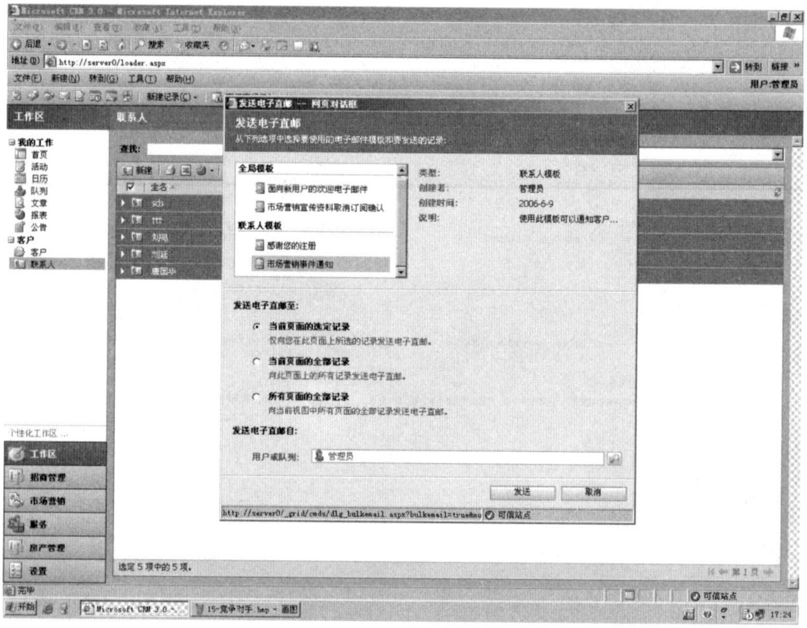


18）工作流管理

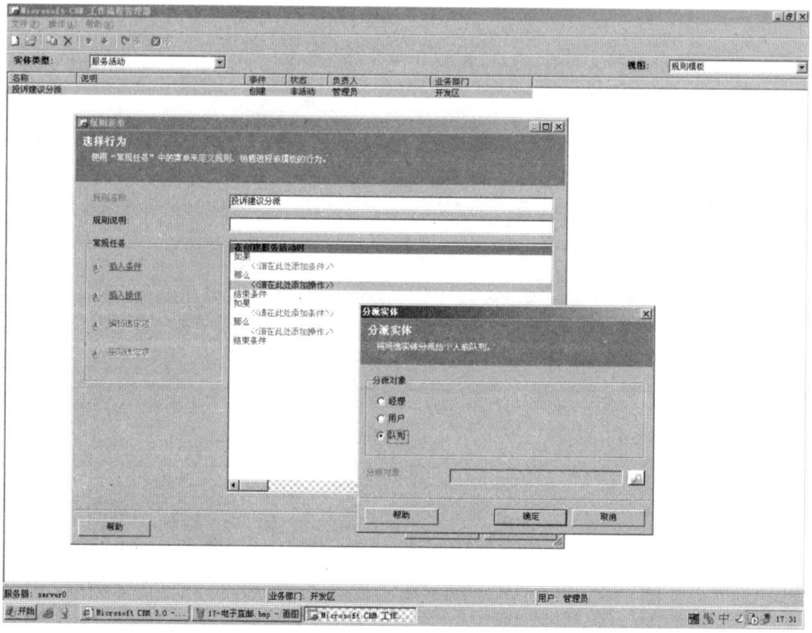

### 5.4.4 总体评价

MS CRM3.0 包括三个主要模块：销售模块、集成模块和服务模块。主要的特色功能有：名片扫描，自动识别客户名片上的信息，并在数据库中自动查找对应信息以避免重复(公司重复或联系人重复)，可以手工校正。数据移植脚本，用于把企业各种形式的数据(如 Excel/SQL/Access) 导入 CRM 系统。声控软件，移动用户利用手机拨号登入 CRM 系统中，可以查阅自己的 Email / Appointment / 客户资料，直接用声音就可以查阅。系统将查到的资料以语音方式传回用户。与财务软件连接，与其他的软件集成。用电话系统与 MS CRM 连接集成。支持来电客户信息弹出。通过与第三方软件集成支持多种货币。适用的行业包括：制造、贸易、电信、金融、顾问咨询、医药、交通运输、出版、IT、房地产、服务等。

MS CRM3.0 的实施由微软的顾问和微软合作伙伴完成，分为两类：快速实施，期望用 30 个工作日快速实施，只需最低程度的自定义，无需迁移源数据或与其他应用程序集成，需要培训约十名用户；标准实施，期望用 60 个工作日进行中型到大型规模的实施，其中规划阶段需要额外时间。MS CRM 可以对系统中的客户实体和系统实体进行定制，可以通过定义工作流规则，建立工作流触发的活动进行工作流的定制，可以使用窗体事件、字段事件等。支持 SDK 开发。报表可以编辑和定制。

MS CRM3.0 屏幕、相关的鼠标单击操作和窗口简洁，用户可以同时编辑各种视图（包括客户、联系人、潜在顾客、商机、订单、发票和合同）中的多个 CRM 记录。可以为每个客户创建单一的视图，通过智能化列表和市场细分工具，确定市场营销重点。通过分析工具执行更合时宜的市场营销活动。通过 Microsoft SQL Server 中内置的报表和分析工具了解客户的真实需要。利用 Microsoft Dynamics Snap，用户在熟悉的 Microsoft Office 应用程序中完成关键任务。Snap 应用程序通过微软许可证以共享软件的方式提供，Microsoft Dynamics 合作伙伴可以扩展并自定义 Snap 功能，以满足特定的企业需求。注释窗格可以让用户更灵活、更智能地记录有关客户和商机的自由格式的信息。

通过在客户交互、会议或案例解决等过程中自动附加日期和用户标记的标签来创建按时间排序的信息记录，确保记录、跟踪和存储准确的活动历史记录，供以后使用。

MS CRM3.0 实现了与关键软件程序（如 Microsoft Office System 和 Microsoft Outlook）的无缝集成，充分利用 CRM 系统的强大功能，扩展 CRM 系统的业务价值。可以访问销售以外的活动（如市场营销和产品开发），通过与微软软件的集成使用，确保企业中的每个人都可以快速而轻松地访问需要的关键信息或获得支持，不管他们身在何处，也不管他们在何时登录。

MS CRM 3.0 还提供了更丰富的报表和分析工具，从 MS CRM 的销售和服务组件所收集的客户数据中提取更深入的信息。市场活动业绩报表通过与 SQL Server Reporting Services (SRS) 的集成，减少了生成标准报表和特定业务线所要求的特殊报表所需要的时间。SRS 可以创建、管理和提供传统纸面报表和基于 Web 的交互式报表。SRS 通过提供更多自定义报表和格式选项（包括 HTML、Acrobat 和 Excel 文件），扩展了业务用户的报表功能。SRS 还可让系统管理员根据预订轻松地提供批量和单独的自定义报表。SRS 还实现了其他功能，包括按需提供（“拉”），基于计划或事件提供报表（“推”）以及允许用户为其报表，选择特定首选项的个人报表预订。

MS CRM3.0 使用户、开发人员和管理员可以创建满足其特定需求的 CRM 解决方案，而不需要额外的时间、工作或成本。通过 Microsoft Dynamics CRM 软件开发工具包 (SDK)，还可以实现进一步的集成。用 CRM SDK 可以构建一系列解决方案。

通过 Microsoft Visual Studio 开发系统中的 CRM 应用程序编程接口 (API) 无缝地处理其自定义。MS CRM 3.0 中的功能基于 .NET 构建，可以提供更加灵活的新型应用程序，并为合作伙伴和开发人员提供一致且易于使用的编程模型。可以使用任何 .NET 语言扩展和添加业务逻辑组件，并可以轻松地将其插入到 CRM 应用程序中（标注）。工作流库可以用 .NET 编程语言创建，并可以插入 CRM 工作流程中以扩展其功能，并可以向业务规则中添加新的业务逻辑。通过 .NET 插件对 CRM 功能的扩展，可以为不同行业或垂直市场提供一种强大的方法，并提高安全性、可扩展性和连接性能。

MS CRM 3.0 的两种版本分别针对不同规模的企业，产品具有较好的用户界面友好性，另外大量与微软其他产品无缝集成，并基于这些产品提供强大的功能。

# 5.5 SalesForce

## 5.5.1 概述

Salesforce.com 提供在线的、基于 Web 的 CRM 解决方案，有集成的销售、客户支持（称作 supportforce.com）和市场营销自动化的功能，包括联系人管理、客户管理、销售管理、时间管理、线索管理、客户服务、PRM、业务分析、实时功能和知识管理。

Salesforce.com 是外包型的 CRM 解决方案（ASP.NET 本地模型），并且通过任何带有支持 Web 浏览器技术 ( 比如 MS-Internet Explorer、Netscape 或 Mac) 的电脑和设备进行访问。离线版本可以使得旅行中的销售人员在办公室外访问信息。离线版本是基于 XML 并且不需要用户的笔记本或电脑有数据库。

Salesforce.com 定位于那些需要 CRM 解决方案，但是不想购买和维护客户端 / 服务器结构 CRM 系统的构造和设备。虽然 Salesforce.com 是一个水平的 CRM 应用软件，很多客户在技术、制造和商业服务等垂直市场。

Salesforce.com 专业服务团队提供 Salesforce.com 的实施服务。使用 Translation Workbench 功能的字段个性化向导，可以增加个性化特定的细节和用户定义的字段。S-controls 功能使系统管理员可以建立和显示个性化的数据窗体。窗体在页面设计属性中通过拖拉进行设计。在管理员模块可以用工作流规则（触发标准或行动）、工作流任务（任务设置）和工作流报警（电子邮件设置）设置工作流。使用导入向导可以用 CSV 格式导入多源数据，使用向导中的映射联系人字段和映射客户字段可以实现动态字段的映射。记录间的关系必须通过 Excel 建立。

Salesforce.com 为来自不同行业的企业实施了他们的软件，比如科技和商业咨询服务。实施周期从 30 天到 90 天。实施的费用取决于实施的需求。一个全球 425 个用户的部署，总实施费用大概在 20 万美元。软件许可费用从每用户 65 美元到 125 美元不等，取决于选择的 Salesforce.com 的版本（专业版或企业版）。

## 5.5.2 评估表

| 编号 | 标准 | 评估 | 备注 |
|---|---|---|---|
| 1 | 业务功能 | | |
| 1.1 | 联系人管理 | 强 | |
| 1.1.1 | 联系人概况 | 通过联系人标签访问所有的联系人和联系人的附属信息，用列表显示联系人。可以钻取每行客户的详细信息，并进行修改、克隆、删除或选择可以打印的模式。可以从联系人视图输入商机（leads）、业务机会（opportunities）等。可以通过选择标签察看服务、活动、业务机会、商机等。可以将联系人标签重命名为符合企业习惯的名称，支持联系人对象中的定制字段。 | |
| 1.1.2 | 组织图 | 可以用树形结构或组织图察看层级结构联系人关系图，层级结构关系图是基于联系人的角色建立的。 | |
| 1.1.3 | 联系历史 | 可以察看与联系人相关的活动历史和定制字段，可以对任何联系人对象报表进行跟踪和审计。 | |
| 1.2 | 客户管理 | 好 | |
| 1.2.1 | 客户信息 | 可以察看完整的账户（account）信息，包括服务、活动、业务活动、商机等。可以选择用户要察看的账户信息（比如业务机会、联系人等）并察看标签形式按行显示的信息。通过这些信息可以钻取包含详细信息的窗体，可以与联系人管理软件同步联系人信息并使用内建的在线功能。可以察看关于新增客户、客户所有者和联系人角色等报表。可以访问客户收入的详细报表。可以将三条客户记录合并到同一个客户记录。可以重命名客户标签适应企业的习惯。可以设置客户的团队共享，客户信息可以自动共享。 | |
| 1.2.2 | 业务关系 | 在树形结构中察看特定客户的业务关系，可以用定制的相关字段建立新的业务关系。可以建立多对多关系。可以为不同的用户显示关系。 | |
| 1.2.3 | 活动管理 | 可以察看任何客户的活动历史，活跃的活动标签可以察看行动、主题、相关人员、类型、日期和状态。可以察看并输出所有的活动。可以显示上次修改的时间 / 日期和修改的用户。可以在商机、联系人或业务机会的所有人变更时自动地新建活动。可以使用工作流进一步增强活动管理。 | |
| 1.2.4 | 订单输入 | 厂家声称可以使用定制字段和集成链接（企业应用软件链接）配置订单输入功能。 | |
| 1.2.5 | 订单历史 | 厂家声称可以使用定制字段和集成链接（企业应用软件链接）配置订单历史功能。 | |
| 1.2.6 | 销售合同生成 | 可以与 MS-Word 集成生成销售合同。可以将销售合同信息合并到销售合同模板中。销售合同可以在资料库中存储和访问。 | |
| 1.2.7 | 报价单 / 建议书生成 | 厂家声称可以使用定制字段和集成链接（企业应用软件链接）配置报价单 / 建议书生成功能。 | |
| 1.3 | 销售管理 | 好 | |

续表

| 编号 | 标准 | 评估 | 备注 |
|---|---|---|---|
| 1.3.1 | 商机管理 | 可以设置、察看、修改业务机会字段，比如业务机会所有者、客户、结束关闭日期、下一步、阶段、可能性、营销活动资源、蓝图和修改人。有单独的标签显示未完成的活动、活动历史和其他与业务机会相关的项目比如竞争对手的优势和劣势。可以察看不同的业务机会报表，比如业务机会管道、业务机会分类、业务机会来源、业务机会历史报表和其他报表。可以基于业务机会、联系人生成矩阵报表。可以根据任何报表建立仪表盘，包括任何的业务机会报表，可以访问诸如产品价格、产品描述之类的产品信息。可以为业务机会设置团队成员的角色和销售团队。可以重命名业务机会标签以适应公司的习惯（比如医院可以把商业机会重命名为病人）。支持所有部分的字段级别的安全，特别是那些有销售额的业务机会。 | |
| 1.3.2 | 销售周期管理 / 销售指标 | 可以察看业务机会管道和业务机会阶段报表，以获得销售管道的不同销售阶段。可以察看不同的报表，比如报价和实际销售、客户的销售、合作伙伴的销售、销售代表的销售、线索来源的销售以及完成的商机。可以为相关的数据建立时间戳并且可以提供实时的数据快照。 | |
| 1.3.3 | 区域联盟 / 分派 | 可以建立用户并为用户分派角色。可以使用特定的标准（条件）过滤数据库，包括地理位置（付款地区）。可以手动地将一个客户转给另一个客户。使用大量转交功能进行大量转交。可以察看层级，以察看区域信息为什么和怎样弹出。 | |
| 1.3.4 | 活动报告 | 可以察看关于活动的报告，比如任务和约会。可以根据日期、时间、优先权和其他标准再次细分活动。 | |
| 1.3.5 | 地图工具 | 可以在 Yahoo 地图和其他地图服务内设置叫做映射的链接。 | |
| 1.3.6 | 费用报告 | 当前版本不可用。厂家声称可以用开放的 XML API 与第三方软件进行集成。 | |
| 1.3.7 | 宣传材料 / 样品管理 | 当前版本不可用。厂家声称可以用开放的 XML API 与第三方软件进行集成。 | |
| 1.3.8 | 租借管理 | 可以在业务机会概况中定制。用建立计划选项可以定制付款计划、分期付款和分期的数量。 | |
| 1.4 | 时间管理 | 强 | |
| 1.4.1 | 日历 | 可以察看按照日 / 周 / 月的日历，日历视图可以显示为“可以打印”的模式并轻松打印。在日历中可以输入新活动并输入事件信息，比如分派给、主题、日期、时间、时间段、位置和评论。能使用 intellisync 与 MS-Outlook 进行事件和任务的双向同步。日历列出最后更新的日期时间，可以进行组计划，日历能显示计划和资源，可以邀请系统之外的商机和联系人参加一个事件，可以与 WEBEX 和 WEBEX 的 Outlook 集成。 | |
| 1.4.2 | 任务列表 | 在任务旁边的列表中显示所有任务，并可以选择今天、明天、未完成、将来七天未完成等，未完成任务可以用带有红色叹号的红色字体高亮显示。任务选项之一是发送电子邮件，可以在任务视图中完成。 | |
| 1.4.3 | 电子邮件 | 可以在应用软件中直接发送电子邮件，可以将“Bcc”抄送选项集成到 Outlook 中或与其他的电子邮件软件集成。可以附加文件或选择模板（比如电子邮件文本的主体、将发送的电子邮件记录为活动）。通过邮件群发选项，用户可以一步步地选择联系人、模板、附件、检查和确认（比如添加签名），系统包括电子邮件回应管理，使用工作流给新用户发送邮件或给电子邮件模板加附件，比如选择大箱的用户可以自动收到大箱的文件。活动自动记录。 | |

续表

| 编号 | 标准 | 评估 | 备注 |
| --- | --- | --- | --- |
| 1.4.4 | 传真 | 当前版本不可用。 | |
| 1.4.5 | 备注 | 可以建立备注，并将备注标记为“公有”和“私有”并添加附件。Salesforce.com 控制备注的空间。系统支持定制备注字段。 | |
| 1.4.6 | 交易记录和追踪审计 | 记录每次更新人的时间、日期、所有者和登陆信息。 | |
| 1.5 | 客户交互中心 | 有限 | |
| 1.5.1 | 客户自助服务 | 可以获得客户通过网络提交的服务信息。使用 salesforce.com 的“Web-to-case”功能，系统管理员可以使用服务和解决方案设置功能设置在线提交的参数。可以选择模板并设置处理在线提交服务的队列。用户还可以访问服务概况并钻取详细信息。系统包括自助服务门户的内容管理，发布的服务可以显示在自助服务门户上。系统支持可以快速查询的知识库。 | |
| 1.5.2 | 自动电子邮件回复 | 厂家声称可以使用开放的 XML API 与第三方 CTI 解决方案集成，系统支持自动邮件回复。 | |
| 15.3 | 客户概况屏幕弹出 | 当前版本不可用。可以使用开放的 XML API 与第三方 CTI 解决方案集成。 | |
| 1.5.4 | 交互式日程表 | 当前版本不可用。 | |
| 1.5.5 | 交互式支持/多媒体门户管理 | 厂家声称可以使用开放的 XML API 与第三方 CTI 解决方案集成。Salesforce.com 为图表指定了内建的集成合作伙伴。 | |
| 1.5.6 | 工作力量管理 | 使用服务和解决方案内的服务分派规则设置交互活动的队列。可以根据技术要求、产品种类、服务等级和其他标准设置队列和路由到接触中心代表的规则。 | |
| 1.6 | 客户服务 | 好 | |
| 1.6.1 | 客户事件分派 | 可以使用预定义的标准设置自动路由客户服务到服务代表或队列的服务分派规则，这些规则可以基于技术要求、产品种类、服务等级、地理位置和其他标准。在分派服务的同时可以发送自动的提醒，每个服务只有一个所有者。 | |
| 1.6.2 | 事件升级 | 将服务在预定义的阶段内没有得到解决的情况自动地提醒特定的用户。在服务升级之前可以设置服务的小时数。可以设置升级的自动电子邮件提醒。升级过的服务用红色箭头标记。升级时服务自动地分派给另一个用户，可以配置定制的视图显示所有升级的服务。 | |
| 1.6.3 | 事件生命周期管理 | 在服务概况的服务历史中可以察看服务的全部历史。打开活动标签时有一个活动历史标签。可以编辑、保存和关闭一个服务。 | |
| 1.6.4 | 问题解决方案数据库/查询 | 可以访问为问题提示的解决方案。可以向解决方案数据库提交新的解决方案。为每个服务显示相关的解决方案列表。可以通过产品查询服务解决方案。 | |

续表

| 编号 | 标准 | 评估 | 备注 |
|---|---|---|---|
| 1.6.5 | 事件报告 | 可以察看不同的报告，比如客户代表建立的所有服务、客户代表打开的所有服务、每个代表开放的服务等。系统管理员可以配置附加的报表，比如每个代表的服务平均时间、打开服务的优先权和其他的情况。 | |
| 1.6.6 | 订单管理 | 可以使用 XML API 与订单管理系统集成，并在服务区域内设置可用的链接。 | |
| 1.6.7 | 返修授权管理和分析 | 可以定制客户服务和支持功能使字段适应 RMA 的要求。 | |
| 1.6.8 | 服务水平协议 / 售后服务管理 | 可以定制客户服务和支持功能使字段适应服务水平协议的要求。可以定制客户服务和支持功能使字段适应售后服务的要求。可以将服务水平协议和售后服务附加到客户记录。 | |
| 1.7 | 现场服务管理 | 有限 | |
| 1.7.1 | 呼叫处理 / 分派 / 计划 / 工作力量管理 | 厂家声称可以配置服务视图 / 选项提供呼叫处理 / 分派给特定的现场服务代表或队列。电子邮件提醒可以发送到手持设备。厂家声称可以基于产品、客户类型、服务优先级别或其他的用户定义标准，使用事件分派规则路由服务给服务代表或队列。可以用支持 TAPI 的工具包集成呼叫中心。SupportForce 有预置的与 Avaya、Cisco、Genesys 和其他交换机的集成。 | |
| 1.7.2 | 存货管理 | 当前版本不可用。可以使用 CustomForce 建立存货管理。 | |
| 1.7.3 | 问题解决管理 | 在解决方案中心可以在知识库中查询解决方案。可以在知识库编辑和保存新解决方案。 | |
| 1.7.4 | 时间和费用报告 | 当前版本不可用。厂家声称可以用 CustomForce 建立时间和费用报表。 | |
| 1.7.5 | 远程知识管理 | 当前版本不可用。 | |
| 1.7.6 | E 服务 | 客户在网络上用用户名和密码在 Salesforce.com 应用软件中跟踪现场服务问题、服务和输入服务详情。 | |
| 1.7.7 | 无线应用能力 | 支持与无线解决方案的集成以及集成来自 Vettro 和 Sendia 的合作伙伴的应用软件，进行黑莓访问。所有这些在现场服务中工作。可以通过无线访问所有的 salesforce.com 的对象和数据，包括将显示给现场服务人员的定制数据。 | |
| 1.7.8 | 无线应用能力模式 | 使用 salesforce.com API 支持实时的无线传递，还支持基于 WEB 的访问，任何人可以到 wireless.salesforce.com 进行改进。使用离线的 PDA 版本支持 Palm 或 Pocket-PC 的无线同步。 | |
| 1.8 | 电话营销 / 销售 | 有限 | |
| 1.8.1 | 呼叫管理 | 可以查询数据库中的任何字段，建立客户或联系人列表进行电话营销活动。用户还可以从联系人管理软件比如 ACT! 或 MS-Outlook 导入列表。 | |
| 1.8.2 | 脚本 | 当前版本不可用。支持 TAPI 的工具包可以使用一些脚本。可以与 Genesys 集成实现脚本功能，并有脚本答案和自动的记录转化为任务备注。 | |

续表

| 编号 | 标准 | 评估 | 备注 |
|---|---|---|---|
| 1.8.3 | 呼叫记录 | 将关于呼叫的备注作为任务概况的一部分。 | |
| 1.8.4 | 呼叫统计 / 报告 | 可以定制报表，察看所有的呼叫统计。 | |
| 1.8.5 | 自动拨号 | 当前版本不可用。可以与 Cisco、Avaya、White Pajama、Five 9s 和其他的软件集成进行自动拨号。 | |
| 1.9 | 市场营销 | 有限 | |
| 1.9.1 | 市场营销管理 | 通过营销活动标签访问营销活动管理功能。营销活动概况包括以下预定义字段：营销活动的所有者、营销活动名称、类型、状态、开始和截止日期、期望的收入、预算费用、实际费用、期望回应、描述、线索总数、联系人总数、响应总数、成功的商机及其收入。可以跟踪活动历史、每个营销活动相关的商机，并为营销活动记录实时的附加文件。作为营销活动的一部分的电子邮件可以跟踪 HTML 电子邮件被潜在客户察看的次数。 | |
| 1.9.2 | 市场营销细分工具 | 有限的市场细分工具。市场细分在报表中进行定制。可以与 GutMarketing 集成作为额外的市场细分工具。 | |
| 1.9.3 | 市场营销（媒体）百科全书 | 可以在文档库中建立营销活动相关文件的知识库，比如销售建议书、间接市场营销等。可以在文件库中建立文件的 URL 链接。可以将客户设置为特定类型的间接文件，比如白皮书并附加文件到客户。可以用关键字搜索在搜索引擎中进行搜索。 | |
| 1.9.4 | 预测模型工具 | 当前版本不可用。厂家声称可以与第三方解决方案进行集成作为预测模型工具，比如 SAS、SPSS 和 其他工具。 | |
| 1.9.5 | 产品价格配置器 | 当前版本不可用。厂家声称可以使用 XML API 与第三方解决方案集成。 | |
| 1.9.6 | 客户生命周期价值 | 当前版本不可用。客户生命周期价值可以在报表中进行跟踪。 | |
| 1.9.7 | 客户调查管理 | 调查管理支持通过 API 的线索或网络到服务。用户可以建立定制字段应用于调查和在网站发布 HTML 代码。可以通过 API 与专业调查公司集成。 | |
| 1.9.8 | 宣传资料提供 | 当前版本不可用。厂家声称通过定制支持宣传材料管理。 | |
| 1.9.9 | 文字处理能力 | 可以为直接邮件和电子邮件建立和发布 / 存储信件模板。可以与 MS-Word 模板集成。可以进行针对联系人的邮件合并。可以察看邮件列表的预定义的报表。可以与 MS-Word 集成建立标签和信封。 | |
| 1.10 | 线索管理 | 强 | |
| 1.10.1 | 优化 | 使用导入向导可以追加 / 增强线索数据，比如人口统计信息、信用等级等。Salesforce.com 与 Hoovers、InfoUSA 和 Moreover 有合作伙伴关系，可以获得增强的线索信息。 | |
| 1.10.2 | 培育 | 可以重新确认线索的日期等定制字段。 | |

续表

| 编号 | 标准 | 评估 | 备注 |
|---|---|---|---|
| 1.10.3 | 资格确认 / 设置优先权 | 可以配置线索流程和参数以提供线索的认证。还可以察看关于线索的“Tell me more”信息并访问提供线索流程额外信息的线索指南。可以设置区分线索优先权的标准。 | |
| 1.10.4 | 路由 | 可以手动地转化一个线索或多个线索并分派给特定用户，提醒所有者，建立新客户或商机并计划带有日期的跟进任务、优先权和其他参数。可以在用 API 导入线索时执行分派规则。可以将线索分派给团队、所有者、角色等。可以设置从 WEB 获得线索。 | |
| 1.10.5 | 跟踪 | 通过线索生命周期、忽视的线索、线索状态和线索来源的报表进行线索跟踪。 | |
| 1.11 | 合作伙伴关系管理 | 好 | |
| 1.11.1 | 渠道计划管理 | 可以建立备注并使用附件以获取特定的与渠道活动相关的信息。使用安全和访问规则可以提供对数据某些选项或部分的访问权限制。 | |
| 1.11.2 | 商机管理 | 可以提供对商机相关的特定选项的访问限制。可以过滤数据库并为合作伙伴建立个性化报表，比如特定时间内关闭 / 成功的商机。 | |
| 1.11.3 | 报表能力 | 可以察看并编辑客户 / 合作伙伴关系相关的报表，比如合作伙伴的销售和合作伙伴的商机报表。还可以建立合作伙伴活动相关活动和商机定制报表，通过点击按钮可以选择隐藏详情、察看打印格式并直接导出到 MS-Excel。 | |
| 1.11.4 | 销售管理 | 通过安全和访问规则可以提供对特定销售管理选项或数据库部分的访问限制。 | |
| 1.11.5 | 市场营销 | 通过安全和访问规则可以提供对特定市场营销选项比如市场营销百科全书或数据库部分内容的访问限制。 | |
| 1.11.6 | 线索管理 | 通过安全和访问规则可以提供对特定线索管理选项比如线索确认或数据库部分内容的访问限制。按照来源的线索报表可以用于显示来自合作伙伴的线索。 | |
| 1.11.7 | E 服务 | 合作伙伴使用 Web 获得（服务）功能用 WEB 直接将服务信息导入数据库。 | |
| 1.11.8 | 合作伙伴协议 | 软件商声称可以定义内建的模板用户合作伙伴协议。 | |
| 1.12 | 知识管理 | 好 | |
| 1.12.1 | 信息来源 | Salesforce.com 通过与主要的信息提供商 Hoover 和 Moreover 建立合作伙伴关系为终端用户提供查询竞争对手、客户和线索的能力。 | |
| 1.12.2 | 信息附件 | 可以为客户记录附加任何类型的文件（比如 MS-PowerPoint、报价单等等）和信息来源。信息附件可以通过任何标准的浏览器安全地访问。 | |
| 1.12.3 | 搜索引擎 | 可以使用关键字搜索 Salesforce.com 的数据库。可以在 Salesforce.com 数据库中表明搜索信息的类别（比如备注、事件、附件等）。 | |

续表

| 编号 | 标准 | 评估 | 备注 |
|---|---|---|---|
| 1.12.4 | 界面引擎 | 可以使用内建的搜索引擎查询数据库中的任何数据，不论数据是文本格式的备注、活动、描述或评论，还是标准或定制的字段。可以使用AND、OR 和 NOT 运算符进行基本的关键字查询。 | |
| 1.12.5 | 文件管理 | salesforce.com 为企业提供对销售材料、间接营销、价格表、竞争更新和其他的文件的中央存储。厂商声称可以与 intranets、extranets 和其他基于 Web 的文件知识库集成实时的访问信息。跟踪文件的选项包括建立时间、建立者、关联、所有者和最后修改的人。 | |
| 1.13 | 业务分析 | 强 | |
| 1.13.1 | 预定义报表 | 可以访问一系列的与销售、收入、年收入、商机、客户、活动等相关的预定义报表。可以选择用户要求的数据并改变视图和参数。表格形式的报表可以通过选择“export to Excel”按钮直接导出到 MSExcel。 | |
| 1.13.2 | 用户定义报表 | 可以建立无数量限制的用户定义报表。报表可以是私有的或发布到用户社区的。可以建立可命名和保存的定制报表 供日常再次使用。 通过选择”export to Excel”按钮，所有的报表可以导出到 MS-Excel。可以在附加的 HTML 报表中察看不同的柱状或饼状图。报表工具引导用户直观地选择行 / 列、排序等。 | |
| 1.13.3 | 预定义查询 | 可以访问一系列的预定义的与销售、商机、客户、活动等相关的预定义查询。用户对象语言查询工具进行类似 SQL 的查询运行来自外部的应用软件。 | |
| 1.13.4 | Ad hoc 查询（案例查询） | 使用定制报表功能可以建立 Ad hoc 查询。 | |
| 1.13.5 | 自动向上 / 向下钻取能力 | 基于联系人角色和层级自动向上钻取数据。可以向下钻取包含在报表中的超链接信息获得更加详细的信息。可以选择性地钻取数据。 | |
| 1.13.6 | 预测 / 规划工具 | 可以察看和编辑一系列的预测相关的报表，比如详细的下降预测、每季度的汇总预测和预测历史报表。预测历史跟踪显示预测信息的修改。经理必须手动地更新报表总计和最佳服务总计。可以察看按类别的预测信息（ 比如管道、疏忽等）以及其他的预测细分信息。可以基于产品线项目进行预测。可以运行基于计划的预测（比如，计算商机的生命周期价值）。 | |
| 1.13.7 | 图表或统计建模工具 | 在报表选项中可以选择并显示许多的柱状和饼状图，同样，可以导入和导出 CSV（逗号分隔符）文件供其他报表工具使用。 | |
| 1.13.8 | 仪表盘 / 显示主要指标的门户界面 | 可以访问显示主要指标的仪表盘，可以与 Salesforce.com 的报表系统集成。来自多个报表的信息（比如文本或图形的数据）可以共同在仪表盘上显示。通过仪表盘组成部分编辑可选择仪表盘选项以建立和定制仪表盘。刷新菜单选项使用户可以察看仪表盘的最新信息。 | |
| 1.13.9 | 门户集成到 CRM 应用软件 | 通过在 Salesforce.com 主页上增加舱门支持门户集成。用户可以建立包含门户信息的定制标签。用户可以设计 Salesforce.com 中的门户信息。客户可以建立定制的不涉及门户站点的但可以登陆的控制页面。用户可以在应用软件的任何地方建立超级链接。 | |

续表

| 编号 | 标准 | 评估 | 备注 |
| --- | --- | --- | --- |
| 1.13.10 | 网站更新变化提醒 | 当前版本不可用。 | |
| 1.13.11 | 提醒 / 闹钟功能 | 可以设置提醒和报警。 | |
| 1.13.12 | 实时分析能力 | 刷新菜单选项可以实时分析仪表盘上的关键指标。 | |
| 1.14 | 电子业务 | 有限 | |
| 1.14.1 | 个性化 | 当前版本不可用。 | |
| 1.14.2 | 门户能力 | 当前版本不可用。 | |
| 1.14.3 | 门户合成应用软件 | 用户门户可以集成地图和地理工具。其他的应用软件包括 salesforce.com 数据的门户并且是一个一流的订单处理系统。可以建立预测门户，可以作为预测工具建立在 salesforce.com 的顶部。 | |
| 1.14.4 | 内容管理 | 当前版本不可用。 | |
| 1.14.5 | 前台商店 | 当前版本不可用。 | |
| 1.14.6. | 订单 / 交易处理 | 当前版本不可用。 | |
| 1.14.7 | 交叉销售 | 当前版本不可用。 | |
| 1.14.8 | 在线客户行为分析和报告 | 当前版本不可用。 | |
| 1.15 | 供应链管理 | 当前版本不可用。 | |
| 1.15.1 | 电子采购 | 当前版本不可用。 | |
| 1.15.2 | B2B 界面 / 软件包 | 当前版本不可用。 | |
| 1.15.3 | 物流管理 | 当前版本不可用。 | |
| 1.15.4 | 产品生命周期管理 | 当前版本不可用。 | |
| 1.16 | 项目管理 | 有限 | |
| 1.16.1 | 项目任务 / 交付情况管理 | 项目任务和交付情况必须设置为营销活动概况带有日期的任务。与 Quick Arrow 集成进行项目管理。与 Mindjet 集成获得更强的项目管理能力。 | |
| 1.16.2 | 承包商 / 子承包商关系 | 当前版本不可用，与 Quick Arrow 集成进行承包商和子承包商关系管理。 | |
| 1.16.3 | 项目资源定位 | 当前版本不可用，与 Quick Arrow 集成进行项目资源定位。 | |

续表

| 编号 | 标准 | 评估 | 备注 |
| --- | --- | --- | --- |
| 1.16.4 | 时间 / 费用管理 | 当前版本不可用，与 Quick Arrow 集成进行时间 / 费用管理。 | |
| 1.17 | 员工关系管理 | 当前版本不可用。 | |
| 1.17.1 | 工作定位 / 申请者认证 | 当前版本不可用。 | |
| 1.17.2 | 员工业绩 | 当前版本不可用。 | |
| 1.17.3 | 员工培训、技巧 | 当前版本不可用。 | |
| 1.17.4 | 佣金管理 | 厂家声称可以与 Centive 到 Synygy 所有主要的激励管理解决方案集成。 | |
| 1.17.5 | 设备管理 | 当前版本不可用。 | |
| 2 | 技术特征 | | |
| 2.1 | 工作流 | | |
| 2.1.1 | 流程配置能力 | 工作流高度可配置。允许标准和定制字段和 SFDC 内的所有主要实体比如客户、联系人、商机、任务、事件、营销活动线索和合同等触发工作流规则。 | |
| 2.1.2 | 警报 / 通知 | 电子邮件报警可以由复杂的标准触发，电子邮件报警使用 SFDC 电子邮件模板。 | |
| 2.1.3 | 任务分派 | 自动分派多种预定义任务。 | |
| 2.1.4 | 工作流个性化 | 可以为不同的工作组或跨组织建立不同的工作流规则。 | |
| 2.2 | 结构一致性 | | |
| 2.2.1 | 是否所有软件模块采用同一种结构? | 是。 | |
| 2.2.2 | 是否所有的软件模块无缝地集成? | 是。 | |
| 2.3 | 技术细节 | | |
| 2.3.1 | 支持的台式机 / 笔记本操作系统 | 用任何支持 Netscape、MSInternet 或其他浏览器的电脑都可以访问 Salesforce.com。 | |

续表

| 编号 | 标准 | 评估 | 备注 |
|---|---|---|---|
| 2.3.2 | 支持的手持设备操作系统 | Palm OS、MS-Windows CE 和其他的操作系统。 | |
| 2.3.3 | 应用服务器支持的操作系统 | 不适用。Salesforce.com 本来就是基于 Web 的在线应用软件，可以用任何浏览器访问。 | |
| 2.3.4 | 支持的无线技术 | WAP、Palm、RIM。 | |
| 2.3.5 | 容量 | 厂家声称 1 个到数十万个用户。 | |
| 2.3.6 | 每个应用服务器支持的用户数 | 不适用。 | |
| 2.3.7 | WEB 服务能力 | SOAP/XML/XSLT、Salesforce Query Object Language 和 Web services。 | |
| 2.3.8 | XML 集成 | 所有界面都是基于 XML 的。 | |
| 2.3.9 | SOAP 集成点 | API 兼容 SOAP 。 | |
| 2.3.10 | XSLT 和 CSS 支持 | XSLT 和销售服务主页适用 CSS 模板，可以匹配企业的网站视图。 | |
| 2.3.11 | ERP 集成 | Salesforce.com 使用 Biztalk XML 服务器与 EAI and ETL (extraction, transformation, loading) 厂商 (Tibco, Pervasive) 有合作伙伴关系。同时，Salesforce.com 与 Pervasive 有合作伙伴关系进行批集成。通过与 Ebridge Software 与 25 个以上的 ERP/ 财务厂商集成。 | |
| 2.3.12 | 点解决方案集成 | Salesforce.com 与 Pervasive 有合作伙伴关系，获得与 SAP 和 Peoplesoft 的连接器。 | |
| 2.3.13 | 大量邮件分派 | 厂家声称通过与 Eloqua、ExactTarget 和其他企业的合作伙伴关系群发邮件，进行营销活动。 | |
| 2.3.14 | 电话交换和/或 PBX 集成 | Salesforce.com 提供 XML API, 使企业可以与电化交换机和 ACD 集成。可以与 Genesys 集成。 | |
| 2.3.15 | 开发使用的编程语言 | Salesforce.com 利用外包的、基于网络的模式。应用软件有 Java 中间件。采用 HTML 编译。 | |
| 2.3.16 | 软件结构 | 应用软件有 Java 中间件。采用 HTML 编译。有三层的安全性，应用层、数据库层和中间件层增强了安全性。 | |
| 2.3.17 | 当前结构发布日期 | 不适用。 | |

续表

| 编号 | 标准 | 评估 | 备注 |
|---|---|---|---|
| 2.3.18 | 第一款软件发布日期和平台 | 厂家声称每周都进行了小的发布。 | |
| 2.3.19 | 最后的软件发布日期和平台 | 不适用。 | |
| 2.3.20 | 安全结构 | 可以设置访问约束。 | |
| 2.3.21 | LDAP 编译 | 可以使用，但是需要进行某些定制。 | |
| 2.3.22 | 支持目录 | 因为软件包是基于网络的，所以不适用。支持 LDAP 和活动目录集成，但需要进行一些定制。 | |
| 2.3.23 | 台式机 / 笔记本客户端最低硬件配置要求 | 对于硬件的要求与浏览器的要求相关。 | |
| 2.3.24 | 应用服务器最低硬件配置要求 | 不适用。 | |
| 2.3.25 | 手持设备最低硬件要求 | 不适用。 | |
| 2.3.26 | 软件开发和个性化使用的工具包 | 不适用。 | |
| 2.3.27 | 支持的数据库服务器 | 不适用。 | |
| 2.3.28 | 应用服务器软件 | 不适用。 | |
| 2.3.29 | COM / CORBA 编译 | 不适用。 | |
| 2.3.30 | 软件包提供的桌面数据库 | 不适用。 | |
| 2.3.31 | 软件提供的手持数据库 | 不适用。 | |
| 2.3.32 | 数据库协议 | ODBC 和 OLEDB 编译。 | |

续表

| 编号 | 标准 | 评估 | 备注 |
|---|---|---|---|
| 2.3.33 | 连接模式 | 运行网络浏览器、PDA 设备、移动同步和 WAP/ 无线。 | |
| 2.3.34 | 服务器客户端同步 | Intellisync。 | |
| 2.3.35 | 服务器到服务器数据同步支持 | 不适用。 | |
| 2.3.36 | 支持的门户技术工具 | 不适用。 | |
| 2.3.37 | 多数据源门户界面 EII 解决方案 | 可以与多个数据源集成。内建的报表工具是一个报表系统平台。 | |
| 2.3.38 | 即时信息能力 | 可以与标准的即时信息集成，很多这种解决方案由合作伙伴、产品合作伙伴和集成商提供，比如 LivePerson 将 salesforce.com 与即时信息工具集成。 | |
| 2.3.39 | 语音识别支持 | 当前版本不可用。 | |
| 2.3.40 | 对瘦客户端的支持 | 支持零客户端，软件是基于网络的。 | |
| 2.3.41 | 源代码可用和包括 | 不适用。 | |
| 2.3.42 | Office 产品集成 | MS-Office 套件。 | |
| 2.3.43 | 组件软件的双向集成 | MS-Exchange/Outlook。 | |
| 3 | 实施 | | |
| 3.1 | 集成 | | |
| 3.1.1 | EAI 工具 | 是。厂家将 Salesforce.com 视为 EAI 工具。 | |
| 3.1.2 | EAI 供应商合作关系 | 与 BEA、Tibco 和 Biztalk 合作提供 EAI 。 | |
| 3.1.3 | OTLP 集成能力 | 是。Salesforce.com 是基于网络的而且实时运行。 | |
| 3.1.4 | 批集成能力 | Salesforce.com 可以适用外部和内部关键字进行数据成批导出。用 API 支持直接集成。 | |

续表

| 编号 | 标准 | 评估 | 备注 |
|---|---|---|---|
| 3.1.5 | 例子和模板集成 | 数据可以适用 MS-Excel 格式。集成的模板是 MS-Excel 格式的。 | |
| 3.1.6 | 预定义集成点 | 是，用户数据是建立在应用服务器的模型上，这些就是集成点。 | |
| 3.1.7 | 系统基础配置工具 | 不适用。 | |
| 3.1.8 | 配置工具标准 | 不适用。 | |
| 3.1.9 | 反向工程工具 | 不适用。 | |
| 3.2 | 实施团队 | | |
| 3.2.1 | 实施的内部顾问服务 | 是，Salesforce.com 有专业的服务团队。 | |
| 3.2.2 | 内部咨询服务的规模 | Salesforce.com 有 60 多个内部顾问。 | |
| 3.2.3 | 实施合作网络 | 是。 | |
| 3.2.4 | 合作伙伴网络的规模 | 合作伙伴只提供咨询（不进行分销）。Salesforce.com 在全球有 40 个合作伙伴。 | |
| 3.2.5 | 合作伙伴认证流程 | 是。 | |
| 3.2.6 | 认证课程和平均的课程时间 | 合作伙伴需要一周的入门课程。 | |
| 3.2.7 | 认证考试 | 一次系统管理员考试，一次合作伙伴考试。 | |
| 3.2.8 | 管理认证考试 | 考试是 2 小时的测试（不是开放的考试），由专业服务培训团队监考。 | |
| 3.2.9 | 再培训 / 再认证流程 | 再次培训和再次认证每年一次。Salesforce.com 合作伙伴进行再次认证。 | |
| 3.3 | 时间和成本 | | |
| 3.3.1 | 50 个用户的最小客户化实施时间段 | 最小定制。一周，包括终端用户培训。 | |

续表

| 编号 | 标准 | 评估 | 备注 |
|---|---|---|---|
| 3.3.2 | 典型的实施费用和软件许可费用的比率 | 因为是 ASP 模式，所以不适用。 | |
| 3.4 | 配置 | 强 | |
| 3.4.1 | 增加特定的业务字段类型 | 用 Translation Workbench 功能的定制字段向导可以增加定制的业务细节和用户定义字段。可以选择字段的语言和类型（比如下拉列表、数值、文本等）。下拉列表的默认值和内容也可以设置（按字母顺序排序）。 | |
| 3.4.2 | 修改表单内容 | 下拉列表的默认值和内容也可以设置（按字母顺序排序）。 | |
| 3.4.3 | 预定义表单对输入数据的限制 | 用 Translation Workbench 功能的定制字段向导设置对下拉列表或字段的输入值。系统管理员可以安排字段是文本还是数值格式。系统管理员可以设置字段中的字符数。 | |
| 3.4.4 | 识别必须输入字段和非必须输入字段 | 在字段信息弹出窗口中选择复选框设置必须输入字段。可以在字段名前显示星号或显示成彩色标识强制输入字段。 | |
| 3.4.5 | 修改窗体 | 定制功能为系统管理员提供定制控制功能，建立和显示定制的数据窗体。用户页面设置属性选项可以设置窗体。可以拖拉字段到指定的位置。可以删除字段。可以通过预览按钮察看将展示给用户的窗体。 | |
| 3.4.6 | 对不同用户组的窗体级许可 | 在 S-controls 功能可以设置不同用户组的许可。系统管理员可以定义 Java applet 提供特定用户和业务流程的数据访问。 比如特定窗体的字段的信息。系统管理员设置中的角色菜单选项可以提供设置视图约束和编辑特定字段的信息。 | |
| 3.4.7 | 对不同用户组的记录级别的许可 | 在 S-controls 功能可以设置不同用户组的许可。系统管理员可以定义 Java applet 提供特定用户和业务流程的数据访问。 比如特定窗体的字段的信息。系统管理员设置中的角色菜单选项可以提供设置视图约束和编辑特定字段的信息。 | |
| 3.4.8 | 设置工作流流程 | 在系统管理员模块中可以通过工作流规则设置工作流（触发标准或动作），工作流任务（任务设置）和工作流警报（电子邮件设置）。工作流规则可以设置过滤字段匹配多个标准。工作流任务在符合工作流规则标准时可以为特定的用户自动地创建任务。工作流电子邮件提醒可以设置提醒分派到任务的特定用户。工作流中没有流程图表。 | |
| 3.5 | 个性化 | 好 | |
| 3.5.1 | 对外部业务软件的调用 | 用应用软件程序界面建立对外部的业务应用软件的调用。 | |
| 3.5.2 | 附属表单 | 当前版本不可用。 | |
| 3.5.3 | 基于特定字段输入值创建软件活动 | 用工作流定制建立应用软件活动（比如，自动分派任务、电子邮件警报等）。 | |

续表

| 编号 | 标准 | 评估 | 备注 |
|---|---|---|---|
| 3.5.4 | 建立与客户应用软件和数据库集成的业务窗体和表 | 特定窗体和表的格式可以在页面属性中通过拖拉进行设置。窗体中的每个字段必须在定制字段向导中同时建立。 | |
| 3.6 | 数据转化 | 好 | |
| 3.6.1 | 使用数据导入工具导入多源记录 | 可以从多个数据源导入 CSV 格式的记录。导入向导可以引导用户进行导入。 | |
| 3.6.2 | 可用的数据转化格式 | 可以使用的导入格式包括 CSV 和 API。Salesforce.com 与 Pervasive 有合作伙伴关系，可以获得高级的导入功能。 | |
| 3.6.3 | 用户界面的动态字段映射 | 映射联系人字段和映射客户字段在导入向导中提供，系统管理员可以选择要导入的字段。 | |
| 3.6.4 | 通过导入工具建立字段之间的关系 | 导入字段和 Salesforce.com 之间的记录关系必须用导出信息和其后的链接进行设置。 | |
| 3.7 | 实时功能 | 好 | |
| 3.7.1 | 实时仪表盘 | 因为是基于 WEB 的，所以 Salesforce.com 中的仪表盘可以设置为实时。厂商还声称仪表盘上的信息可以标记为迟钝的。来自外部资源的 ODBC 编译信息可以设置显示在仪表盘中。 | |
| 3.7.2 | 应用软件申请开发工具 | 系统管理员可以通过在 Salesforce.com AppExchange 平台上点击设置新的业务需求的仪表盘上的对象 / 元素，新的业务对象 / 元素可以用 JavaScript 定制。 | |
| 3.7.3 | 工作流建立工具 | 在应用程序的界面中配置 Salesforce.com 工作流可以设置与后台办公室、供应链和外部应用软件的链接。Web 协议可以设置，所以可以无缝地与后台办公室、供应链和外部应用软件集成。 | |
| 3.7.4 | 业务目标配置 | 用软件可以通过点击配置业务对象。其他的业务对象可以通过改变 JavaScript 进行配置。系统管理员可以为特定的用户或角色设置业务对象的分派和访问权限。 | |
| 3.7.5 | 移动设备实施 | 可以与 Sendia Wireless SFA 2.0、Salesforce.com’s ondemand mobile solution 集成进行移动设备实施。Sendia Wireless SFA 2.0 为 Salesforce.com 提供黑莓设备、Treo 和 Pocket-PC 等。黑莓设备和 Salesforce.com 之间的变化同步不是自动进行的。用户必须刷新屏幕。从 Salesforce.com 到黑莓设备的同步是不可用的。 | |

续表

| 编号 | 标准 | 评估 | 备注 |
|---|---|---|---|
| 4 | 用户友好 / 支持 | | |
| 4.1 | 帮助功能 | 强 | |
| 4.1.1. | 帮助菜单 | 可以察看帮助功能。很多的配置流程可以通过向导完成（比如数据输入）。有查询、报表、线索等功能。可以从数据库获得步骤和技巧信息。 | |
| 4.1.2 | 内容敏感帮助 | 查询、报表、线索等功能可以从数据库中获得步骤和技巧信息。此外，从网络获取服务的帮助和 FSQ 以及前五个问题。 | |
| 4.1.3 | 详细的错误信息 | 是。 | |
| 4.2 | 国际化 | | |
| 4.2.1 | 多货币 | 厂家声称支持多货币。 | |
| 4.2.2 | 多语言模式支持 | 英语、德语、瑞典语、日语、西班牙语、繁体中文、简体中文、法语、葡萄牙语、意大利语和韩语。 | |
| 4.2.3 | 翻译能力 / 集成 | 系统提供对系统字段和对象的翻译能力。全局的翻译台功能可以进行定制翻译。个人概况中可以设置语言。 | |
| 4.2.4 | 驻外办公室位置 | 日本、爱尔兰、英国、澳大利亚、法国。 | |
| 4.2.5 | 国际支持 | 美国时间每周一到周五的早晨六点到下午六点。 | |
| 4.3 | 培训 | | |
| 4.3.1 | 可选的培训方式 | 在线、教室和电子培训方式。 | |
| 4.3.2 | 培训费用 | 费用因情况而不同。免费提供在线培训。联系厂家获取详细信息。 | |
| 4.4 | 支持 | | |
| 4.4.1 | 在线支持 | 是。 | |
| 4.4.2 | 电话支持 | 免费提供电话支持。 | |
| 4.4.3 | 免费电话号码 | 是。 | |
| 4.4.4 | 技术和用户文件 | 是。 | |
| 4.4.5 | 网站、公告板和在线论坛 | 是。 | |

续表

| 编号 | 标准 | 评估 | 备注 |
|---|---|---|---|
| 4.4.6 | 维护和支持费用 | 维护作为合同费用的一部分。白金和黄金支持服务包提供扩展的支持。 | |
| 4.4.7 | 软件售后服务期 | 是，售后服务取决于提供的软件。 | |

### 5.5.3 系统演示

1）仪表盘

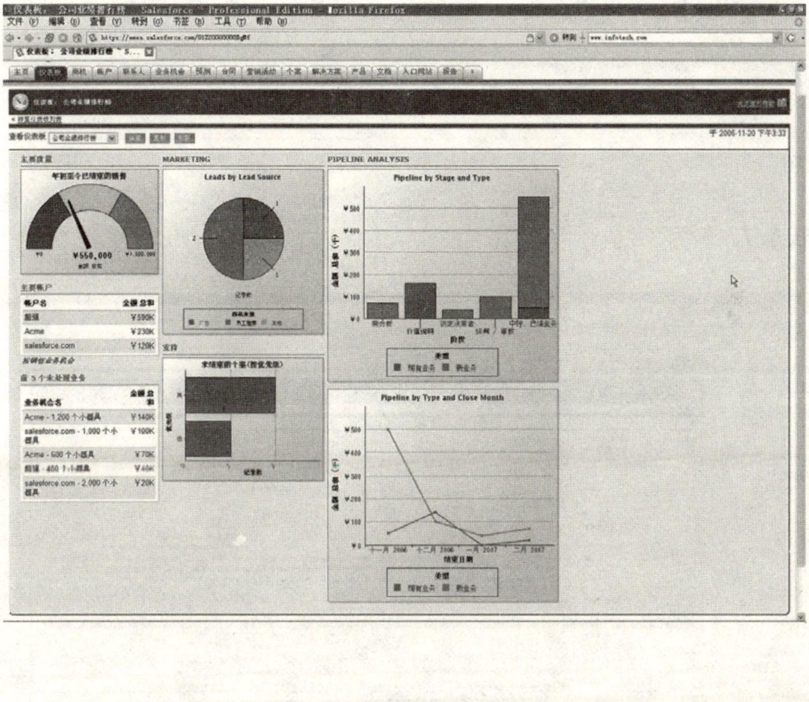

2）账户

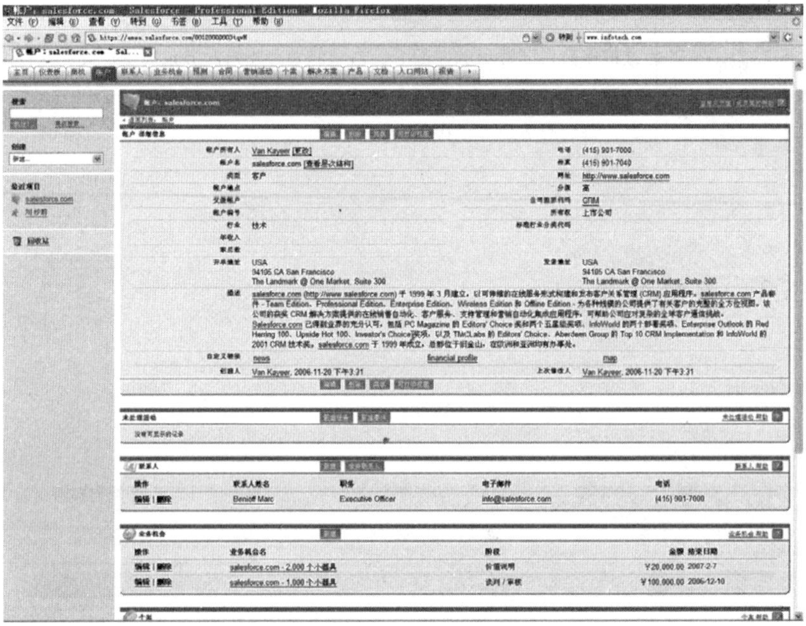

3）联系人

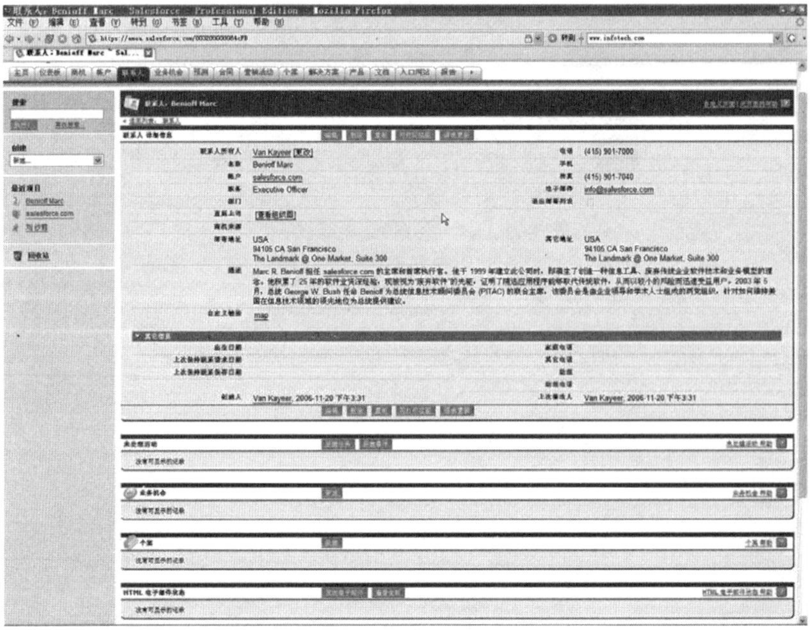

4）商机（即线索）

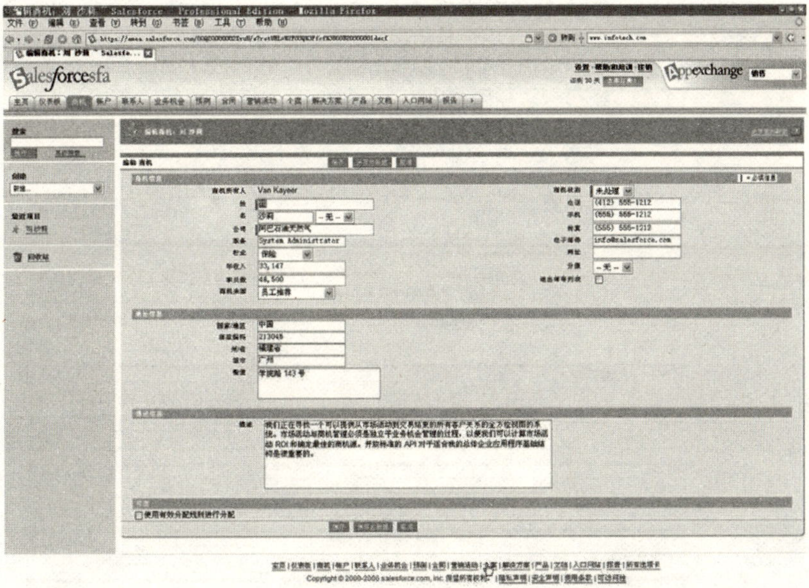


5）业务机会（即销售机会）

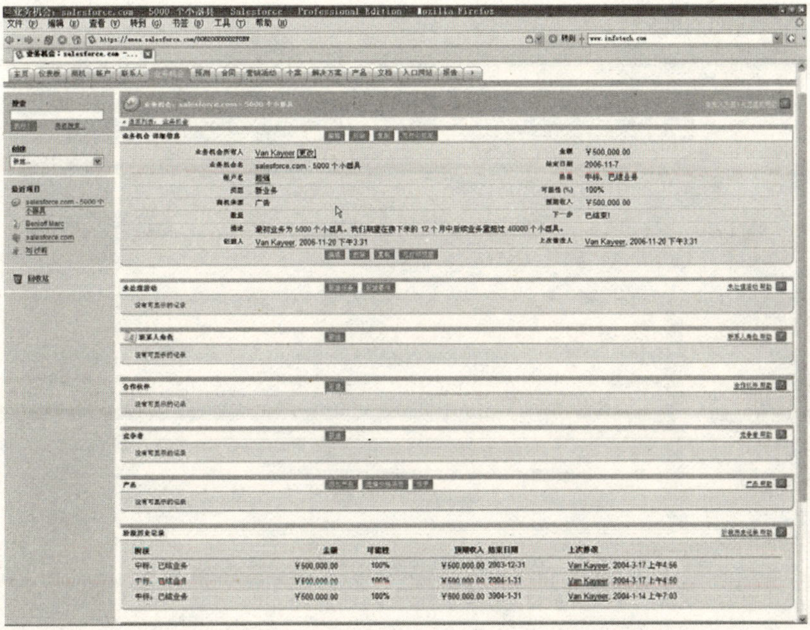

6）个案

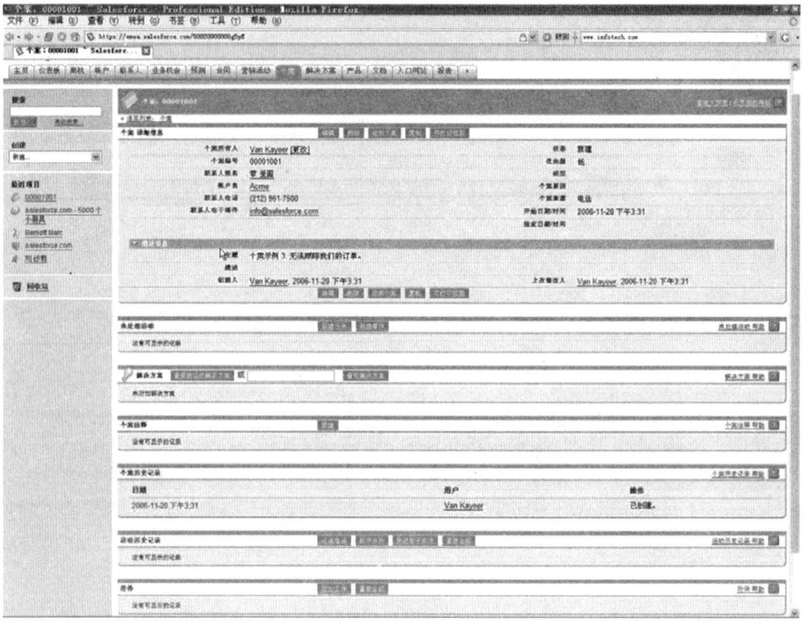

7）日历

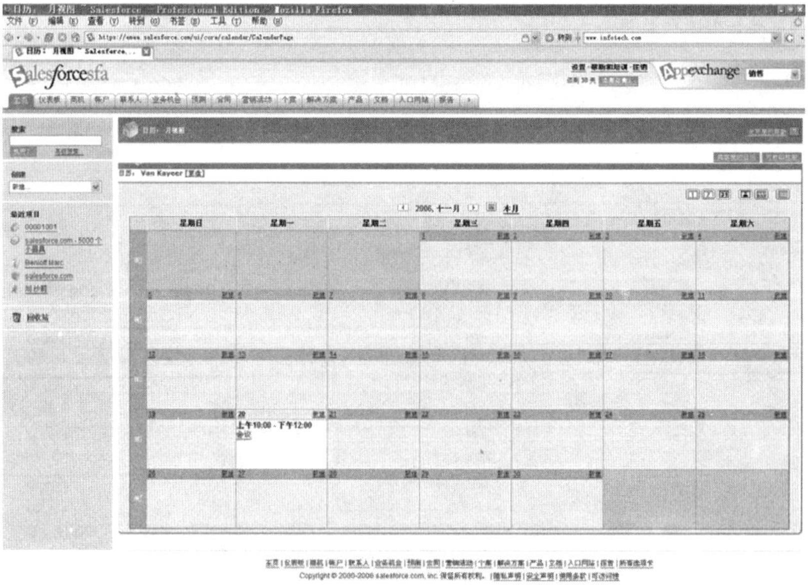

8）营销活动

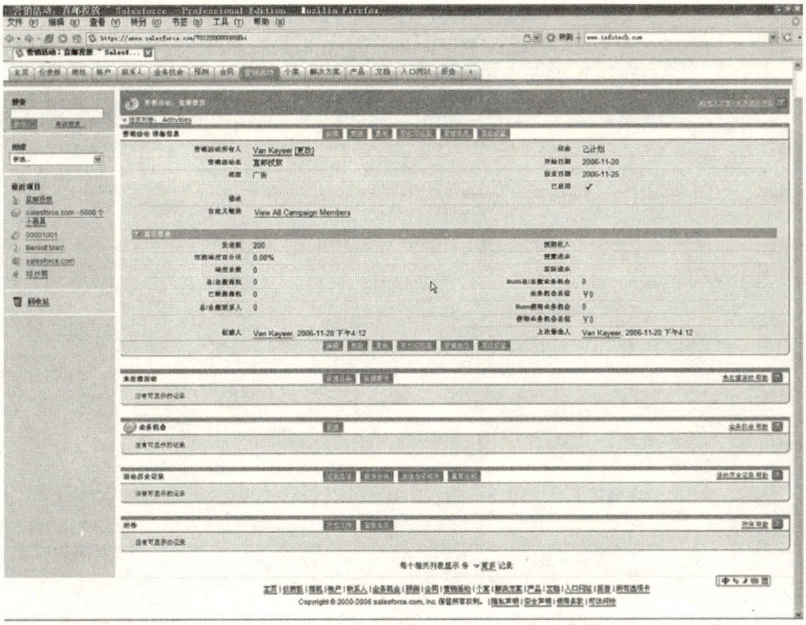

9）可定义预测

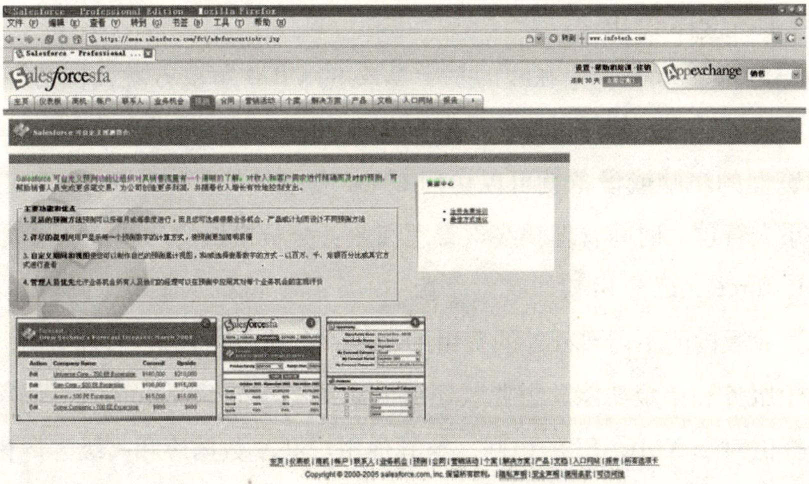

10）配置

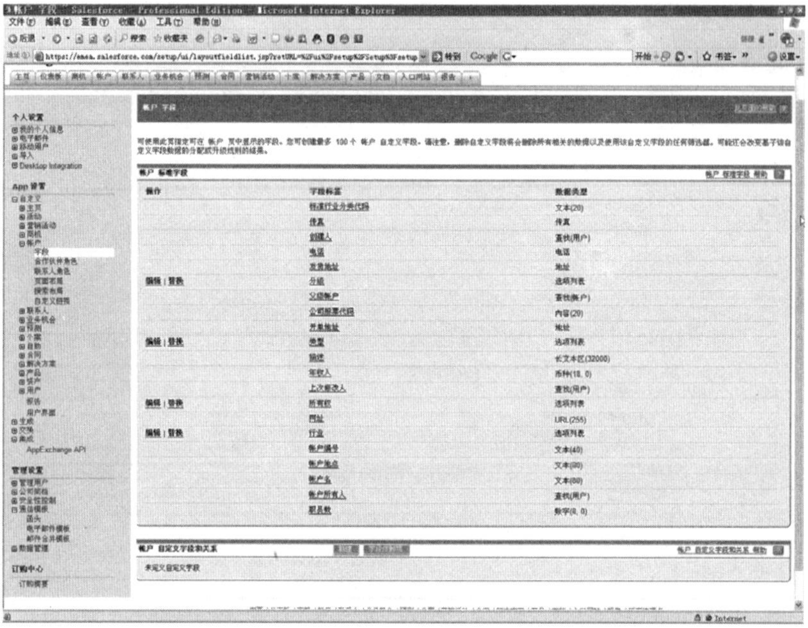

### 5.5.4 总体评价

Salesforce.com 是一个在线的基于 Web 的 CRM 解决方案，在销售和客户方面有不错的功能，软件用户只需要有 MS-Internet Explorer、Netscape 或其他网络浏览器的电脑或设备就可以访问 CRM 应用软件。Salesforce.com 应用软件在联系人管理、时间管理、线索管理和业务分析模块的功能特别强大。

Salesforce.com 应用软件有两个版本——企业版和专业版。两者之间的区别在于企业版内的不需要额外的费用的功能。企业版内包括内置的营销活动管理、电子服务和年金功能。企业版还提供离线版本的 Salesforce.com 软件。企业版还提供对于 XMLAPI 的访问、与其他用户共享数据库和高级客户化功能。

通过使用不同的视图显示联系人信息和配置窗体显示案例、活动、商机、线索、附件和其他信息，增强了联系人管理的功能。可以基于联系人的角色开发层级结构的联系人关系，并且显示组织的树形结构图。通过导入功能，用户可以导入其他联系人管理软件中的联系人信息。

Salesforce.com 与 Miller Heiman 有合作关系，在客户管理中提供 Miller Heiman 销售蓝图。可以进行联系人和客户的除重。

商机管理可以通过多个预定义字段，比如商机所有者、客户、线索来源、预期收入、关闭日期、下一步行动、阶段、可能性、蓝图和修改人。还有很多关于商机的报表，包括商机漏斗、商机分类、商机来源和商机历史报表。用户可以访问包含诸如产品价格和描述的产品信息和产品概况，时间管理功能强大而且全面，用户可以察看月 / 日 / 周的日历，并且可以容易地打印日历版本。使用 Intellisync 产品可以将日历的事件和任务与 MS-Outlook 进行双向同步。任务列表可以按照时间顺序（比如今天、明天）或状态（超期、再过七超期）进行显示。可以从任务列表中直接发送电子邮件。

客户服务功能中的客户案例事件分派功能好，事件（案例）可以基于需要的技巧、产品种类、客户类别或公司定义的任何其他标准。在分派一个案例时，可以自动发送提醒。案例可以根据时间长短进行升级，升级过的案例以红色的箭头标识出来。在解决方案中心，用户可以在知识库中查询问题的解决方案，并且可以在知识库中编辑和保存新的解决方案。在营销管理功能中可以访问营销活动概况、营销活动历史、营销活动相关的商机和营销活动相关的文件。

线索管理功能强大，用户可以使用导入向导追加和增强线索信息，包括人口统计学、信用额度等。Salesforce.com 与 Hoovers、InfoUSA 和 Moreover 有合作伙伴关系，可以获得线索的更多信息。一旦线索认证后，用户可以手动转化，并将线索分派给特定用户提醒所有者，建立新的客户或商机，计划跟进任务包括执行日期、优先权和其他参数。

察看和编辑相关公司 / 合作伙伴相关的报表，增强了合作伙伴关系管理，比如合作伙伴的销售情况和合作伙伴的商机报表。用户也可以建立个性化的与合作伙伴相关的活动和商机的报表，可以选择隐藏详细情况、选择可以打印和点击按钮直接导出到 MS-EXCEL。作为知识管理功能的一部分，用户可以通过建立时间、建立者、与何相关、所有者和修改日期跟踪文件。

业务分析能力强大，报表能力是主要的优势，用户可以使用报表工具轻松配置报表，通过直观的选择行、列、排列顺序等内容。扁平格式的报表通过选择导出到 EXCEL 按钮，直接导出到 MS-EXCEL 中。有很多的商机和预测相关的报表，包括详细的降级预测、每季度的预测汇总和预测历史报表。对窗体元素的配置很全面。

Salesforce.com 缺乏员工关系管理和供应链管理功能。并且预置的功能在客户接触中心、现场服务、电话营销 / 电话销售、项目管理、电子业务和市场营销方面的功能有限。供应商声称这些领域可以使用已有的功能轻松地配置。

## 附录

总客户数：27100 家

使用的语言：英语（本地化）、瑞典语、德语、日语、西班牙语、意大利语、法语、韩语、繁体和简体中文

# 5.6 Sage CRM

## 5.6.1 概述

Sage CRM 100/200 v. 5.8 是一个基于 Web 的 CRM 应用软件。包括联系人、客户、销售、线索和时间管理、客户服务、现场服务、电话营销、客户接触中心、PRM、实时功能和业务分析。Sage CRM 产品包括 CRM100 和 CRM200。两个产品的不同主要是用户数的不同。界面显示的设计类似网站结构（将浏览者的屏幕分成不同的窗体）。导航以按钮的形式实现，有扁平列表形式浏览并有下拉菜单选项。

Sage CRM 100/200 v. 5.8 用户完全依靠浏览器进行访问（IE5.0 或更高）。除 CTI 集成外，客户端上什么都没有。服务器运行于 windows 2000sever 和 2003sever。数据库服务器包括 MS-SQL Sever 2000、Oracle 9i/10G、IBMDB2 和 sybase 数据库。产品还可为企业（销售、市场营销和客户服务）作为外包模式使用，称为 sagecrm.com。

Sage CRM 100/200 v. 5.8 定位于不同行业的中小型企业（SMB，包括 SOHO 公司），有大量的高科技、财务、制造和物流行业的客户。重新设置导航、配置和定制能力以及与 MS-OUTLOOK 集成连接了 SAGE SMB 市场 95% 的客户。

## 5.6.2 评估表

| 编号 | 标准 | 评估 | 备注 |
|---|---|---|---|
| 1 | 业务功能 | | |
| 1.1 | 联系人管理 | 强 | |
| 1.1.1 | 联系人概况 | 通过“人”标签察看联系人概况和相关的客户信息，可以在“人”标签下钻取联系人的列表信息。通过预定义的扁平表察看联系人、职务、性别、电话号码、商业电子邮件、区域、类型、称呼、客户经理和部门。可以为个人信息增加定制字段。窗体顶部的标签可以提供联系人的附加信息。备注标签包含关于联系人和客户的自有格式备注。商机标签包含与联系人相关的商机概况。事件标签包含与联系人相关的事件概况。 | |

续表

| 编号 | 标准 | 评估 | 备注 |
|---|---|---|---|
| 1.1.2 | 组织图 | 用图形模式菜单选项在一个层级类图表中显示两个或多个公司之间的关系。通过相关公司列表指出公司之间的关系类型。图形模式菜单选项可以用来建立公司的层级结构图。 | |
| 1.1.3 | 联系历史 | 通过联系人概况中的沟通标签可以访问以前的沟通和活动。用户还可以通过过滤器用日期、活动、联系人、任务、描述等过滤联系活动。 | |
| 1.2 | 客户管理 | 强 | |
| 1.2.1 | 客户信息 | 可以访问预定义字段的联系人概况，包括公司名、类型、状态、地区、网站、细分、员工人数、收入、来源、邮件限制、客户经理、区域、地址、电话和E-mail。通过相应的标签访问市场营销、备注、商机、事件、联系人、地址、文件库、订单、地图、电话/电邮和团队。和客户相关的所有联系人都被列出并可以通过"人"标签查询。 | |
| 1.2.2 | 业务关系 | 在联系人概况中通过相关公司标签用层级结构图标显示公司之间的业务关系。可以访问预定义字段包括公司名称、状态和关系。通过关系字段可以指定客户间的关系。 | |
| 1.2.3 | 活动管理 | 通过联系记录标签访问客户活动历史记录。用过滤按钮通过日期、活动、联系人、任务、描述等跟踪活动历史记录。 | |
| 1.2.4 | 订单输入 | 在客户概况中的订单标签下通过预定义字段访问订单概况，包括订单状态、订单编号、描述、订单日期、总额、税务和货币情况。可以从后台系统提取数据以及使用Sage后台系统的订单输入窗体在CRM中实现订单向后台系统的输入。 | |
| 1.2.5 | 订单历史 | 在客户概况中的订单标签可以访问客户的订单历史。 | |
| 1.2.6 | 销售合同生成 | 当前版本不可用。可以将SageCRM中的信息合并到MS-Word中。 | |
| 1.2.7 | 报价单/建议书生成 | 报价菜单选项中有报价汇总概况。可以访问包括货币、价格列表、状态、涉及编号、打开和到期日期、描述等。每行中的项目显示产品名称、报价中产品数量、价格列表、报价价格、产品折扣和整单折扣。通过发送报价单按钮将报价单合并到产品报价模板中（MS-Word格式），可以进行外币报价。可以与MS-Word集成进行建议书生成。 | |
| 1.3 | 销售管理 | 好 | |
| 1.3.1 | 商机管理 | 通过商机标签显示开放的商机列表。可以访问的预定义字段包括状态、公司、来源、类型、描述、详细信息、联系人、产品、开始日期、关闭日期、预测、预测可能性、分派给、渠道、阶段和优先权。通过团队标签可以将销售代表分派到一个机会中。在SageCRM工作流中通过拖拉为商机进行工作流定制。 | |
| 1.3.2 | 销售周期管理/销售指标 | 可以使用包括下列步骤的销售方法（与Miller-Heiman的术语类似）：开始、线索、认证、报价、谈判、销售、关闭、演示和重新分派。可以钻取每个销售阶段的详细信息。销售阶段在Sage工作流中建立。销售方法在工作流中通过拖拉改变。管理员在系统管理模块的定制模块中可以添加新的销售阶段。商机概况包括显示完成商机中销售阶段过程的附属信息，通过销售管道图显示。可以访问销售管道图中内建的销售模板察看根据区域、销售代表的销售指标。通过内建的SageCRM报表包定制报表。 | |

续表

| 编号 | 标准 | 评估 | 备注 |
|---|---|---|---|
| 1.3.3 | 区域联盟/分派 | 系统管理员在SageCRM工作流的定制功能中，通过不同标准设置地区联盟和分派，将一个区域内一个员工的全部工作移交给另一个。 | |
| 1.3.4 | 活动报告 | 可以访问内置的SageCRM中报表工具包中的活动报表模板（比如，我的联系记录、通过行动、日期、优先权、状态等）。 | |
| 1.3.5 | 地图工具 | 通过图标访问访问与地图网站的链接，比如www.MapQuest.com、www.MapsOnUs.com等。 | |
| 1.3.6 | 费用报告 | 可以定制费用汇总表，跟踪多种多样的费用、税务、合计。厂家声称有定制多种货币费用的功能。在代办事项下的费用标签下建立费用表格的直接链接。 | |
| 1.3.7 | 宣传材料/样品管理 | 当前版本不可用。 | |
| 1.3.8 | 租借管理 | 当前版本不可用。 | |
| 1.4 | 时间管理 | 强 | |
| 1.4.1 | 日历 | 可以访问本地的日/周/月/年视图的日历。在设置约会或会议时为不通时区的客户设置服务器时区和用户时区。还可以通过Palm Pilot、Pocket PC或 支持WAP的设备访问日历，可以通过plugin直接管理Outlook中的日历。与outlook双向集成，包括自动同步任务、日历项目和联系人。用户还可以增加很多用户需要的项目进行同步。可以在Outlook中登陆SageCRM.可以将Outlook中的文件导入SageCRM中，附加到记录中。 | |
| 1.4.2 | 任务列表 | 可以在计划的活动中察看任务列表，按照任务事项、销售代表、公司、时期和时间分类。用户可以在任务概况中指出哪些任务是付费的，以及每天的付费时间。 | |
| 1.4.3 | 电子邮件 | 可以使用Outlook和其他邮件程序发送电子邮件，软件支持HTML格式的电子邮件，可以对一组联系人进行邮件群发。 | |
| 1.4.4 | 传真 | 可以与WinFax之类的第三方传真软件集成。 | |
| 1.4.5 | 备注 | 可以访问软件内的自由格式备注。 | |
| 1.4.6 | 交易记录和追踪审计 | 为活动记录自动设置时间戳，可以自动记录做记录的用户，也可以通过设置进行修改。 | |
| 1.5 | 客户交互中心 | 好 | |
| 1.5.1 | 客户自助服务 | 客户在网上输入用户名和密码便可以访问他们在SageCRM中的客户记录、未决事件、FAQs、商机或其他信息。 | |
| 1.5.2 | 自动电子邮件回复 | 有自动邮件回复能力，通过邮件管理服务器功能发送给客户/潜在客户定制的电子邮件的模板。可以为特定的客户/潜在客户相关信息设置邮件模板的合并字段。用邮件管理服务器功能设置邮件模板规则。 | |

续表

| 编号 | 标准 | 评估 | 备注 |
| --- | --- | --- | --- |
| 15.3 | 客户概况屏幕弹出 | 安装CTI模块后，来电触发一个显示与电话号码匹配的潜在客户的信息。选中一个客户则会显示这个客户的所有信息。 | |
| 1.5.4 | 交互式日历 | 当前版本不可用。 | |
| 1.5.5 | 交互式支持/多媒体门户管理 | SageCRM的客户门户上有“现在打给我”按钮。用户可以在相应的窗体中输入自己的姓名和电话号码，让销售代表或客户代表打电话给自己。 | |
| 1.5.6 | 工作力量管理 | 厂家声称通过定制SageCRM工作流引擎实现工作力量管理。 | |
| 1.6 | 客户服务 | 好 | |
| 1.6.1 | 客户事件分派 | 可以将用户事件设置为案例，通过对SageCRM工作流引擎的定制自动地将事件分派给销售代表。案例的概况中包括以下的预定义字段：日期、描述、产品、阶段、流程和优先权。基于工作流可以对一个客户有多个案例由不同的团队完成。 | |
| 1.6.2 | 事件升级 | 系统管理员可以定制工作流引擎设置事件升级流程（比如，在特定时期内事件未得到处理将发送给管理者）。 | |
| 1.6.3 | 事件生命周期管理 | 可以通过日期、销售代表、公司和描述过滤任务（同事件的设置一样）。用户还可以通过事件字段中的阶段和流程核对事件的进程。 | |
| 1.6.4 | 问题解决方案数据库/查询 | 没有正式的问题解决方案数据库。在SageCRM数据库中通过关键字查询搜索问题解决方案。 | |
| 1.6.5 | 事件报告 | 可以使用SageCRM内置的报表包访问12个预定义服务报表，比如事件的平均数量和总数量、事件的问题区域、通过联系人分类事件、通过问题分类自己的事件等。 | |
| 1.6.6 | 订单管理 | 可以与第三方软件集成进行全面的订单管理。 | |
| 1.6.7 | 返修授权管理和分析 | 当前版本不可用。 | |
| 1.6.8 | 服务水平协议/售后服务管理 | 可以访问服务水平协议的标签，用户设置与服务水平协议的直接链接。用时间菜单可以设置特定行动的提醒。用户还可以使用内建的日历设置SLA的支持小时数。可以定制客户概况下的售后服务标签，以访问和存储售后服务协议。可以建立用户定义字段标识售后服务协议中的涵盖范围。 | |
| 1.7 | 现场服务管理 | 好 | |
| 1.7.1 | 呼叫处理/分派/计划/工作力量管理 | 通过无线功能（比如WAP、Palm Pilot、 Pocket PC）为现场员工分派和计划呼叫。通过不同的标准使用SageCRM的工作流引擎的定制，设置现场服务事件的自动分派。 | |
| 1.7.2 | 存货管理 | 当前版本不可用。 | |
| 1.7.3 | 问题解决管理 | 在客户概况中的问题解决方案中定制问题解决方案概况。通过支持WAP或Palm Pilot搜索不同类别服务的问题解决方案。 | |

续表

| 编号 | 标准 | 评估 | 备注 |
|---|---|---|---|
| 1.7.4 | 时间和费用报告 | 可以定制带有公司名称、详细信息、账单状态、费用发生日期、住宿、航班、餐费、旅行费用、杂费、税费和总费用的报告。 | |
| 1.7.5 | 远程知识管理 | Sage CRM数据库中选定的信息可以使用Palm Pilot或Pocket PC进行关键字查询。 | |
| 1.7.5 | E服务 | 当前版本不可用。 | |
| 1.7.6 | 无线应用能力 | Sage CRM提供Pocket PC访问，使得现场服务人员能够查询客户、收到工作提醒、将工作标记为完成并获得下一个任务，还可以使用任何支持EMAIL的无线设备接收来自CRM的电子邮件提醒，是在CRM系统内完成的。 | |
| 1.7.7 | 无线应用能力模式 | 无线连接只能在线进行。窗体和信息可以自动地为PDA设备进行配置，当前使用的是Pocket PC。 | |
| 1.8 | 电话营销/销售 | 好 | |
| 1.8.1 | 呼叫管理 | 在建立呼叫列表功能中可以使用诸如客户、联系人姓名和地理位置等标准，将外部或内部信息生成呼叫列表。可以使用本地日历为用户分派或重新分派带有时间和日期的呼叫计划。列表的详细信息可以显示给电话营销人员进行呼出（新任务）。可将呼叫重新分派给特定用户，通过手工选择并删除联系人可以排除列表中的联系人。 | |
| 1.8.2 | 脚本 | 可以定制带有特定问题、带下拉菜单选项的字段、带复选框和空白字段以供回答。当前不支持动态分支脚本。 | |
| 1.8.3 | 呼叫记录 | 有带有自由格式的备注字段在代办事项概况中进行呼叫记录。可以在客户窗体的表中记录完成、计划的、呼出和呼入电话。当和联系人发生成功/不成功的联系后可以记录备注和代码、呼叫描述、呼叫状态、日期和呼叫时间段。 | |
| 1.8.4 | 呼叫统计/报告 | 在SageCRM报表包中有呼叫统计和报表模板，比如联系人、行动日期、状态等。还可以使用这个软件包进行呼叫报表的定制。 | |
| 1.8.5 | 自动拨号 | 通过附加的SageCRM CTI模块可以实现自动拨号功能。 | |
| 1.9 | 市场营销 | 有限的 | |
| 1.9.1 | 市场营销管理 | 可以访问带有预制字段的营销活动概况，包括活动名、开始/结束日期、状态、活动预算和实际费用。活动的阶段和步骤可以用Waves标签设置。每个阶段都有由Waves活动设置的的链接。Waves活动类型包括呼出、内部邮件合并和外部电话销售。比如Waves可以设置为唤醒阶段，相关的Waves活动可以给5000个客户发送邮件、跟进、新闻发布会和内部电话营销的跟进。通过内置报表可以分析每个Waves的效果，比如Waves汇总和Waves项目等。电子邮件根据其他的列表进行除重。可以为用户设置提醒以开始下一个Waves。 | |
| 1.9.2 | 市场营销细分工具 | 没有正式的营销细分工具。可以使用多种查询标准进行查询，为营销活动建立列表。 | |
| 1.9.3 | 市场营销（媒体）百科全书 | 使用全局文件库功能可以存储和访问与营销活动相关的记录、文件。 | |

续表

| 编号 | 标准 | 评估 | 备注 |
|---|---|---|---|
| 1.9.4 | 预测模型工具 | 当前版本不可用，可以与第三方预测模块工具集成。 | |
| 1.9.5 | 产品价格配置器 | 在管理模块中可以设置产品概况，可以为特定的产品设置默认、零售、批发价格。可以将产品分为大类，可以与第三方产品/价格配置工具集成提供额外配置功能。 | |
| 1.9.6 | 客户生命周期价值 | 当前版本不可用。 | |
| 1.9.7 | 客户调查管理 | 当前版本不可用。 | |
| 1.9.8 | 宣传资料提供 | 在营销概况中的宣传材料请求标签下，可以访问和存储与营销活动相关的宣传材料的相关文件。厂家声称可以在Sage CRM 工作流中定制营销活动宣传材料流程。 | |
| 1.9.9 | 文字处理能力 | 书信书写能力包括与MS-Word全面集成，有一系列的现成的模板（供直接邮件和电子邮件），电子邮件自动发送，营销活动管理中完成目标列表。 | |
| 1.10 | 线索管理 | 好 | |
| 1.10.1 | 优化 | 可以从第三方数据库导入线索，包括Dun & Bradstreet、Onesource、ACT!、MS-Access 和 Goldmine。系统管理员可以进行上传设置，以进行数据除重、标准化以及设置成代办事项。Sage还提供标准的WEB线索HTML模板。在外部网站管理员的允许下，系统管理员可以剪切并粘贴WEB线索HTML模板到内部的网站。在粘贴之后，线索信息将自动地由内部网站进入数据库。线索信息中的状态、描述、客户名称、联系人姓名、开启日期、区域、状态和阶段将显示在代办事项中的合适字段。 | |
| 1.10.2 | 培育 | 线索培育功能需要定制。在SageCRM工作流中可以定制一个带有再联系日期的休眠阶段。 | |
| 1.10.3 | 资格确认/设置优先权 | 资格确认可以定制带有特定问题、带下拉菜单选项的字段、带复选框和空白字段以供回答。当前不支持动态分支脚本的线索确认。在确认之后，用户可以点击“转化为商机”按钮，将线索转化为商机，在设置优先权时功能有限。可以定制带有下拉菜单的优先权字段，优先权级别设计为从A到F。 | |
| 1.10.4 | 路由 | 在SageCRM工作流中定制多种标准，将线索路由到销售代表（比如邮政编码、行业等）。 | |
| 1.10.5 | 跟踪 | 可以跟踪返回到原始线索源和转化活动和整个商机过程。 | |
| 1.11 | 合作伙伴关系管理 | 强 | |
| 1.11.1 | 渠道计划管理 | 使用标准浏览器在SageCRM合作伙伴门户中输入用户名和密码，访问和更新客户信息和公司数据库中与渠道计划中相关的信息。可以设置公司数据库中任何信息的访问权。可以访问合作伙伴发票支付历史，显示所有已支付的发票和到期发票的列表。 | |

续表

| 编号 | 标准 | 评估 | 备注 |
| --- | --- | --- | --- |
| 1.11.2 | 商机管理 | 使用标准浏览器在SageCRM合作伙伴门户中输入用户名和密码，访问和更新客户信息和公司数据库中与渠道计划中相关的信息。可以访问合作伙伴商机的详细窗体，窗体中显示关于商机状态的重要信息。 | |
| 1.11.3 | 报表能力 | 使用标准浏览器在SageCRM合作伙伴门户中输入用户名和密码，访问预定义和用户定义报表。 | |
| 1.11.4 | 销售管理 | 使用标准浏览器在SageCRM合作伙伴门户中输入用户名和密码，访问和更新客户信息和公司数据库中与渠道相关的销售信息。 | |
| 1.11.5 | 市场营销 | 使用标准浏览器在SageCRM合作伙伴门户中输入用户名和密码，访问和更新客户信息和公司数据库中与渠道相关的市场营销信息。 | |
| 1.11.6 | 线索管理 | 使用标准浏览器在SageCRM合作伙伴门户中输入用户名和密码，访问线索管理功能。 | |
| 1.11.7 | E服务 | 使用标准浏览器在SageCRM合作伙伴门户中输入用户名和密码，给合作伙伴分派任务。 | |
| 1.11.8 | 合作伙伴协议 | 使用标准浏览器在SageCRM合作伙伴门户中输入用户名和密码，访问合作伙伴协议。 | |
| 1.12 | 知识管理 | 有限 | |
| 1.12.1 | 信息来源 | 当前版本不可用。 | |
| 1.12.2 | 信息附件 | 当前版本不可用。 | |
| 1.12.3 | 搜索引擎 | 用户使用查找功能在数据库中使用多字段、多标准和关键字查询。查询可以保存。 | |
| 1.12.4 | 界面引擎 | 知识库包括解决方案能力，可以查询FAQ。可以分派、批准、拒绝一个解决方案。用户使用查询功能可以查询系统中的任何实体，比如商机、客户、联系人等。系统将查询精确匹配和模糊匹配。可以将解决方案链接到服务中。 | |
| 1.12.5 | 文件管理 | 当前版本不可用。 | |
| 1.13 | 业务分析 | 强 | |
| 1.13.1 | 预定义报表 | 内置的CRM报表包中150个预定义的报表模板（在安装所有SageCRM模块的前提下）。水晶报表模板也可以使用。报表可以保存为在线HTML页面钻取详细信息或者导出为PDF、EXCEL或CSV格式文件发布到外部和内部。报表可以使用不同的格式察看，比如饼状图、柱状图、线图等。 | |
| 1.13.2 | 用户定义报表 | 可以查询系统中的实体并显示结果。可以保存查询结果，不必选择其他的字段标准。可以将报表生成PDF格式、打印或以窗体显示或将报表生成EXCEL文件。如果选取了超链接功能，可以钻取报表元素的详细信息。 | |
| 1.13.3 | 预定义查询 | 可以使用用户模板中的查找中的过滤功能，过滤CRM数据库中的信息。 | |

续表

| 编号 | 标准 | 评估 | 备注 |
|---|---|---|---|
| 1.13.4 | Ad hoc查询（案例查询） | 可以建立并保存Ad hoc查询，使用户可以再次使用。另外，可以选择允许其他用户使用，供其他用户使用。 | |
| 1.13.5 | 自动向上/向下钻取能力 | 在定制的报表中可以设置自动地向上钻取信息。 | |
| 1.13.6 | 预测/规划工具 | 用户可以根据自己的权限提交、排除和选择最好的案例和其他选项进行包括预测场景在内的预测。销售经理可以直接察看预测，也可以钻取机会级别的详细信息。销售经理可以为销售代表的预测数字输入评价。数字向上钻取到执行层。预测历史按钮显示了以前提交的预测。关闭的可能性由确定性来跟踪。 | |
| 1.13.7 | 图表或统计建模工具 | 在内置的SageCRM报表包中可以使用图形工具（比如柱状图、饼状图、线图等）。没有统计工具。 | |
| 1.13.8 | 仪表盘/显示关键属性的门户界面 | 使用myCRM门户可以访问和定制带有关键属性的仪表盘（比如我的服务有限级、渠道完成的联系等）的列表或小型图表。每个用户可以设置自己默认的仪表盘。仪表盘上的特定信息可以隐藏，以供特定的用户使用。可以设置对于仪表盘的特定报表。 | |
| 1.13.9 | 门户集成到CRM应用软件 | 使用标准API集成工具可以定制与门户与CRM应用软件的集成，可以访问任何基于标准的的门户技术，以提取、察看和操作CRM系统中的信息。 | |
| 1.13.10 | 网站更新变化提醒 | 当前版本不可用。 | |
| 1.13.11 | 提醒/闹钟功能 | 基于触发器和开始的提醒可以自动地显示在用户界面中的提醒（通过计划）字段中。用户使用推迟选项可以推迟一段用户指定的时间。 | |
| 1.13.12 | 实时分析能力 | 当前版本不可用。 | |
| 1.14 | 电子业务 | 有限 | |
| 1.14.1 | 定制 | 当前版本不可用。 | |
| 1.14.2 | 门户能力 | 可以在Sage CRM门户中设置与数据库的链接和外部网站的链接。用my Sage CRM门户设置功能用户还可以设置门户中活跃和不活跃的信息Blocks。还可以在my Sage CRM门户中设置仪表盘显示的关键属性。 | |
| 1.14.3 | 门户合成应用软件 | 使用允许访问门户复合应用软件的标准的API集成工具，使用门户复合应用软件。 | |
| 1.14.4 | 内容管理 | 可以在Sage CRM门户中设置与数据库的链接和外部网站的链接。用my Sage CRM门户设置功能用户还可以设置门户中活跃和不活跃的信息Blocks。还可以在my Sage CRM门户中设置仪表盘显示的关键属性和关键指标。 | |
| 1.14.5 | 前台商店 | 当前版本不可用。 | |

续表

| 编号 | 标准 | 评估 | 备注 |
|---|---|---|---|
| 1.14.6. | 订单/交易处理 | 当前版本不可用。 | |
| 1.14.7 | 交叉销售 | 当前版本不可用。 | |
| 1.14.8 | 在线客户行为分析和报告 | 当前版本不可用。 | |
| 1.15 | 供应链管理 | 当前版本不可用 | |
| 1.15.1 | 电子采购 | 当前版本不可用。 | |
| 1.15.2 | B2B界面/软件包 | 当前版本不可用。 | |
| 1.15.3 | 物流管理 | 当前版本不可用。 | |
| 1.15.4 | 产品生命周期管理 | 当前版本不可用。 | |
| 1.16 | 项目管理 | | |
| 1.16.1 | 项目任务/交付情况管理 | 通过客户概况中的项目汇总标签可以访问项目信息。可以访问带有预定义字段的详细的项目信息，包括名称、项目ID编号、项目估计值、项目状态和业务领域等。可以访问包含预定义字段的项目汇总信息，比如主要分派、次要分派、分派过的工程师、当前的所有权和区域等。可以将代办事项链接到项目中。 | |
| 1.16.2 | 承包商/子承包商关系 | 当前版本不可用。 | |
| 1.16.3 | 项目资源定位 | 当前版本不可用。 | |
| 1.16.4 | 时间/费用管理 | 当前版本不可用。 | |
| 1.17 | 员工关系管理 | 当前版本不可用 | |
| 1.17.1 | 工作定位/申请者认证 | 当前版本不可用。可以与Sage的HR系列产品集成，获得ERM功能。 | |
| 1.17.2 | 员工业绩 | 当前版本不可用。 | |
| 1.17.3 | 员工培训、技巧 | 当前版本不可用。 | |
| 1.17.4 | 佣金管理 | 当前版本不可用。 | |
| 1.17.5 | 设备管理 | 当前版本不可用。 | |
| 2 | 技术特征 | | |
| 2.1 | 工作流 | | |
| 2.1.1 | 流程配置能力 | 系统管理员级别可以通过完全的交互和图形化的工具拖拉定制工作流。系统管理员还有完全的权限建立新的工作流项目和系统。 | |

续表

| 编号 | 标准 | 评估 | 备注 |
|---|---|---|---|
| 2.1.2 | 警报/通知 | 支持界面、电子邮件提醒和使用短信通知。 | |
| 2.1.3 | 任务分派 | 任务分派窗口由工作流规则的权限确定。 | |
| 2.1.4 | 工作流定制 | 系统管理员可以使用图形界面定制工作流以满足不同的需求，可以到个人层面。 | |
| 2.2 | 结构一致性 | | |
| 2.2.1 | 是否所有软件模块采用同一种结构? | 是，系统完全基于因特网架构。与CTI的集成除外。 | |
| 2.2.2 | 是否所有的软件模块无缝地集成? | 是。 | |
| 2.3 | 技术细节 | | |
| 2.3.1 | 支持的台式机/笔记本操作系统 | 服务器：MS-Windows 98/2000、 MS-Windows NT。<br>客户端：任何支持HTML-4+编译的浏览器的操作系统。 | |
| 2.3.2 | 支持的手持设备操作系统 | Pocket PC。 | |
| 2.3.3 | 应用服务器支持的操作系统 | MS-Windows 2000/2003。数据服务器（可能有所不同）运行在数据库服务器商支持的任何操作系统。 | |
| 2.3.4 | 支持的无线技术 | SMS、GSM、WAP。 | |
| 2.3.5 | 容量 | 软件商称Intranet解决方案的用户可以达几百人，使用因特网解决网访问的不限用户数。 | |
| 2.3.6 | 每个应用服务器支持的用户数 | 基于应用服务器进行配置。基于任何服务器登陆模式的详细标准。 | |
| 2.3.7 | WEB服务能力 | 是。 | |
| 2.3.8 | XML集成 | 是。 | |
| 2.3.9 | SOAP集成点 | 是。 | |
| 2.3.10 | XSLT和CSS支持 | 是。 | |
| 2.3.11 | ERP集成 | 有与Sage产品集成的先天优势，可以与SAP ERP和任何支持COM编译的ERP系统集成。 | |
| 2.3.12 | 点解决方案集成 | 可以与Egain和任何的Sage解决方案集成。还可以与Neugent科技的解决方案集成。 | |

续表

| 编号 | 标准 | 评估 | 备注 |
|---|---|---|---|
| 2.3.13 | 大量邮件分派 | 是，与SMTP的集成。 | |
| 2.3.14 | 电话交换和/或PBX集成 | Nortel PBX和任何TAPI 编译的交换机/网络。 | |
| 2.3.15 | 开发使用的编程语言 | JavaScript、HTML、Delphi、ASP。 | |
| 2.3.16 | 软件结构 | N层。 | |
| 2.3.17 | 当前结构发布日期 | 2005。 | |
| 2.3.18 | 第一款软件发布日期和平台 | 1999， MS-Windows NT。 | |
| 2.3.19 | 最后的软件发布日期和平台 | 2005， MS-Windows 2000/2003、MS-Windows NT。 | |
| 2.3.20 | 安全结构 | 增强的应用软件和数据库级别的安全。 | |
| 2.3.21 | LDAP编译 | 没有LDAP编译。 | |
| 2.3.22 | 支持目录 | 不支持目录。 | |
| 2.3.23 | 台式机/笔记本客户端最低硬件配置要求 | 任何支持WEB浏览器的系统。 | |
| 2.3.24 | 应用服务器最低硬件配置要求 | Intel Pentium 266 MHz 处理器， A级 5 RAID 硬盘队列系统， 每个支持服务器都要访问高速调制解调器 (>28.8k) 进行远程支持和RAS、UPS。 | |
| 2.3.25 | 手持设备最低硬件要求 | 推荐使用 32MB RAM, 16MB ROM 的PDA。 | |
| 2.3.26 | 软件开发和定制使用的工具包 | SQL、Delphi。 | |
| 2.3.27 | 支持的数据库服务器 | MS-SQL Server 2000、Oracle 9i、10G、 IBM DB2、 Sybase。 | |
| 2.3.28 | 应用服务器软件 | 不支持应用服务器软件。 | |
| 2.3.29 | COM/CORBA编译 | COM编译，CORBA通过桥技术。 | |
| 2.3.30 | 软件包提供的桌面数据库 | 带有Sage CRM SOLO (离线产品)的MSDE。 | |
| 2.3.31 | 软件提供的手持数据库 | LAN、browser、sync for PDA、 sync for browser、 WAP、 GPRS。 | |

续表

| 编号 | 标准 | 评估 | 备注 |
|---|---|---|---|
| 2.3.32 | 数据库协议 | ODBC。 | |
| 2.3.33 | 连接模式 | LAN、browser、sync for PDA、 sync for browser、 WAP、 GPRS。 | |
| 2.3.34 | 服务器客户端同步 | MS-Synch 和 merger replication model 与双线所有记录数据同步。 | |
| 2.3.35 | 服务器到服务器数据同步支持 | MS-Synch 和 merger replication model 与双线所有记录数据同步。 | |
| 2.3.36 | 支持的门户技术工具 | mySage CRM Portal。 | |
| 2.3.37 | 多数据源门户界面EII解决方案 | 基于 Corba的解决方案、Orbix可以用于 CRM 软件和门户。 | |
| 2.3.38 | 直接信息能力 | 没有直接信息能力。 | |
| 2.3.39 | 语音识别支持 | 不支持语音识别。 | |
| 2.3.40 | 对瘦客户端的支持 | Web-centric。 | |
| 2.3.41 | 源代码可用和包括 | 源代码不可用。 | |
| 2.3.42 | Office 产品集成 | MS-Windows Office套件。 | |
| 2.3.43 | 组件软件的双向集成 | MS-Exchange 98/2000、Lotus Domino。 | |
| 3 | 实施 | | |
| 3.1 | 集成 | | |
| 3.1.1 | EAI工具 | EAI工具是用于打开与其他系统连接的端口的API工具。中间件是独立地与BIZtalk交流的软件。 | |
| 3.1.2 | EAI供应商合作关系 | 没有支持的EAI供应商。 | |
| 3.1.3 | OTLP集成能力 | 几乎实时。 | |
| 3.1.4 | 批集成能力 | Sage数据库可以扩展。 | |
| 3.1.5 | 例子和模板集成 | 一旦选择WEB服务，就会在SageCRM和WSDL之间传递XML信息。 | |
| 3.1.6 | 预定义集成点 | 可以连接外部数据库（比如SQL数据库）和连接到特定的表、设置表名、ID、高层实体、表标签、数据库等。有APIS开发合作伙伴网络。 | |
| 3.1.7 | 系统基础配置工具 | 厂家声称注册的工具可以用于系统的基础配置。 | |

续表

| 编号 | 标准 | 评估 | 备注 |
|---|---|---|---|
| 3.1.8 | 配置工具标准 | 用户数、许可证数，以及市场营销、销售和客户关怀标准在配置工具中使用。 | |
| 3.1.9 | 反向工程工具 | 没有可用的反向工程工具。 | |
| 3.2 | 实施团队 | | |
| 3.2.1 | 实施的内部顾问服务 | 专业服务团队支持提供主要实施服务的合作伙伴网络。 | |
| 3.2.2 | 内部咨询服务的规模 | 20个成员。 | |
| 3.2.3 | 实施合作网络 | 是。 | |
| 3.2.4 | 合作伙伴网络的规模 | 500个CRM合作伙伴。 | |
| 3.2.5 | 合作伙伴认证流程 | 是。 | |
| 3.2.6 | 认证课程和平均的课程时间 | 两周分为两个课程的培训。 | |
| 3.2.7 | 认证考试 | 一次考试。 | |
| 3.2.8 | 管理认证考试 | 内部测试。不能通过的将免费再次测试。 | |
| 3.2.9 | 再培训/再认证流程 | 为新版本提供培训。 | |
| 3.3 | 时间和成本 | | |
| 3.3.1 | 50个用户的最小客户化实施时间段 | 1到2个月。 | |
| 3.3.2 | 典型的实施费用和软件许可费用的比率 | 1:1 | |
| 3.4 | 配置 | 好 | |
| 3.4.1 | 增加特定的业务字段类型 | 可以在SageCRM系统中增加不限数量的字段。不需要编码。可以选择超过25个预定义的不同类别的字段。所有的在系统内的字段都是可以扩展的。 | |
| 3.4.2 | 修改表单内容 | 在图形工具中双击可以新增列表项目。 | |
| 3.4.3 | 预定义表单对输入数据的限制 | 可以将数据限制在特定的下拉菜单中。 | |

续表

| 编号 | 标准 | 评估 | 备注 |
|---|---|---|---|
| 3.4.4 | 识别必须输入字段和非必须输入字段 | 复选框用来标识字段是否必填。蓝色的星号提醒用户字段必填。 | |
| 3.4.5 | 修改窗体 | 可以从下拉列表中选择新字段并点击增加，使用Sage 高级定制向导完成的实体可以与相关的字段、窗体、表单等自动地加入系统中。 | |
| 3.4.6 | 对不同用户组的窗体级许可 | 可以通过修改代码修改窗体属性，在系统安全设置中用户组可以被授予对所有窗体、表单等的不同级别的访问权限（建立、只读、更新、删除）。 | |
| 3.4.7 | 不同用户组的记录级别的许可 | JavaScript用来设置对字段的访问权限，可以使用安全功能限制特定信息，可在特定区域对某个用户限制记录的访问权限。多层安全结构。 | |
| 3.4.8 | 设置工作流流程 | 图形工作流工具有拖拉功能。可以使用包含活动详细信息的Workflow Rule folder建立工作流。 | |
| 3.5 | 定制 | 好 | |
| 3.5.1 | 对外部业务软件的调用 | 使用支持XML的web 服务门户与其他系统对接。SageCRM的数据库集成能力可以使用SQL显示其他数据库的数据。 | |
| 3.5.2 | 附属表单 | 不能定制附属表单。 | |
| 3.5.3 | 基于特定字段输入值创建软件活动 | 可以使用开发工具基于输入特定字段的数据的值设置应用软件的活动。提醒、报警和应用软件的活动可以通过工作流控制。 | |
| 3.5.4 | 建立与客户应用软件和数据库集成的业务窗体和表 | 可以用表和字段的属性选择实体使用的下拉菜单和表的参数和描述。要在屏幕中显示窗体需要一些ASP脚本。可以使用高级定制向导在系统中建立新实体。可以自动产生新表、字段、窗体和客户的ASP页面。 | |
| 3.6 | 数据转化 | | |
| 3.6.1 | 使用数据导入工具导入多源记录 | 是。 | |
| 3.6.2 | 可用的数据转化格式 | CVS、ACT、Excel和GoldMine。 | |
| 3.6.3 | 用户界面的动态字段映射 | 通过数据导入工具和外部的CVS、ACT、Excel和GoldMine实现。 | |
| 3.6.4 | 通过导入工具建立字段之间的关系 | 内部的数据导入工具自动建立字段之间的关系。合作伙伴的数据导入工具可以建立其他来源的数据间的关系，比如GoldMine和ACT。可以在不编程建立数据关系。 | |
| 3.7 | 实时功能 | | |
| 3.7.1 | 实时仪表盘 | 系统管理员通过选择和移除仪表盘中的内容可以定制仪表盘以显示SageCRM数据库中的实时内容，通过HTML编码可以定制与外部网站的链接。 | |

续表

| 编号 | 标准 | 评估 | 备注 |
| --- | --- | --- | --- |
| 3.7.2 | 应用软件快速开发工具 | 使用CRM定制向导（起软件开发工具的作用）可以在CRM软件系统中建立新的元素，定制向导可以访问ASP编码，系统管理员可以修改ASP代码声明新的元素或修改已有元素。 | |
| 3.7.3 | 工作流建立工具 | 系统管理员可以通过工作流工具中的拖拉功能定制CRM软件。没有现成的与外部系统的链接。与外部系统的链接需要系统管理员在Sage Advantage 系统中写ASP代码。 | |
| 3.7.4 | 业务目标配置 | 需要系统管理员在Sage Advance系统中写ASP代码，以实现业务目标的配置。 | |
| 3.7.5 | 移动设备实施 | SageCRM100/200v5.8。 | |
| 4 | 用户友好/支持 | | |
| 4.1 | 帮助功能 | 好 | |
| 4.1.1. | 帮助菜单 | 可以访问支持帮助主题和关键字查询的在线帮助。 | |
| 4.1.2 | 内容敏感帮助 | 当前版本不可用。 | |
| 4.1.3 | 详细的错误信息 | 发生错误时，错误信息显示在窗体顶部用红色字标出。 | |
| 4.2 | 国际化 | | |
| 4.2.1 | 多货币 | 可以在系统管理模块中设置固定的货币汇率。 | |
| 4.2.2 | 多语言模式支持 | 美国英语、英国英语、法语、德语、日语和荷兰语。 | |
| 4.2.3 | 翻译能力/集成 | 通过与第三方软件集成，实现集成能力。 | |
| 4.2.4 | 驻外办公室位置 | 爱尔兰、中国、以色列、英国、澳大利亚、印度、新加坡、泰国、日本、阿联酋、俄罗斯、塞浦路斯等。 | |
| 4.2.5 | 国际支持 | 24小时支持，主要支持在实施国家中，紧急支持可以由其他办公室全天支持。 | |
| 4.3 | 培训 | | |
| 4.3.1 | 可选的培训方式 | 在线和电子培训可以供系统管理员、高级系统管理员、用户采用。还可以选择Sage CRM基本技术、扩展培训。 | |
| 4.3.2 | 培训费用 | 培训费用取决于每次课程的学生人数。 | |
| 4.4 | 支持 | | |
| 4.4.1 | 在线支持 | 在线支持负责处理系统结构、技术、安全、安装和实施方面的问题。 | |
| 4.4.2 | 电话支持 | 每天24小时。 | |

续表

| 编号 | 标准 | 评估 | 备注 |
|---|---|---|---|
| 4.4.3 | 免费电话号码 | 当前没有。 | |
| 4.4.4 | 技术和用户文件 | 系统管理员指南、用户指南、实施指南和Sage CRM Blocks Guide。 | |
| 4.4.5 | 网站、公告板和在线论坛 | 当前没有。 | |
| 4.4.6 | 维护和支持费用 | 实施和许可证费用的19%。 | |
| 4.4.7 | 软件售后服务期 | 取决于购买的支持合同，联系供应商获得详情。 | |

## 5.6.3 系统演示

1）仪表盘

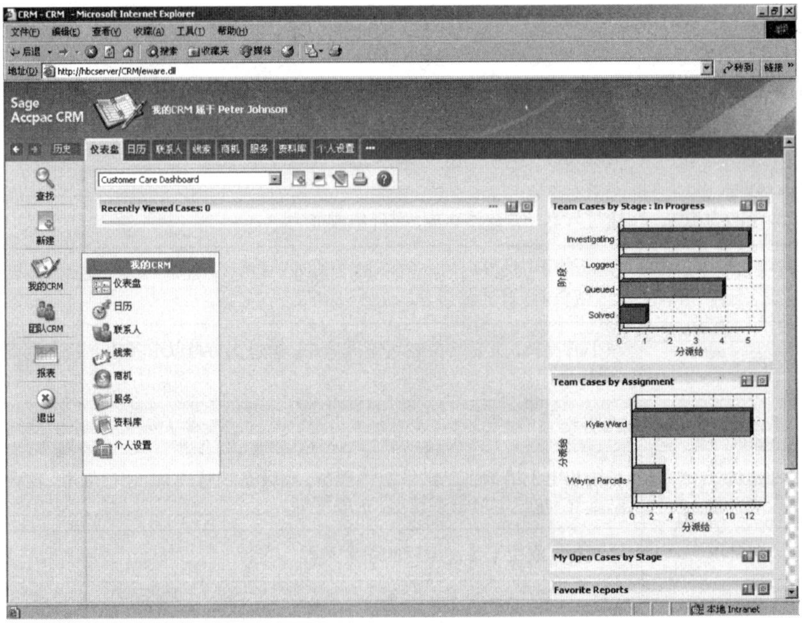

2）客户管理

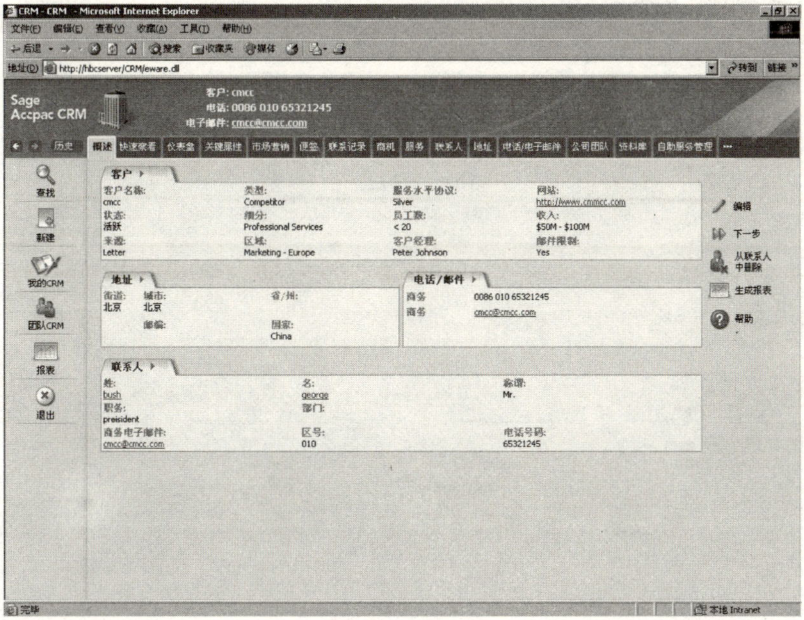


3）联系人管理

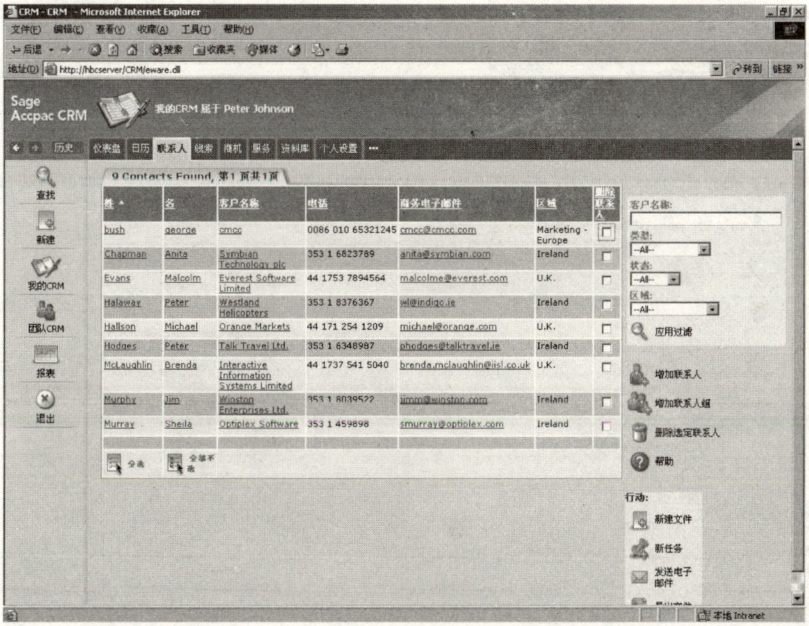

4）商机管理详细界面

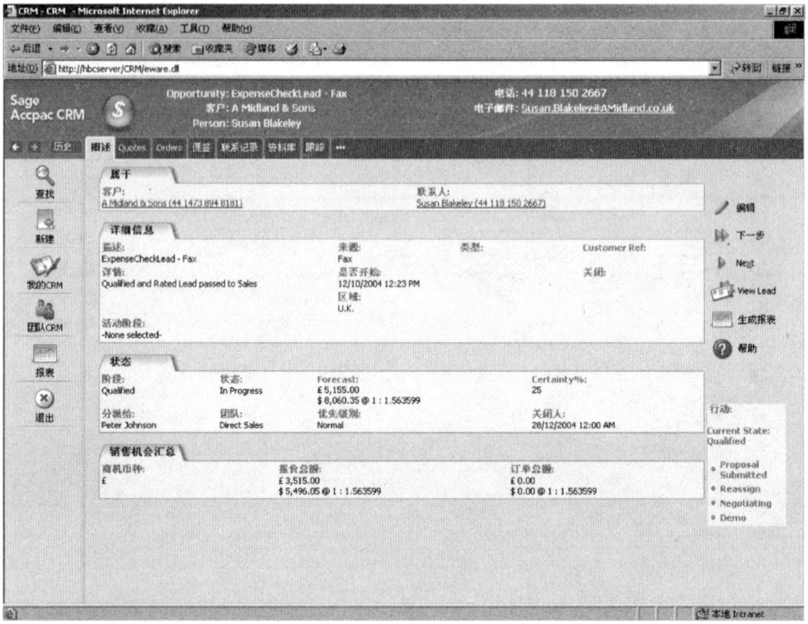

5）日历

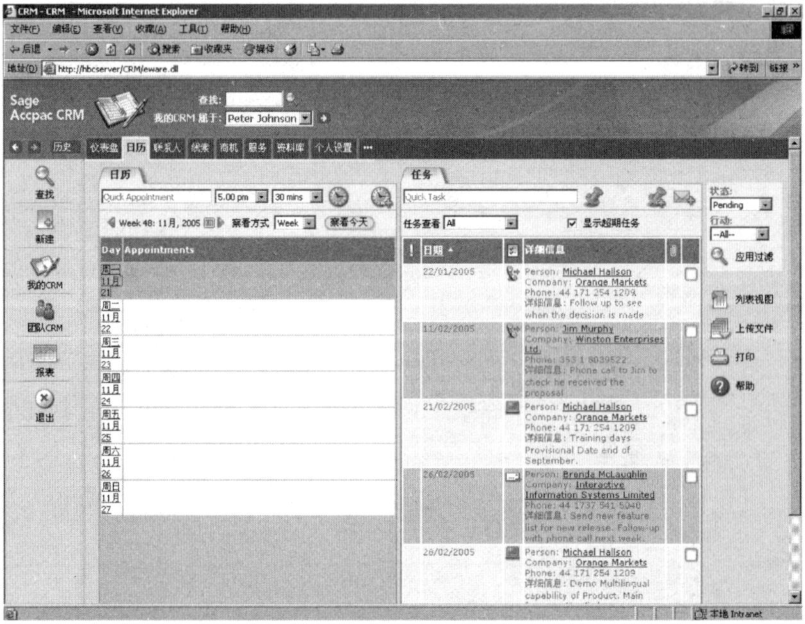

6）市场营销

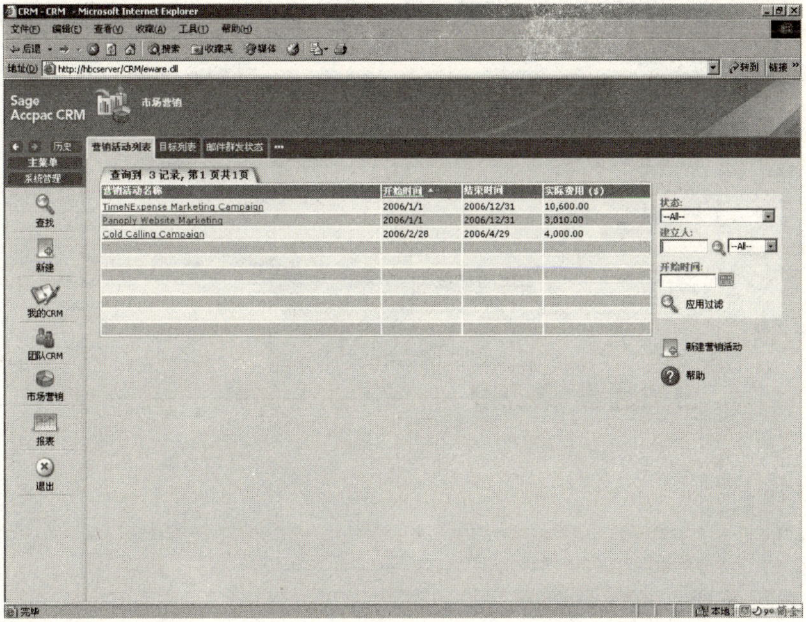


7）计划活动 / 事件

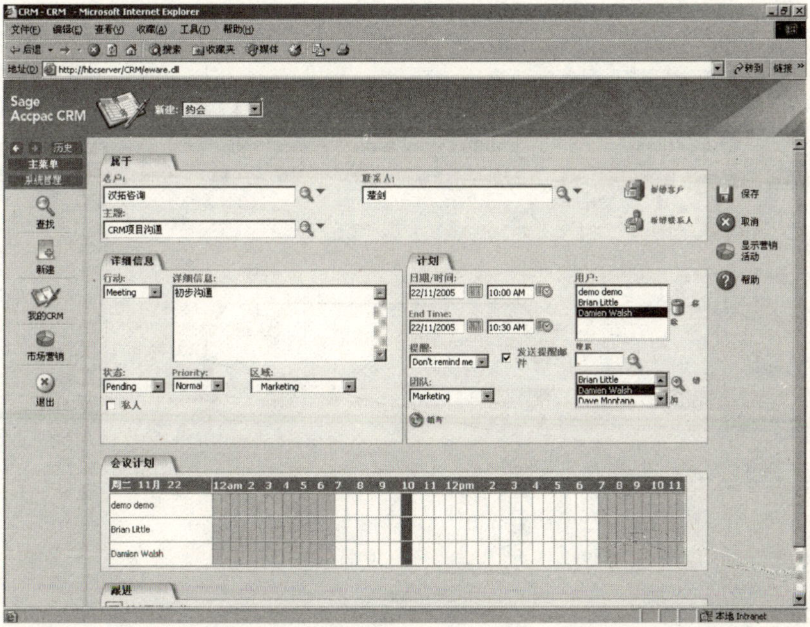

8）群发邮件

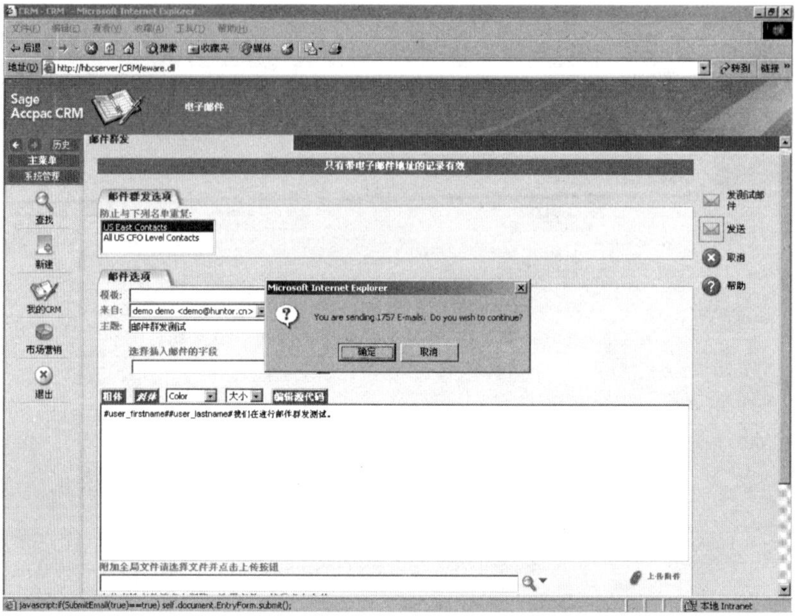
CRM - CRM - Microsoft Internet Explorer
地址(D) http://hbcserver/CRM/eware.dll
Sage
Accpac CRM
电子邮件
邮件群发
只有带电子邮件地址的记录有效
邮件群发选项
防止与下列名单重复:
US East Contacts
All US CFO Level Contacts
邮件选项
来自:
demo demo <demo@huntor.cn>
主题:
邮件群发测试
选择插入邮件的字段
Microsoft Internet Explorer
You are sending 1757 E-mails. Do you wish to continue?
确定
取消
粗体
斜体
Color
大小
编辑源代码
#user_firstname##user_lastname#我们在进行邮件群发测试。
附加全局文件请选择文件并点击上传按钮
上传附件
发测试邮件
发送
取消
帮助
主菜单
系统管理
查找
新建
我的CRM
市场营销
退出
javascript:if(SubmitEmail(true)==true) self.document.EntryForm.submit();
本地 Intranet

9）工作流

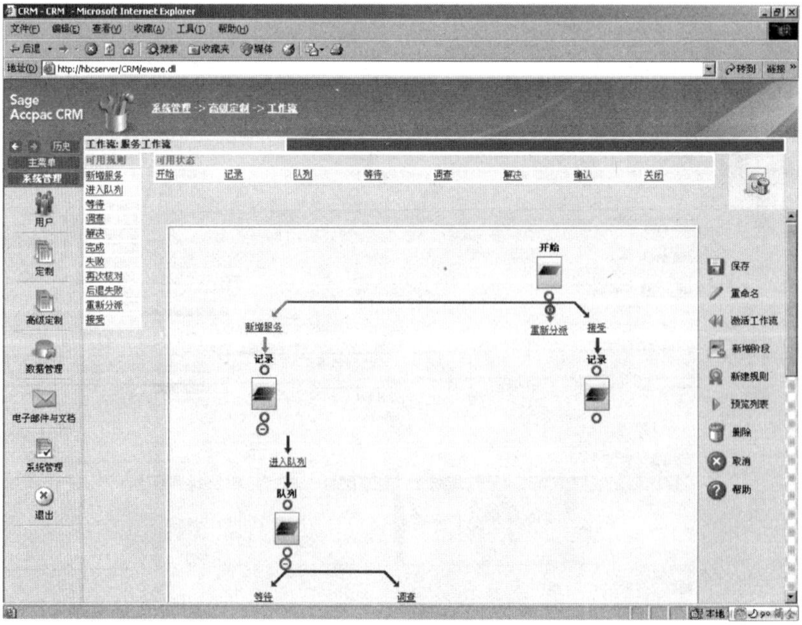
CRM - CRM - Microsoft Internet Explorer
地址(D) http://hbcserver/CRM/eware.dll
Sage
Accpac CRM
系统管理 -> 高级定制 -> 工作流
工作流: 服务工作流
可用规则
可用状态
开始
记录
队列
等待
调查
解决
确认
关闭
新增服务
进入队列
等待
调查
解决
完成
失败
再次核对
后退失败
重新分派
接受
主菜单
系统管理
用户
定制
高级定制
数据管理
电子邮件与文档
系统管理
退出
保存
重命名
激活工作流
新增阶段
新建规则
预览列表
删除
取消
帮助
开始
新增服务
重新分派
接受
记录
记录
进入队列
队列
等待
调查

10）服务管理

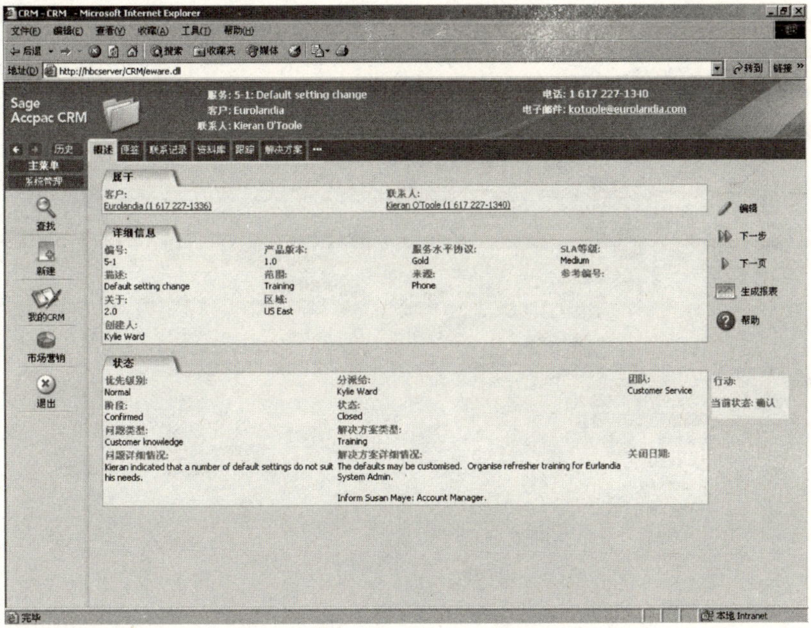


11）解决方案

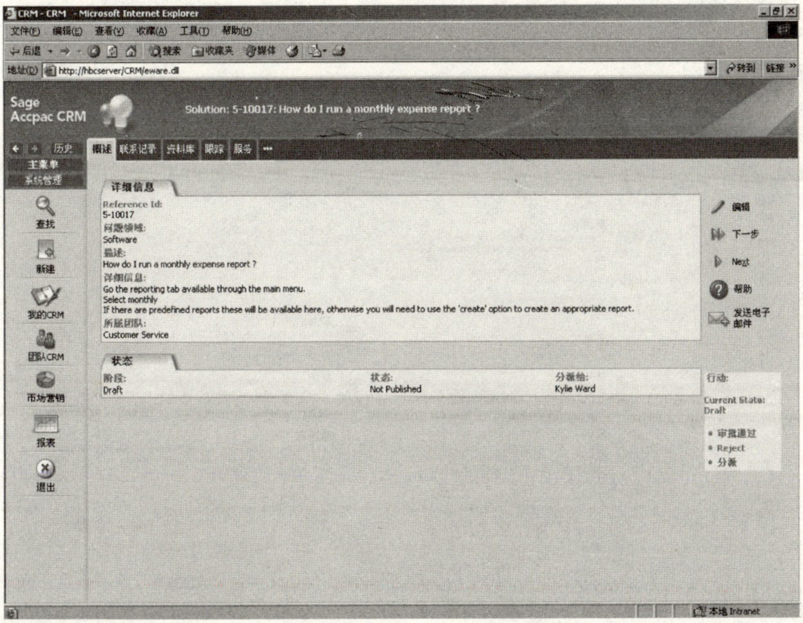

12）系统管理

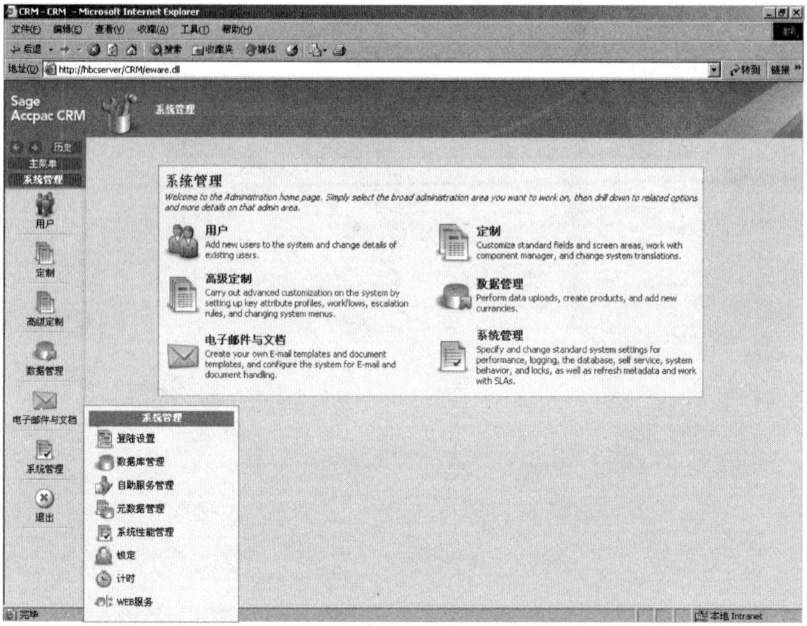

13）定制

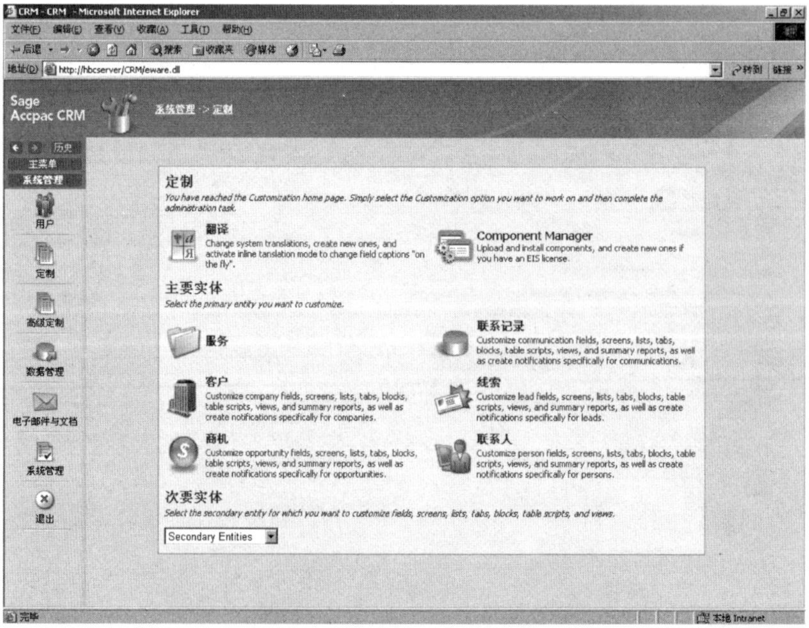

14）高级定制

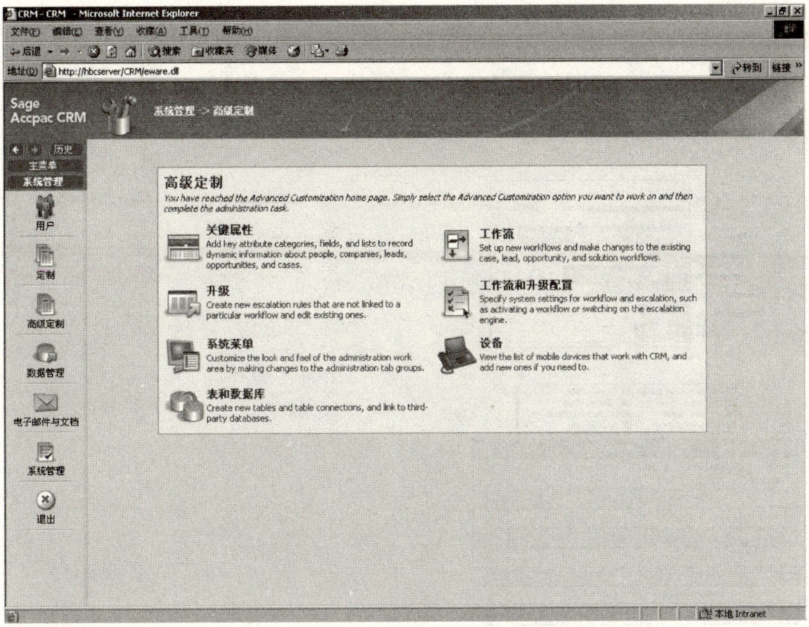
CRM - CRM - Microsoft Internet Explorer
文件(F) 编辑(E) 查看(V) 收藏(A) 工具(T) 帮助(H)
地址(D) http://hbcserver/CRM/eware.dll
Sage Accpac CRM
系统管理 -> 高级定制
历史
主菜单
系统管理
用户
定制
高级定制
数据管理
电子邮件与文档
系统管理
退出
高级定制
You have reached the Advanced Customization home page. Simply select the Advanced Customization option you want to work on and then complete the administration task.
关键属性
Add key attribute categories, fields, and lists to record dynamic information about people, companies, leads, opportunities, and cases.
工作流
Set up new workflows and make changes to the existing case, lead, opportunity, and solution workflows.
升级
Create new escalation rules that are not linked to a particular workflow and edit existing ones.
工作流和升级配置
Specify system settings for workflow and escalation, such as activating a workflow or switching on the escalation engine.
系统菜单
Customize the look and feel of the administration work area by making changes to the administration tab groups.
设备
View the list of mobile devices that work with CRM, and add new ones if you need to.
表和数据库
Create new tables and table connections, and link to third-party databases.
本地 Intranet

15）报表

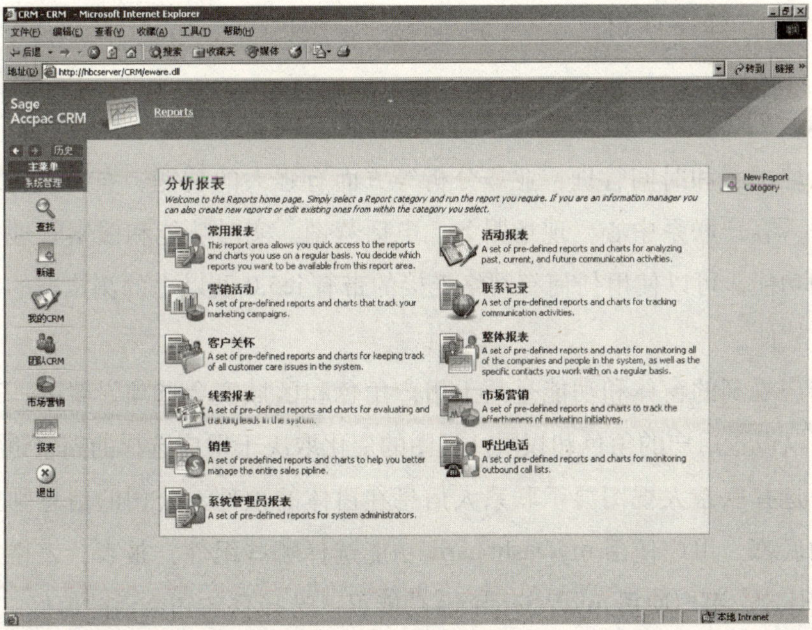
CRM - CRM - Microsoft Internet Explorer
文件(F) 编辑(E) 查看(V) 收藏(A) 工具(T) 帮助(H)
地址(D) http://hbcserver/CRM/eware.dll
Sage Accpac CRM
Reports
历史
主菜单
系统管理
查找
新建
我的CRM
团队CRM
市场营销
报表
退出
分析报表
Welcome to the Reports home page. Simply select a Report category and run the report you require. If you are an information manager you can also create new reports or edit existing ones from within the category you select.
New Report Category
常用报表
This report area allows you quick access to the reports and charts you use on a regular basis. You decide which reports you want to be available from this report area.
活动报表
A set of pre-defined reports and charts for analyzing past, current, and future communication activities.
营销活动
A set of pre-defined reports and charts that track your marketing campaigns.
联系记录
A set of pre-defined reports and charts for tracking communication activities.
客户关怀
A set of pre-defined reports and charts for keeping track of all customer care issues in the system.
整体报表
A set of pre-defined reports and charts for monitoring all of the companies and people in the system, as well as the specific contacts you work with on a regular basis.
线索报表
A set of pre-defined reports and charts for evaluating and tracking leads in the system.
市场营销
A set of pre-defined reports and charts to track the effectiveness of marketing initiatives.
销售
A set of predefined reports and charts to help you better manage the entire sales pipline.
呼出电话
A set of pre-defined reports and charts for monitoring outbound call lists.
系统管理员报表
A set of pre-defined reports for system administrators.
本地 Intranet

16）详细报表格式

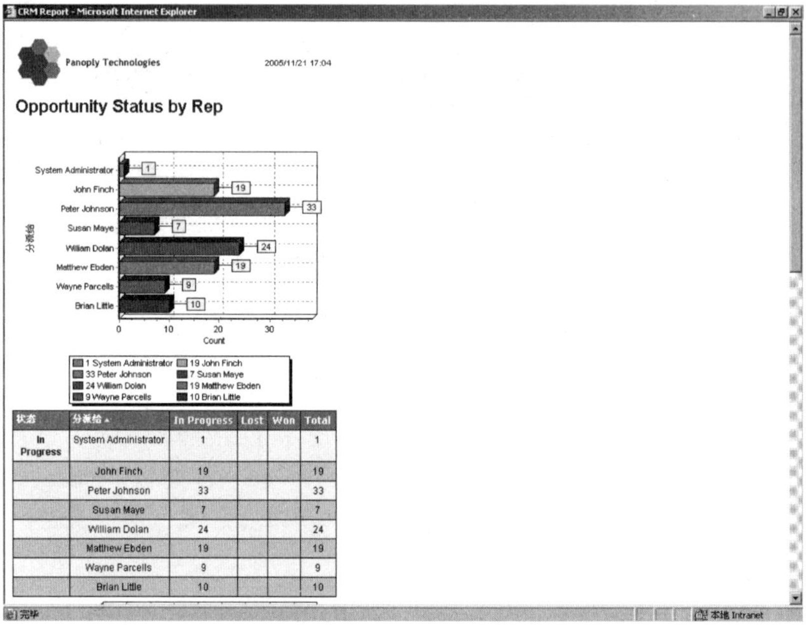


## 5.6.4 总体评价

Sage CRM 100/200 v. 5.8 是基于 Web 的 CRM 应用软件，在联系人、客户、合作伙伴关系和时间管理、业务分析等方面有强大的功能。在销售管理、客户服务、客户联系中心、现场服务、电话营销、实时功能和线索管理方面有较好的功能。可以使用任何有网络连接的带有 ie5.0 及以上的浏览器的电脑访问应用软件。

用户看到的窗体和功能是基于用户角色和区域安全选项设置的。系统管理员可以设置用户的角色和权限。视图的变化取决于用户选择的超级链接。如果用户选择联系人视图显示联系人信息在窗体的顶部，公司的信息则显示在窗体的底部。用户使用 myDashboard 功能选择哪些组件、报表、表格等将显示在窗体上。用户使用 myPreferences 功能可以选择登陆和会话的偏好。“历史”

按钮可以显示系统中最常使用的元素的快捷方式。

联系人管理功能使用表格形式包含一系列的预定义字段，并且可以建立无数量限制的用户定义字段。客户管理功能使用类似的列表。在客户概况中有为市场营销、备注、商机、事件、人、地址、文件目录、订单、地图、电话 / 电子邮件和团队的表。相关公司表格可以通过层级结构图显示与其他公司的业务关系。商机概况可以通过商机标签访问。销售代表通过团队标签可以分派到商机。用户可以访问包含下列阶段的销售方法:开始、线索、确认、谈判、销售、关闭、演示和重新分派。可以钻取每个销售阶段的详细信息。每个阶段通过 SageCRM 商机工作流建立，系统管理员在工作流内通过拖拉可以改变销售方法。系统管理员还可以通过定制 sage CRM 工作流，设置基于不同标准的自动的区域结盟和分派。

时间管理工具可以通过内置的日程表或与 MS-Outlook 双向集成实现，通过本身的日程表可以计划任务并分派给一个用户或用户组。用户可以用图标显示计划活动的类型（比如电话、会议等），以弹出窗口形式显示闹钟提供延迟功能。

客户自助服务功能使用户在客户门户上可以通过输入用户名和密码访问自己在 SageCRM 中的客户记录和商机相关的信息。“Call Me Now”按钮使用户可以提醒他需要销售代表或客户服务代表的联系。通过定制 SageCRM 工作流,可以实现客户事件的分派和升级。现场服务功能可以与支持无线的设备(包括支持 WAP 的设备、Pocket PC 和 Palm Pilot）进行同步。

建立列表功能可以汇集基于用户定义的标准的呼叫列表，从而增强电话营销功能。脚本可以针对特定的问题进行定制，并且在下拉列表中提供可选答案和空白字段。不支持动态分支脚本。使用附加的 Sage CRM CTI 模块可以实现自动拨号功能。用内置的营销活动概况，可以实现营销活动的管理。用预定义的阶段标签定义营销活动的阶段。

线索管理功能包括对通过数据上传功能导入的第三方数据库的线索信息进行除重和标准化。在合作伙伴门户，可以通过输入用户名和密码访问合作伙伴关系相关的信息。Sage CRM 报表包中有大量的关于活动、商机、销售指标、呼叫报表等的报表模板，比如用户可以钻取商机中的管道元素信息。

mySage CRM 门户使客户可以设置与 SageCRM 数据库和外部网站信息的链接。

对 SageCRM 元素的配置提供图形和下拉列表修改窗体、列表、窗体对象等内容。同样，使用数据导入工具形成标准的文件格式，比如 CSV 和 MS-Excel、goldMIne 和 ACT!。

网站式的排列方式使得 Sage CRM 100/200 v. 5.8 是一个用户友好的软件包，虽然缺少 ERM 和供应链管理功能。目前市场营销、项目管理、知识管理和电子商务功能还是有限的。

## 附录

用户数：5000

可用语言：中文、美国英语、英国英语、荷兰语、日语、德语

## 5.7 Social CRM

### 5.7.1 概述

企业的核心目的还是客户运营，而其处理的业务也依旧是营销、销售、服务及电子商务，社会化媒体是企业一个新渠道。所以，Social CRM 是利用社会化渠道，来进行带有社会化特点的客户关系管理，其系统框架既保留了传统 CRM 的业务框架，又融合了社会化媒体的社会化特点。

多账户管理。Social CRM 支持企业设置多个社会化网络账户，比如 Twitter、FB 或者新浪微博、腾讯微博等账户，进行整合，统一发布，统一监听。

分享管理。企业通过 Social CRM 进行消息发布，包括单个消息多账户发布、单账户发布、选择模板发布，甚至包括群发、选择联系人群组进行群发。发布内容可以是公告、产品和服务的知识 / 常识、产品展示、网点展示以及促销活动等。

市场活动管理。促销活动、礼品优惠券分享可以带有特定的代码、关联市场活动的源代码，从而进行活动效果评估。

监听管理。通过默认账户、关键字等进行搜索和监听，可以转化为联系人、线索和个案。涉及到服务的，客户代表可以进行分配和个案跟踪；涉及到客户需求采集的，可以创建线索或者更新联系人信息；涉及到会员的，可以进行社会化俱乐部的管理。

品牌管理。通过对品牌关键字的监听，对品牌现状、满意度等进行调查；同时监听竞争对手的动态信息；监听客户投诉信息，及时创建个案进行跟踪处理并反馈。

客户管理。通过特定代码实现社会化客户与交易客户的鉴别，同时通过微博会话历史进行客户的信息采集和需求采集，适时提供满足个性化需求的服务。

Social CRM 系统还支持对微价值的评估、微网络的可视化路径展示，实现微商机管道，并通过代码引擎实现微商务，最后还支持针对老客户或会员半封闭的社会化俱乐部。

## 5.7.2 系统演示

汉拓科技为企业的社会化媒体营销提供了完整的 Social CRM 解决方案，这里简单介绍一下 Social CRM 系统（一期功能）。

1）Social CRM 首页

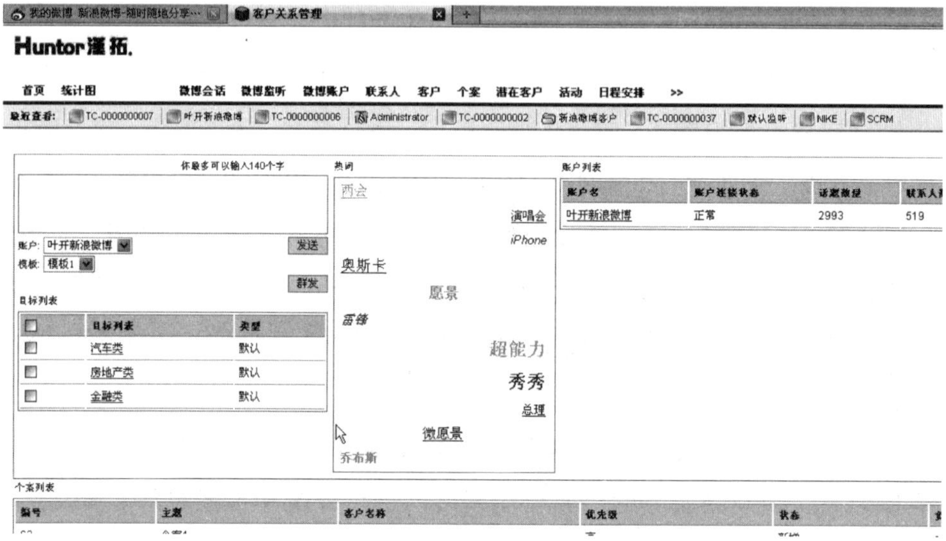

2）Social 会话列表

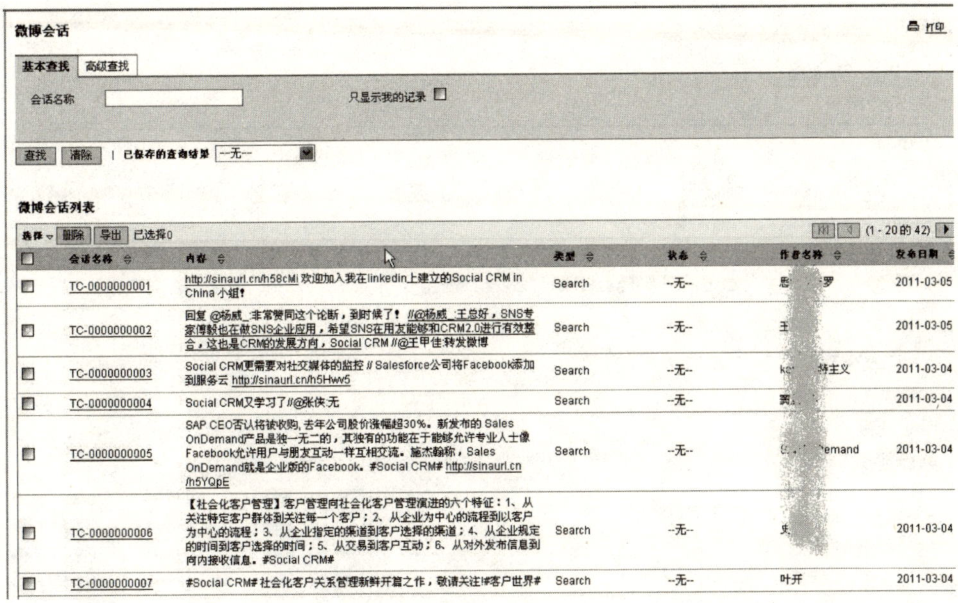


3）Social 会话详细

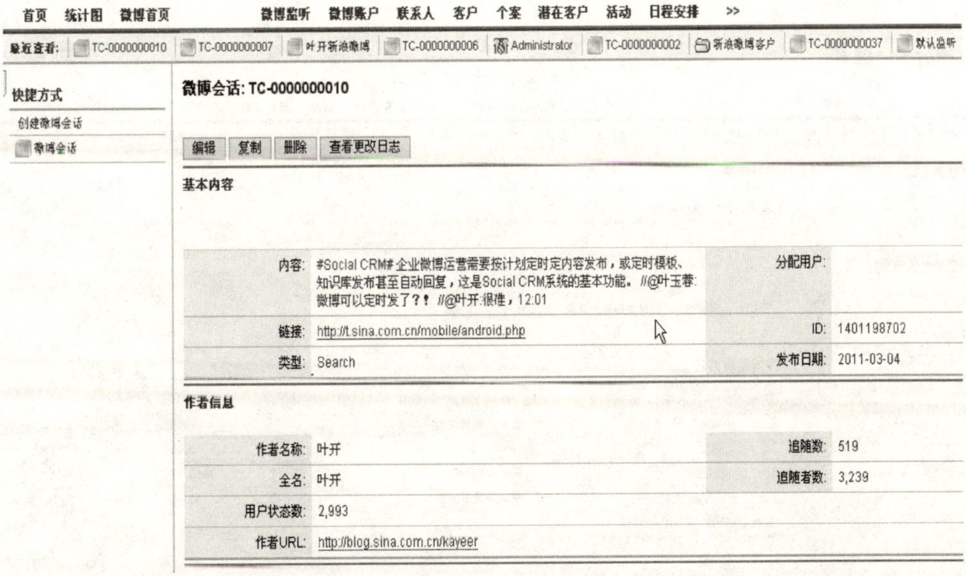

4）Social 会话动作

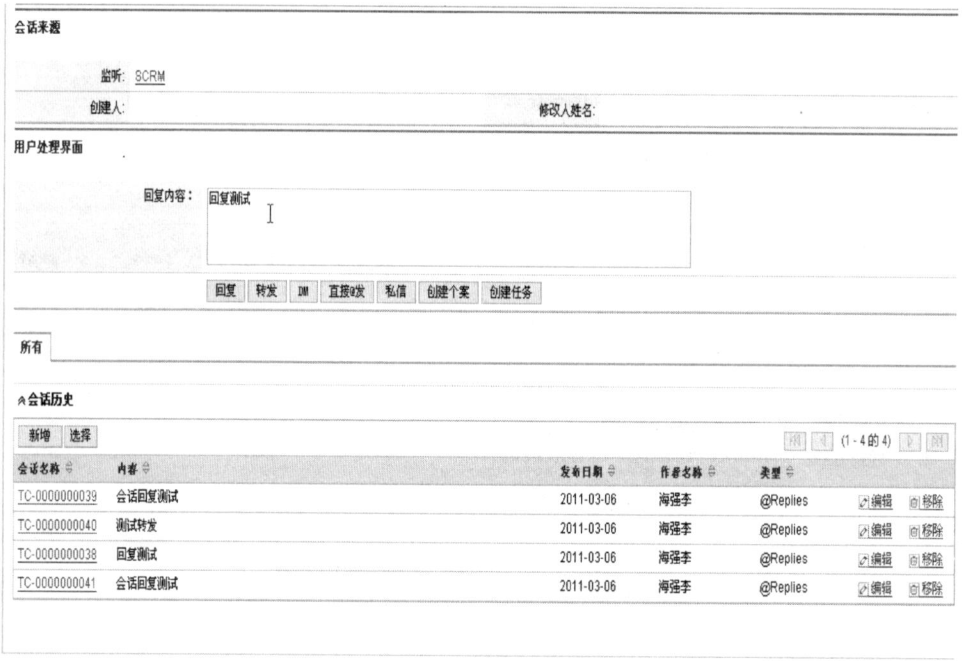


5）Social 监听

6）Social 账户

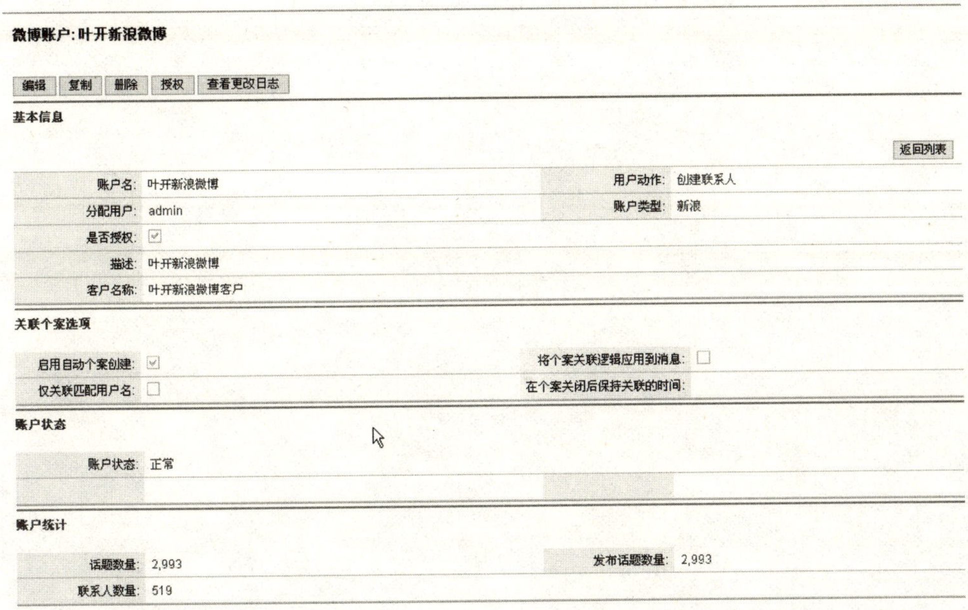

**微博账户：叶开新浪微博**

编辑 复制 删除 授权 查看更改日志

**基本信息**

返回列表

| | | | |
|---|---|---|---|
| 账户名: | 叶开新浪微博 | 用户动作: | 创建联系人 |
| 分配用户: | admin | 账户类型: | 新浪 |
| 是否授权: | ☑ | | |
| 描述: | 叶开新浪微博 | | |
| 客户名称: | 叶开新浪微博客户 | | |

**关联个案选项**

| | | | |
|---|---|---|---|
| 启用自动个案创建: | ☑ | 将个案关联逻辑应用到消息: | ☐ |
| 仅关联匹配用户名: | ☐ | 在个案关闭后保持关联的时间: | |

**账户状态**

| | |
|---|---|
| 账户状态: | 正常 |

**账户统计**

| | | | |
|---|---|---|---|
| 话题数量: | 2,993 | 发布话题数量: | 2,993 |
| 联系人数量: | 519 | | |

# 第六章
## *附　录*

### 6.1　CMM标准体系

Gartner Group 对 CRM 的定义清晰地指出：CRM 是商业策略，而不是技术和软件。在国内近几年的 CRM 实践中，存在着大量的问题，而这些问题的产生有着很多的因素，导致许多企业对 CRM 实践的积极性受到严重打击。汉拓科技致力于将创新的 CRM 能力成熟度模型推广和应用于国内 CRM 实践中，也是希望能够给混乱的市场增加一点透明和指引，建立一个企业、系统商和研究机构之间和谐的沟通交流平台。

### 6.1.1 CMM评估模型体系

CMM 体系包括三个层次的指标：一级指标、二级指标和三级指标。

其中，CMM 系统商指标包括 8 个大类为一级指标，每个大类有 8 个小类，总共 64 个小类为二级指标，另外在 64 个二级指标下细分为 512 个详细指标，为三级指标。

CMM 评估时，对于每一级指标都可以通过雷达图来展现评估结果，同时对于详细指标评估时会进行详细点评，以形成评估报告。

1）CMM 一级指标

一级指标图如下：

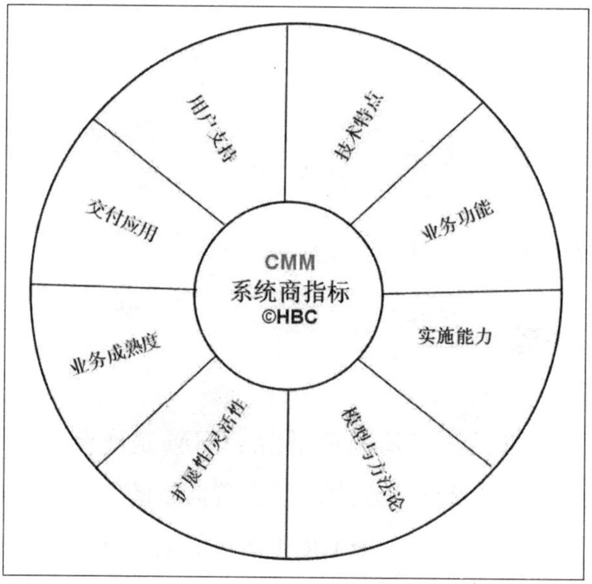

2）CMM 二级指标

二级指标图如下：

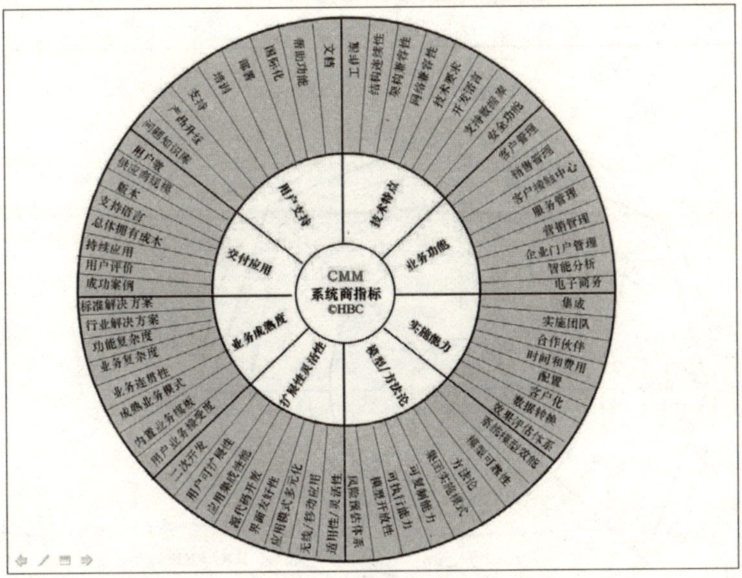


3）CMM 三级指标

三级指标描述如下：

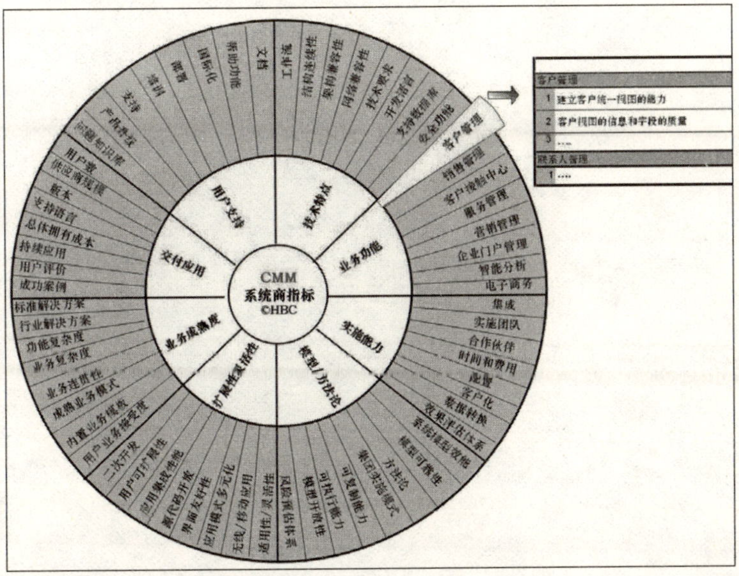

4）CMM 雷达图

雷达图如下所示：

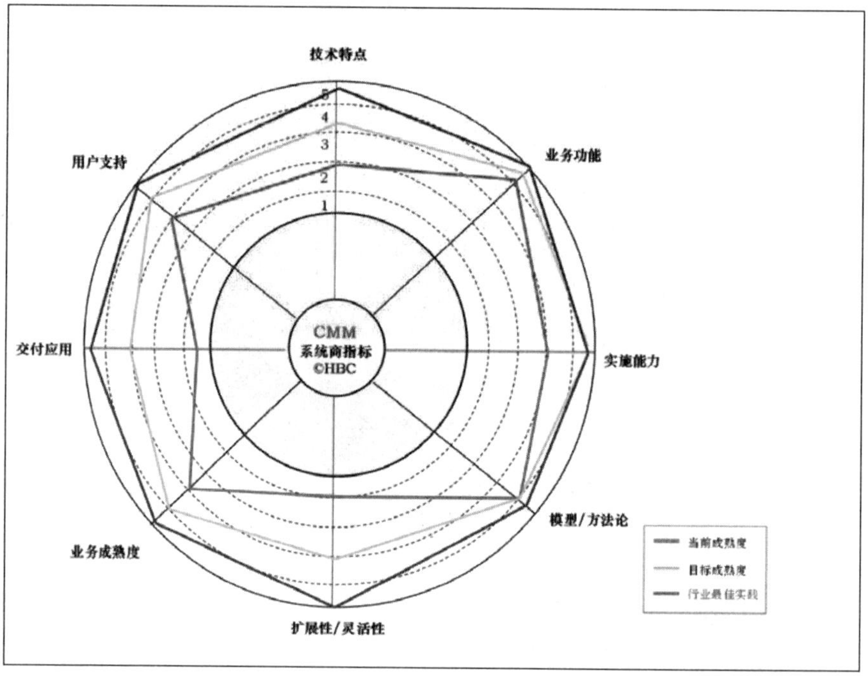

5）CMM 详细评估报告

## MySAP 评估

### 概述

MySAP 是一个集成的解决方案产品，包含了企业范围的客户关系管理解决方案。MySAP4.0 由包含以下模块：客户交互中心（呼叫中心）、移动销售、（销售管理、日程、联系人和客户管理、市场营销）、现场服务（订单录入、客户服务）和电子销售（电子商务）。产品具有联系人、客户、销售、时间、线索、知识、项目、员工关系管理和供应链管理功能，同时还有客户接触中心、客户服务、现场服务、电话营销、营销、PRM、业务分析和电子商务的功能。

MySAP可以运行在MS-Windows98/2000、MS-WindowsNT、Linux、Uinx和MS-WindowsXP,支持Palm Pilot、MS-Pocket PC 和 iPAQ。支持的数据库包括Oracle、MSSQL、DB2、Sybase、Informix 和 SAP databases。提供的安全结构包括MTS和SAP所有权安全协议（proprietary security protocols (SNIC)）和Kerboros。

SAP 定位于垂直产业的大型企业和公共机构，比如制造、服务、消费品、高科技和公共服务。

（略）……

### 联系人管理

| 联系人管理 | 强 |
|---|---|
| 联系人概况 | 联系人概况通过列表格式显示，每个字段都有 picklist 查询列表。可以跟踪职业和个人信息，比如姓名、类型、敬称、职位、昵称、婚姻状况、生日、语言、业务合作伙伴（客户）、部门、职责、地位、权利、地址、电子邮件、电话号码、性别、行业和分裂。从联系人概况的电子邮件和网址处直接进行访问。包括联系人菜单的特定选项，地址、搜索、活动、沟通、联系时间、分类、销售团队以及其他内容。能够和 MS-OutLook 进行配置。<br>MS-OutLook 中的联系人信息自动转移到联系人概况的对应字段。 |
| 组织结构图 | 察看业务合作伙伴（客户）的树形结构层级图，可以用图标来代表每个列表中组织中的组织（比如房子）和人（头像），组织结构中的元素包含超级链接，选中后可以显示联系人的整体概况。企业的部门也可以通过树形的层级结构图显示。 |
| 联系历史记录 | 通过活动和沟通的菜单选项可以访问联系人历史记录。活动通过类型、状态、开始日期和描述列出。可以钻取联系人历史记录的详细信息，通过交互中心访问联系人历史记录。 |

企业版还将附带大量的具体功能对应界面和演示视频文档，为企业和系统商提供一个全面、详尽、丰富的沟通交流平台。

### 6.1.2　CMM评估模型应用方法

CMM 评估体系是一个复杂的模型，具体应用的时候根据应用目的而应用方法也有所不同，下面具体介绍 CMM 评估模型的应用方法。

1）选择指标范围

在不同的模型应用环境下，由于选用的目的不同、关注因素不同、外部环境不同，因此是可以选择不同的指标范围，确定此次评测选用的一级指标、二级指标和三级指标。

CMM 体系中的标准并非在每一次评估中都需要用，它实际上是一个满足大部分 CRM 评估的标准的合集。所以应用者首先要自己或者借助评估顾问来选择 CMM 指标范围，确定哪些指标参与此次评估。

2）设置权重与分值

由于评测的结果以雷达图的五分制展现，或者以选型评分表的百分制展示，因此需要对评估指标设置权重比与分值：大类权重，大类分数值，小类权重，小类分数值。

设置一级指标的权重，一级指标的分数值，如果是百分制的评分表则一级指标的分数值汇总为评测总分值；如果是五分制的雷达图，则一级指标的分数值转化为五分制，以下类推。

该大类的一级指标的分数值，按该大类的二级指标分解到二级指标的分数值，作为二级指标的百分制或五分制的分值。

二级指标的分数值，按该小类的三级详细指标分解到三级指标的分数值。

特别要指出的是：如果需要，可以设置二级指标的权重进行二级指标的重要程度调整。

3）生成评测表格

根据评估分数值形成 CMM 评估表，为电子表格形式，带有指标编号和权重、分值，后面为实际评测分数和备注，可以作为单独的厂商系统评测，也可以作为横向的多家厂商系统的水平评测。当横向的多家系统商评测时，实际评测分数栏为多家系统商评测分数。

百分制的评分表直接累加形成总评测分结果；五分制的雷达图需要转换为五分制，形成不同层次的雷达图。

4）CMM 评估表格

**CMM系统商评估表**

| 编号 | | | 评估指标 | 分值 | 权值 | 评估得分 vendor |
|---|---|---|---|---|---|---|
| 1. | | | 业务功能 | 800 | 50% | |
| 1. | 1. | | 客户管理 | 100 | | |
| 1. | 1. | 1 | 建立联系人概况的能力 | 5 | | |
| 1. | 1. | 2 | 定位特定的联系人并查看详细信息 | 5 | | |
| 1. | 1. | 3 | 通过图标或阴影标明联系人对公司或销售机会的影响级别 | 5 | | |
| 1. | 1. | 4 | 每个客户对应多个联系人的能力 | 5 | | |
| 1. | 1. | 5 | 基于联系人查看历史活动记录的能力 | 5 | | |
| 1. | 1. | 6 | 建立并访问组织/区域的结构图的能力 | 5 | | |
| 1. | 1. | 7 | … | | | |

5）评估生成详细评测报告

在进行具体指标评估打分的同时，需要基于指标标准对每一个详细指标进行具体实现的点评，同时在汇总生成的评测报告中可能会对指标外的比较重要的因素进行追加点评。

在企业版报告中，会增加具体指标的编号对应的功能界面截屏，同时增加二级指标和三级指标对应的功能操作演示视频，以更加形象地进行描述和对比。

6）适应情景

CMM 评估体系可以有效地应用于 CRM 方面的各项工作，其中比较成熟的应用有以下方面：

——系统商购买指南评测

——企业系统选型内部评测咨询

——企业系统选型咨询

——系统商产品研发参照体系

——企业项目研发参照体系

——大型项目审计

## 6.1.3 CMM评估模型指标

对 CRM 系统商的评估是基于 512 个标准进行的（其中 234 个业务功能标准，30 个业务成熟度标准，30 个模型与方法论标准，62 个技术特点标准，54 个实施能力标准，39 个用户支持标准，33 个扩展性与灵活性标准，30 个交付应用标准）。对于每个标准都制定了测评的评分标准。这 512 个测评标准直接来源于汉拓咨询对于市场的研究和调查及项目的实践。

需要说明的是，虽然构建了这样一个复杂的 CMM 体系，但对于软件特定的功能、技术特点、用户友好、用户支持等问题还是存在一定的主观因素，系统商通过不同的方法来解决业务需求。汉拓咨询通过坚持 CMM 体系中的这 512 个选择标准，从而能够保持中立性和客观性。

### 6.1.3.1 业务功能

234 个业务功能标准分成了 8 个大类 18 个小类，随着不断发展将会有更多的功能指标更新。

1）客户管理

（1）联系人管理

在进行联系人管理的测评时要考虑以下内容：

◇ 建立联系人概况的能力

◇ 定位特定的联系人并查看详细信息

◇ 通过图标或阴影标明联系人对公司或销售机会的影响级别

◇ 每个客户对应多个联系人的能力

◇ 基于联系人查看历史活动记录的能力

◇ 建立并访问组织 / 区域结构图的能力

◇ 字段的数量或屏幕和屏幕间的活动

◇ 对联系人视图外观和使用个性化的灵活性

◇ 与其他联系人的关联关系的能力

◇ 与其他部分的关联能力（比如日程安排）

(2) 客户管理

◇ 建立客户 / 公司概况的能力

◇ 客户屏幕上的信息和字段的质量

◇ 用内置的字段或结构图表示与客户的业务关系

◇ 标明客户的目标和成功因素

◇ 为用户配置、自动分派和计划日程活动计划和任务

◇ 提供针对客户定制的步骤（如对于一个机会，每一步可以定义，并能附加文件、视频等等）

◇ 对预定客户界面的修改（字段标签或是增加个性化字段、界面）

◇ 查看企业的联系人与联系人的关系

◇ 查看和过滤客户的活动历史记录（比如活动类型、联系人、日期、销售代表）

(3) 客户细分

◇ 通过灵活的客户数据库采样实现快速目标群建模

◇ 从一个用户界面对多个与客户相关的数据源的便利访问

◇ 客户价值和客户终生价值的多维度评估

◇ 对客户信用额度的分级管理、受限控制和预警

◇ 客户团队管理

2）销售管理

(1) 销售管理

◇ 管理销售机会以及相关信息（比如分派、跟进和团队管理、阶段、完

成的可能性、销售总额、完成日期和竞争者）

◇ 进行销售周期分析

◇ 评估识别销售机会的关键决策者、影响者和重要关系

◇ 生成全面的报表或视图，显式每个销售代表的销售（配额）指标（成功 / 失败、完成率）

◇ 销售人员进行销售指标分析的能力（比如竞争者频率分析、线索资源管道分析和可能性分析），并实现图形辅助显式

◇ 为客户分派和匹配销售代表

◇ 查看销售人员活动报表

◇ 访问地图工具网站的直接链接（比如 MapQuest、Mapsomus、Yahoo Maps 等）

◇ 弹出根据区域、产品和其他标准计算的销售总量

◇ 销售成本和销售费用支出

◇ 费用报表的建立

◇ 通过访问费用报表模板，跟踪每个机会、营销活动、特殊事件等的费用。

◇ 跟踪销售队伍中的文档和样品的去向

◇ 跟踪管理设备、产品等（比如借出和归还制度、客户和潜在客户）

（2）订单管理

◇ 为产品 / 服务输入报价或订单，并且查看订单的历史记录

◇ 通过内置的模板生成建议书的能力

◇ 生成销售 / 价格报价并合并到建议书模板中的能力

◇ 快速生成报价并提交客户批准

◇ 生成合同的能力

◇ 动态、多层、交叉配置价格和销售 BOM 规则定义

◇ 可定义时间触发的合同的后续销售活动和任务

◇ 提供报价模板、报价配置、报价调整、报价审批管理

◇ 多条件的订单状态查询

◇ 订单和合同的类型、财务条款、交付条款等管理

◇ 订单的应收款 / 回款分析和账龄周期分析

◇ 在线订单配置和管理

◇ 订单的产品可用性检查

◇ 订单的客户信用额度确认

◇ 可以实现团队销售和销售培训

◇ 销售团队的业绩考核、指标分配、销售佣金的管理

◇ 对区域、组织层次乃至海外的销售区域管理

◇ 对佣金计划、配额分配、销售信用分配、完成率等的管理

◇ 通过类型、级别、区域、销售阶段、预测期间、产品等的销售预测和历史参考、时间序列的预测分析

◇ 支持多级团队和矩阵式销售结构的复杂预测

◇ 利用参数驱动的销售漏斗图表和销售预测报表对订单和收入进行实时分析

(3) 时间管理

◇ 屏幕显式按日 / 周 / 月 / 年的日程表

◇ 计划活动并且按照日 / 周 / 月查看日程安排

◇ 查看并为其他客户分派日程活动

◇ 查看权限内的用户或用户组的日程安排

◇ 计划会议并分派相关人员和资源

◇ 为活动设置优先级别列表

◇ 为活动设置闹钟

◇ 与内部或外部收发电子邮件信息

◇ 与内部或外部收发传真

◇ 记录无格式限制的便签

◇ 自动为活动、便签和电话设置时间 / 日期 / 销售代表戳

◇ 与 MSoutlook 或 Lotus Note 集成或双向同步

3）客户接触中心

（1）客户接触中心

◇ 客户在公司网站上建立并访问客户自助服务功能

◇ 基于客户或潜在客户以前电子邮件的主题提供个性化邮件回复的能力（设置邮件模板）

◇ 在门户或客户接触中心通过弹出窗口模式查看包括客户和账户重要信息的客户概况的能力

◇ 为客户提供在线访问账户信息以及与客户代表约定拜访或其他事务

◇ 客户支持交互访问的能力，加强客户和销售代表之间的交流（如 Chat，VOIP）

◇ 通过多媒体入口管理，管理不同形式的客户交互活动，并实现内部或外部路由交互活动

◇ 对交互活动进行排队以及通过多种标准计划和分派人力资源

◇ 定义业务规划进行工作流建模

◇ 提供与服务代表的一对一在线电话和在线文字交互的支持

（2）客户服务

◇ 记录事件信息并将事件分派正确的人或部门

◇ 查看客户服务历史的能力

◇ 访问解决问题信息的能力

◇ 基于用户定义的标准自动进行事件的评级

◇ 查看事件开始到解决的生命周期历史

◇ 通过统计和报表监控客户服务的效率

◇ 查看订单的状态、信用、录入和交付

◇ 允许用户设置和跟踪客户返回或翻修的产品、货物等

◇ 按客户要求登门的人员访问服务级别协议和服务级别信息

◇ 访问保修协议，以提供保修信息和授权

◇ 对事件的级别、紧急程度和响应速度、预警的管理

◇ 设置自动分派的事件分配规则

◇ 执行客户反馈和满意度回访

◇ 服务请求的状态分类和分配跟踪管理

◇ 投诉建议的受理、分类、级别与预警、客户回执的管理

◇ 主动服务管理

◇ 基于主题词自动查询知识库及提交典型案例到知识库

(3) 电话营销 / 销售

◇ 建立呼叫列表并将呼叫分派给个人或销售代表团队以完成呼叫

◇ 访问动态、分支脚本和基于脚本响应进行评分

◇ 脚本可动态访问 CRM 并自动加载信息

◇ 记录呼叫分析

◇ 通过附加文件或弹出窗口访问信息以支持计划呼叫

◇ 通过统计和报表监控呼叫活动

◇ 自动拨号和建立拨号队列能力

(4) 知识管理

◇ 自动设置和获取新增加与客户竞争和行业相关的新信息

◇ 在客户概况和历史中增加新的信息来源

◇ 通过自然语言查询、关键字搜索访问客户端或搜索引擎从知识库中获得信息

◇ 管理不同种类的文件以及用户、最近更新日期等

◇ 跟踪指定文件的变化

◇ 全文检索客户、服务、资料库、文档和知识库

4）服务管理

(1) 现场服务

◇ 计划、路由和指派事件调配到适当的现场服务人员

◇ 通过不同的标准（比如经验级别、要求的任务等）计划、路由和指派现场服务人员

◇ 跟踪现场服务人员处理和分派的库存

◇ 访问、记录和跟踪现场服务问题的解决

◇ 跟踪特定销售代表的旅行和住宿费用

◇ 现场服务人员通过手持设备访问 CRM 数据库的能力

◇ 使客户通过网络或手持设备计划现场服务和跟踪服务

◇ 访问 CRM 软件包集成的无线应用软件

◇ 访问软件包内置的无线应用软件

◇ RMA/ 返回与维护库存

◇ 支持条码扫描并生成和打印条码标签

◇ 基于批量缺陷或异常高的事件频率进行预防性维修计划

◇ 从 RMA 到维修再到返回维修品入库的完整维修生命周期跟踪

◇ 按客户优先级别、区域、零配件、技能等实现维修预约和自动分配调度

◇ 对缺陷的跟进、整改、召回、统一反馈的管理

◇ 可以从维修单明细产生配件订单

◇ 配件订单驱动配件库存的进出库和调拨管理

（2）项目管理

◇ 列出并跟踪项目中项目任务和交付情况的流程 / 完成情况

◇ 跟踪项目中承包商和子承包商的状态、关系级别、角色和工作

◇ 跟踪项目中每个任务或阶段的资源的可用性、成本、位置和使用情况

◇ 跟踪项目中每个任务或阶段的费用和时间

◇ 访问和跟踪对员工的提成信息

◇ 对比项目中每个任务或阶段的预测费用和实际费用

5）营销管理

（1）市场营销

◇ 为特定的客户或客户群创建多步骤活动或项目

◇ 衡量营销活动的效率（每个线索的成本或媒体类型效率）

◇ 对营销百科全书的访问

◇ 对预测模型工具的访问

◇ 对产品和价格配置器的访问

◇ 基于不同的标准计算客户的生命周期价值

◇ 提供客户调查模板，并跟踪 / 分析客户调查的回应

◇ 对宣传材料功能的访问

◇ 个性化模板和灵活内容支持

◇ 通过内置文字处理系统书写信件或标签

◇ 通过内置文字处理系统或外部集成系统实现邮件合并

◇ 支持定期和循环的大量邮件发送

◇ 综合跟踪邮件响应过程和自动邮件退回处理

◇ 基于模板打印商业信函并生成标签

◇ 使用图形化的营销日历实现的集中协调和控制所有营销计划、活动、

产品、媒体和用户群

◇ 进行市场和竞争对手等的市场调研管理

◇ 对促销产品、客户群、促销策略和客户响应的管理

◇ 对资料发送与礼品发送的管理

◇ 对媒体、广告的计划、费用、跟进、简报分析的管理

◇ 对市场活动的计划、预算、执行、资源和评估的闭环管理

◇ 直邮列表、刊物、周期和费用等

(2) 线索管理

◇ 对功能的访问（比如，指南、闹钟 / 触发器，保证与线索相关的每个阶段都已经解决或执行）

◇ 通过向第三方软件中输入标准获得新的线索名单

◇ 培育线索供未来进行评估（如果一个线索在当前是不合格的，可以转入培育期，一定时期后再进行线索的识别）

◇ 通过基于行动计划、预定义商业规则、脚本或销售思想的预定义标准自动识别客户

◇ 为每个线索设置优先权，并通过分数和级别来标明线索的优先级

◇ 设置线索优先级的显式模式（颜色等等）

◇ 根据预定义的商业规则，自动的将线索分派到销售代表、销售团队、渠道伙伴或 / 分销商以实现对线索的跟踪

◇ 通过不同的标准跟踪线索（名称、地址、日期、事件、状态、资源 SIC 编码、产业、公司、产品服务等）

◇ 对线索唯一性的重复检查

◇ 创建线索跟踪结果的报表

◇ 外部名册与列表的导入、过滤、验证、分配管理

6）企业门户管理

(1) 合作伙伴关系管理（PRM）

◇ 通过浏览器访问自己的客户信息和数据库

◇ 通过浏览器访问与销售合作伙伴相关的销售渠道活动信息

◇ 设置和个性化销售渠道伙伴门户的视图，以访问 PRM 相关信息

◇ 提交 MDF 请求的管理

◇ 在客户活动列表中跟踪 MDF 相关的活动

◇ 通过浏览器访问关于公司和其合作伙伴的机会管理信息

◇ 基于定义好的分派规则自动地在销售队伍中添加渠道合作伙伴

◇ 通过浏览器运行预定义或用户定义的报表（活动、事件、与渠道合作伙伴相关的活动）

◇ 调整销售机会信息（有渠道伙伴建立或更新）进行销售、收入、市场份额的预测

◇ 使用销售管理工具（渠道管理流程、最佳实践等）辅助管理不同渠道的销售流程，并实现合作伙伴的通过浏览器的访问

◇ 下订单和记录服务请求

◇ 通过浏览器访问与分销商、零售商等相关的营销信息

◇ 将营销活动产生的呼叫列表路由给渠道伙伴

◇ 通过浏览器访问线索管理工具，这些线索管理工具辅助管理和定位销售渠道的线索

◇ 将呼叫分派到销售代表、渠道伙伴，以提供服务或产品（通过 PRM 入口或浏览器来自渠道商的订单部分）

◇ 通过 PRM 入口或浏览器访问和修改合作伙伴协议

◇ 在线培训

(2) 员工关系管理

◇ 跟踪每个职位申请人的资质，将申请人的资质同职位的描述和要求进

行对比

◇ 在外部网站上发布职位信息

◇ 设置可以衡量的、特定的目标以衡量绩效和团队协作

◇ 监控员工绩效指标

◇ 跟踪员工的培训、认证和技术

◇ 跟踪分派给员工的设备

7）智能分析

◇ 访问预定义报表

◇ 创建可以保存和再利用的用户定义报表

◇ 轻易地从数据库中提取信息（某区域内的所有客户、处于某个生命周期阶段的所有客户）

◇ 通过多个标准或特定条件查询（如上个月购买A产品的所有北京客户）

◇ 对数据的分析能力（统计分析、用图表显示数据）

◇ 丰富的图表和曲线形式发布

◇ 支持快速在线分析

◇ 支持实时分析

◇ 查看、钻取和弹出销售预测（按产品、区域或销售人员）

◇ 易于理解的指示针对关键销售、市场营销和客户服务的统计的仪表板（小图形、小米）

◇ 从CRM系统中现有数据建立跨门户的功能

◇ 对特定网站的变更或是有新的产品和服务作出提醒

◇ 当出现里程碑或起点达到时作出提醒（销售收入、存货水平和电话的数量）

◇ 企业应用系统的数据净化、标准化、除重和纠正

◇ 通过预制的报表提供即时统计结果

◇ 简化的业务模型视图和稳定的业务计算引擎

◇ 高度的可伸缩性、可用性和性能

◇ 用于营销、销售和服务的预定义的智能交互仪表盘（客户管理驾驶舱）

◇ 对客户、伙伴、营销、销售和服务以及雇员数据分析的预定义报表和指标

◇ 由数据仓库实时查询客户数据、交易数据和历史数据

◇ 支持多种关系型数据库和非结构化的数据源

◇ 对客户概括和需求喜好、购买行为、价值评估的分析能力

◇ 对产品需求、价格敏感度和促销效果、产品定价的分析能力

◇ 对订单预测、报价—订单转化率、订单趋势、业绩的分析能力

◇ 对销售业绩、渠道、客户、竞争对手和销售区域、销售预测、销售周期的分析能力

◇ 对客户满意度、服务解决时间、服务工作负荷和产品缺陷、服务配件预测的分析能力

8）电子商务

（1）电子商务

◇ 个性化门户网站，适应基于交易分析、网站使用部门和直接的输入和反馈获得的客户偏好

◇ 对内容的管理，比如何种网站访问者会接受来自门户或前台商店网站的信息（网站窗体、广告）

◇ 对门户的基础应用软件的访问，通过它们可以重新创建 CRM 软件包中的功能

◇ 发布产品信息、文档和价格信息等

◇ 在网站上建立并访问包括产品种类和购物篮之类的网上商店

◇ 通过浏览器从内部遗留系统获得信息，从 ERP、CRM 应用软件和外

部信息资源获得信息

◇ 管理和访问订单 / 交易功能

◇ 在线信用检查和信用卡验证

◇ 基于参考模板、产品浏览目录和以往订单快速创建购物篮

◇ 基于客户购买历史、反馈等为客户提供相关的或附加的产品以增加向上和交叉销售机会

◇ 创建并访问分析和报告访问网站客户的浏览习惯、交易和评论信息

◇ 在线产品目录和个性化配置

◇ 产品比较和个性化建议

◇ 在线账单支付

(2) 供应链管理（SCM）

◇ 跟踪来自其他企业的部门或其他企业的零件

◇ 提供 B2B 网站的直接链接

◇ 管理关于产品和服务订单的物流

◇ 跟踪产品的生命周期

◇ 订单驱动的物料采购

◇ 服务订单驱动的配件采购

### 6.1.3.2 业务成熟度

1）标准解决方案

◇ 业务标准化程度

◇ 通用性

◇ 可扩展性

◇ 跨行业适用性

◇ 方案的业务层次清晰

2）行业解决方案

◇ 行业垂直化深度

◇ 行业细分程度

◇ 行业专业程度

◇ 单独行业软件包

◇ 已有行业样板用户

3）功能复杂度

◇ 功能模块数量

◇ 视图与菜单数量

◇ 业务功能复杂程度

◇ 功能连续性

4）业务复杂度

◇ 业务层次深度

◇ 业务细节的可实现性

◇ 业务术语的专业程度

5）业务连贯性

◇ 能够体现整体业务连贯和闭环程度

◇ 能够体现忽略部门分割的企业统一的客户流程

◇ 实现营销—销售—服务—电子商务的业务衔接和反馈

6）成熟的业务模式

◇ 不同业务模式的系统实现

◇ 不同业务模式的解决方案

◇ 能够开包即用简单配置的业务实现

◇ 能够基本满足行业大部分功能需求

7）内置业务流程模板

◇ 可配置的业务流程模板

◇ 业务蓝图的过程模型

◇ 预定义的业务流程组件

◇ 创建新模板并可融合到系统中

8）用户业务接受度

◇ 用户对业务模式的接受程度

◇ 用户对业务模式的实际应用程度

### 6.1.3.3 模型与方法论

1）系统模型效能

◇ 稳定性和可扩展性

◇ 海量数据的处理性能

◇ 无数据冗余和流程节点冗余

2）模型可靠性

◇ 海量数据的可靠性

◇ 异常数据和异常流程的可靠性

◇ 系统实现的可行性

3）模型开放性

◇ 标准化和开放性

◇ 可插拔其他业务模型和组件
◇ 可整合其他系统的数据源和流程源
◇ 模型业务源代码开放

4）方法论

◇ 有特色的自有方法论
◇ 适应快速实施的方法论
◇ 实施方法论的层次和详细程度
◇ 实施方法论的标准化
◇ 完善的方法论的定义、描述和文档

5）集团实施模式

◇ 有成熟的集团实施策略
◇ 有成熟的集团实施方法论
◇ 可以满足集团的分阶段实施
◇ 可以满足集团的集中实施

6）可复制能力

◇ 方法论的可复制性
◇ 业务流程的可复制性
◇ 业务模式的可复制性
◇ 业务数据组合的可复制性

7）可执行能力

◇ 方法论的可执行
◇ 有成熟的提升企业执行能力的方法

◇ 有对企业执行力的评估

8）风险预估体系

◇ 对人和变革的风险的预估

◇ 对技术和资源的风险的预估

◇ 对方法论风险的预估

◇ 对项目管理风险的预估

### 6.1.3.4 技术特点

1）工作流

◇ 流程配置

◇ 内置的多形式的提醒 / 警告

◇ 任务分派

◇ 工作流的个性化

◇ 对角色、团队和用户的自由组合分派

◇ 工作流事件可触发和驱动系统、业务和数据库更新

◇ 强大的工作流消息机制

2）结构连续性

◇ 相同结构的软件模型

◇ 软件模型与其他软件无缝集成

◇ 软件结构继承性

◇ 当前软件结构的发布日期

3）架构兼容性

◇ 架构的扩展性

◇ 与 ERP 的集成

◇ 电话语音交互和 / 与 PBX 的集成

◇ 办公软件的集成

◇ 集团平台的双向集成能力

◇ 对于多数据源入口的 EAI 解决方案

◇ 门户技术支持

◇ 事件信息能力

4）网络兼容性

◇ 网络服务能力

◇ 与 XML 的集成

◇ SOAP 集成点

◇ XSLT 和 CSS 支持

◇ E-mail 分派

◇ 网络 FAX 支持

◇ Web Service 支持

5）技术要求

◇ 台式机 / 笔记本客户端的最低配置要求

◇ 应用服务器的最低配置要求

◇ 手持设备的最低配置要求

◇ 支持的台式机 / 笔记本操作系统

◇ 支持的手持设备操作系统

◇ 支持的应用服务器操作系统

◇ 支持的无线技术

◇ 每个服务器支持的用户数

◇ 对语音识别的支持

◇ 对瘦客户端的支持

6）开发语言

◇ 开发用的软件编程语言

◇ LDAP 编译

◇ 组件化程度

◇ 开发和客户化的工具包

◇ 源代码的可用性 / 包含

7）支持数据库

◇ 本地支持的数据库服务器类型

◇ 应用服务器软件

◇ 移动数据库支持

◇ 数据库协议

◇ 连接模式

◇ 客户端到服务器的同步

◇ 服务器到服务器的数据库同步

◇ 数据库管理和定制能力

◇ 分布式数据处理能力

◇ 远程数据同步能力

8）安全功能

◇ 安全协议

◇ 数据加密

◇ 功能权限限制

◇ 数据权限限制

◇ 多级权限控制

◇ 异常操作和未授权访问检测

◇ 数据备份

◇ 系统备份

◇ 灾难恢复

◇ 负载平衡

◇ 高可用性和切换系统

#### 6.1.3.5 实施能力

1）集成

◇ EAI 工具

◇ 与 EAI 厂商的关系

◇ OTLP 集成能力

◇ 批量集成能力

◇ 业务流程集成能力

◇ 集成的模板、案例

◇ 预定义集成点

◇ 系统基础配置工具

◇ 系统基础配置标准

◇ 反向工程工具

2）实施团队

◇ 专业服务水平

◇ 实施的内部顾问服务

◇ 内部咨询服务的规模

◇ 顾问人才储备

◇ 团队负责人能力

◇ 实施的知识传递能力

3）合作伙伴

◇ 实施合作伙伴网络

◇ 合作伙伴网络的规模

◇ 合作伙伴认证流程

◇ 认证等级和平均等级区间

◇ 认证考试

◇ 对认证考试的管理

◇ 再培训 / 再认证流程

◇ 合作伙伴顾问服务水平

◇ 硬件合作商和资深的安装配置技术顾问

4）时间和费用

◇ 50 个用户、最小客户化程度的典型实施时间

◇ 基于许可计算的典型实施费用

◇ 购买服务器所需费用

◇ 购买终端机器所需费用

◇ 购买软件所需费用

◇ 购买其他配套的软硬件所需费用

◇ 超出项目周期的实施费用

◇ 潜在成本

5）配置

◇ 增加特定的业务字段类型

◇ 修改表单的内容

◇ 预定对表单输入数据的限制

◇ 对必填字段和非必填字段的识别

◇ 对视图的修改

◇ 不同用户组的视图级许可

◇ 不同用户组的记录级许可

◇ 设置工作流过程

◇ 数据和功能权限复杂配置能力

◇ 对不同应用模式的访问配置

6）客户化

◇ 对内部业务软件的调用

◇ 主业务附属的表单

◇ 基于特定字段输入值创建软件活动

◇ 建立特定的业务视图、表和客户应用软件及数据库

7）数据转换

◇ 使用数据导入工具导入多源记录

◇ 可用的数据转换格式

◇ 用户界面的动态字段绘制

◇ 通过导入工具建立数据记录间的关系

◇ 数据转换的条件和流程可配置

8）效果评估体系

◇ 应用效果评估方法

◇ 培训效果评估方法

### 6.1.3.6 用户支持

1）文档

◇ 安装文档

◇ 用户手册

◇ 升级文档

◇ 文档完备性

◇ 文档详细程度

◇ 文档费用

2）帮助功能

◇ 帮助菜单

◇ 内容敏感点帮助

◇ 详细的错误信息

3）国际化

◇ 多币种

◇ 多时区

◇ 对多种模式的支持

◇ 本地化或国际化的能力 / 集成

4）部署

◇ 集团多区域多办事处部署

◇ 全球办事处

◇ 国际支持

5）培训

◇ 可以选择的培训方式

◇ 培训费用

◇ 自助培训

◇ 多媒体培训能力

◇ 外部合作培训

◇ 成熟的教育产品和服务

◇ 全球演示和教育系统

6）支持

◇ 网站支持

◇ 电话支持

◇ 免费电话

◇ 技术和用户文件

◇ 网络公告板 / 论坛

◇ 维护和支持费用

◇ 软件的授权期限

◇ 远程调试

7）产品升级

◇ 升级频率

◇ 升级方式

◇ 升级费用

◇ 升级便捷性

8）问题知识库

◇ 自助查询

◇ 标准问题解答

◇ 历史问题库

◇ 问题对应补丁发布

#### 6.1.3.7 扩展性与灵活性

1）二次开发

◇ 系统 SDK

◇ 二次开发工具

◇ 外部开发的集成工具

◇ 界面可开发能力

◇ 业务逻辑可开发能力

◇ 工作流可开发能力

◇ 报表可开发能力

◇ 二次开发文档

◇ 二次开发培训

2）用户可扩展性

◇ 适应业务规模扩大的能力

◇ 适应业务扩展的能力

◇ 技术架构的可扩展性

3）应用集成性能

◇ 与 ERP 系统集成

◇ 与办公系统集成

◇ 与邮件系统集成

◇ 与其他应用系统集成

4）源代码开放

◇ 业务部分源代码开放

◇ 开放部分用户可修改定制

5）界面友好性

◇ 界面简单友好

◇ 界面易于操作

6）应用模式多元化

◇ 支持浏览器和离线多种模式

◇ 支持 VPN 和远程应用

◇ 支持分步数据库与集中数据库

◇ 支持同时部署局域网、广域网和无线网

7）无线与移动应用

◇ 支持无线 WAP 访问

◇ 支持移动终端 PDA 访问

◇ 支持 Microsoft Mobile 系统

◇ 支持智能手机通过 IE 浏览器访问

◇ 支持数据无线同步传输

8）适用性与灵活性

◇ 组织结构和业务模式调整的适应能力

◇ 业务流程变革的适应能力

◇ 数据权限和人员变动的适应能力

◇ 报表与分析需求变更的适应能力

#### 6.1.3.8 交付应用

1）用户数

◇ 本土用户数

◇ 全球用户数

◇ 持续在用用户

◇ 休眠用户数

◇ 更换供应商用户数

2）供应商规模

◇ 公司性质

◇ 业务情况

◇ 财务情况

◇ 公司规模

◇ 国内公司规模

3）版本

◇ 第一个软件的发布日期

◇ 最新软件的发布日期

◇ 版本发布规律

4）支持语言

◇ 中文

◇ 英文

◇ 其他国家语言

◇ 灵活切换

5）总体拥有成本

◇ 总体投资

◇ 总体涉及资源

6）持续应用

◇ 继续部署升级模块

◇ 继续部署扩展模块

◇ 继续采购新的应用

◇ 继续采购新的许可证

◇ 定期持续优化

7）用户评价

◇ 用户满意度

◇ 用户公开评价

◇ 用户内部评估意见

◇ 用户沟通交流程度

8）成功案例

◇ 成功用户

◇ 样板案例